मुझे अपने दादा – राय बहादुर गूजरमल मोदी – की कहानी आपके सामने पेश करते हुए खुशी हो रही है।

पूरी दुनिया राय बहादुर को भारत के प्रसिद्ध और सबसे बड़े उद्योगपतियों में से एक के रूप में जानती थी; मैं भाग्यशाली रहा कि मैंने उनका एक अलग पहलू देखा – एक दादा का। मैं उन्हें बाबाजी पुकारता था। मैंने जब से होश संभाला, तभी से बाबाजी मेरे सबसे पसंदीदा व्यक्तित्व रहे, और मैंने उनसे जो कुछ भी सीखा – खासकर ज़िंदगी के अहम मूल्य – वो आज भी मेरे साथ हैं।

गूजरमल मोदी शायद भारत के एकमात्र उद्योगपति थे जिनके नाम पर एक पूरे शहर का नाम रखा गया और वो भी कम से कम समय में। वह शहर था मोदीनगर, जिसे बनाने में उन्हें काफी चुनौतियों का सामना करना पड़ा| चुनौतियों के खिलाफ लड़ना, और उनको पार करना, मैंने अपने बाबाजी से सीखा। मेरे अपने जीवन में अक्सर ऐसे मौके आए, जब मैंने उनको याद करके उनसे प्रेरणा ली और आगे बढ़ा।

मेरे बाबाजी बड़े सपने देखने से घबराते नहीं थे, बल्कि वे उनको साकार करने में जुट जाते थे। मगर इस सबमें, कभी भी वे अपने श्रमिकों को नहीं भूलते थे, बल्कि वो लोग ही उनके लिए ज्यादा अहमियत रखते थे।

गूजरमल मोदी – साहसी उद्योगपति उनके बचपन से उनके अंतिम दिनों तक के जीवन का वर्णन है। इस किताब को पढ़ते हुए, मुझे अपने बाबाजी के साथ बिताया हुआ समय अपनी आँखों के सामने से गुजरता मालूम हुआ। लेखिका सोनू भसीन ने इस किताब को रोचक और पठनीय बनाया है। प्रकाशक हार्पर कॉलिन्स ने एक विश्व स्तरीय उत्पाद का उत्पादन किया है।

राय बहादुर के सबसे बड़े पोते के रूप में, मुझे अपने बाबाजी के जीवन की कहानी को आपके सामने प्रस्तुत करते हुए बेहद खुशी व गर्व हो रहा है। आशा है कि आप इसको उतना ही पसंद करेंगे, जितना मैंने किया है।

ललित मोदी

Entrepreneurs who built India: Gujarmal Modi
का हिंदी अनुवाद

भारत के अग्रणी उद्यमी

गूजरमल मोदी

Celebrating
30 Years of Publishing
in India

किताब की प्रशंसा में

'*भारत के अग्रणी उद्यमी* सीरीज की यह पहली किताब पाठकों को समझने में मदद करेगी कि गूजरमल मोदी को अक्सर दुस्साहसी उद्यमी क्यों कहा जाता है। सोनू भसीन की किताब इस उद्योगपति के सफर पर नज़र डालती है, जो उदारीकरण के पहले के दौर में शून्य से शुरू करके भारत के शीर्ष उद्योगपतियों में एक हो गया।'

—हर्ष मारीवाला, चेयरमैन, मैरिको

'सोनू भसीन की *गूजरमल मोदी: साहसी उद्योगपति* में जिस तरह से व्यापक अनुभवों को लेखन में कैद किया गया है, वो कामयाबी की तरफ एक उद्यमी के मुश्किल लेकिन आनंदपूर्ण सफर को दर्शाती है। स्वतंत्र भारत का सामूहिक गौरव दरअसल ऐसे कई व्यक्तिगत प्रयासों का एक संकलन है। ये किताब भविष्य के उद्यमियों को प्रेरित करेगी।'

—कुलदीप सिंह ढींगरा, चेयरमैन, बर्जर पेंट्स

'ये भारतीय उद्योग के एक सच्चे लेजेंड की कहानी है जो "विनिर्माण का जनक" उपाधि का दावा कर सकता है। गूजरमल जी एक महान व्यक्तित्व थे। मोदीनगर को भारत के औद्योगिक मानचित्र की राजधानी बनाने में उनकी बड़ी भूमिका थी और ये एक ऐसे युग का प्रमाण है जब हौसले और जीवट से भरा एक महान व्यक्ति पृथ्वी पर आया था। एक वास्तविक नायक!'

—हर्ष गोयनका, चेयरमैन, आरपीजी एंटरप्राइजेज

'सोनू भसीन ने गूजरमल मोदी के जीवन वृतांत को शानदार ढंग से बताया है। गूजरमल एक अद्वितीय व्यक्तित्व थे जिन्होंने बेहद चुनौतीपूर्ण समय में अपने दृढ़ संकल्प और धुन से भारत में एक व्यापारिक साम्राज्य खड़ा किया। वो उन कुछेक उद्यमियों में से थे जिन्होंने भारतीय उद्योग के विकास की नींव रखी। बहुत सारे सबकों और अंतर्दृष्टि से भरी ये किताब हर किसी को ज़रूर पढ़नी चाहिए।'

—मुथु मुरुगप्पन, हेड, स्ट्रैटजी, ईआईडी पैरी लि.

भारत के अग्रणी उद्यमी

गूजरमल मोदी

साहसी उद्योगपति

सोनू भसीन

अनुवादः धीरज कुमार अग्रवाल

हार्पर
हिन्दी

हार्पर हिन्दी
(हार्पर कॉलिंस पब्लिशर्स इंडिया) द्वारा 2023 में प्रकाशित
बिल्डिंग नं. 10, टावर A, 4th फ्लोर, डीएलएफ साइबर सिटी, फेज II, गुरुग्राम 122002
www.harpercollins.co.in

2 4 6 8 10 9 7 5 3 1

P-ISBN: 9789356996137
E-ISBN: 9789356993365

कवर डिजाइन ©: हार्पर कॉलिंस पब्लिशर्स इंडिया

टाइपसेटिंग: डाइटेक प्रकाशन सेवाएं
मुद्रक: थॉमसन प्रेस (इंडिया) लिमिटेड

जग्गी और करण को समर्पित: तुम दोनों मेरे जीवन में ठहराव लाते हो

विषय वस्तु

भूमिका

मुझे यह भाग्य की एक बहुत बड़ी विडंबना लगती है कि गूजरमल मोदी, जो 1960 के दशक में भारत के सातवें सबसे बड़े व्यापारिक साम्राज्य के संस्थापक थे, उन्हें आज आईपीएल से मशहूर हुए ललित मोदी के दादा के रूप में ज़्यादा जाना जाता है। गुलाम भारत में एक अंग्रेज के द्वारा 'गंदा भारतीय' पुकारे जाने से लेकर पटियाला की रियासत से निर्वासित किए जाने तक; आज़ादी से पहले के भारत में कुछ सबसे बेहतरीन कारखाने लगाने से लेकर भारत सरकार के फरमान मानने के लिए मजबूर किए जाने तक — गूजरमल मोदी ने सब कुछ देखा। लेकिन वो भारत में कुछ सर्वश्रेष्ठ और सबसे बड़े उद्योग स्थापित करने के अपने प्रयास से हटे नहीं। 1934 में एक चीनी मिल से शुरुआत करके, गूजरमल मोदी ने, करीब-करीब अपने दम पर, 1960 के दशक तक अपने व्यापार को भारत के सबसे बड़े उद्योगों में एक बना दिया। 1976 में उनकी मौत के बाद, उनका व्यापारिक साम्राज्य बिखर गया लेकिन आज भी, उनके और उनके उत्तराधिकारियों के खड़े किए हुए कुछ उद्योग जीवित हैं जिनका सामूहिक मूल्य 2 अरब डॉलर से ज़्यादा है।

गूजरमल मोदी और मोदी समूह स्वतंत्रता-पूर्व भारत में स्थापित संपन्न व्यापारिक साम्राज्य के इकलौते उदाहरण नहीं हैं, जो बाद के वर्षों में हैसियत और आकार में बढ़े और फिर रास्ता भटक गए क्योंकि या तो उन पर पारिवारिक विवादों की मार पड़ी या उदारीकरण की, या फिर दोनों की। भारतीय उद्योग और कॉरपोरेट क्षेत्र उन लोगों और व्यवसायों से भरा पड़ा है जो उस अवधि में अपने गौरवशाली शिखर को छूने के बाद रास्ता भटक गए, जिसे कुछ लोग भारतीय व्यापारियों के जीवन के सबसे चुनौतीपूर्ण वर्ष मानते हैं। ये वर्ष थे — 1947 से लेकर 1991 तक।

भारत 1947 में आज़ाद हुआ और नई-नई हासिल हुई आज़ादी अपने साथ ना सिर्फ व्यक्तिगत आकांक्षाएं और सपने लेकर आई, बल्कि इसने सामाजिक, राजनीतिक और आर्थिक आज़ादी के सामूहिक सपनों को भी जन्म दिया। हालांकि, प्रथम प्रधानमंत्री ने एक विकासात्मक मॉडल की परिकल्पना की थी जिसमें सरकार की प्रमुख भूमिका एक उद्यमी होने के साथ-साथ निजी व्यवसायों के लिए पूंजी देने वाले की भी थी। लेकिन नए भारत में आर्थिक आज़ादी के उद्यमियों के सपने जल्दी ही बिखर गए क्योंकि ब्रिटिश राज की जगह ले ली थी लाइसेंस राज ने।

लाइसेंस राज, जिसे कई लोग एक जटिल और अपारदर्शी प्रणाली कहते हैं, में लगी बंदिशों की वजह से भारत में उद्यमी होना बड़ा सिरदर्द था। साथ ही, जटिल और सरकारी दबदबे वाले तंत्र ने उद्यमशीलता की भावना को कब्जे में रखा था। उद्यमी इसलिए कामयाब नहीं थे कि उन्होंने क्या किया बल्कि इसलिए कि वे किसे जानते थे। सरकारी भलमनसाहत पर निर्भरता इस कदर थी कि आम जनता के मन में, नेताओं और अफसरों से संबंध रखने की वजह से, व्यापारियों की छवि भी भ्रष्टाचारी की थी।

लेकिन, लोग भूल जाते हैं कि ऐसे कई उद्यमी और कारोबार थे, खास तौर पर उन चुनौतीपूर्ण दिनों में, जिन्होंने नए भारत को बनाने के लिए बिना थके मेहनत की। गूजरमल मोदी उनमें से एक थे। निश्चित रूप से यह आसान नहीं था, लेकिन वो डटे रहे।

ब्रिटिश शासन के दौरान एक उद्यमी के रूप में गूजरमल मोदी को परिवहन, रसद, संचार और यहां तक कि हुनरमंद प्रतिभाओं से जुड़ी दिक्कतें झेलनी पड़ीं। ज़्यादातर सामग्रियों की सप्लाई धीमे चलने वाले वाहनों या कुछेक मोटर गाड़ियों से होती थी। दूर-दराज के इलाकों की मिलों और कारखानों से संपर्क करना मुश्किल था। ज़्यादातर मशीनरी का आयात करना होता था और उन मशीनों को चलाने के लिए मजदूरों को ढूंढ़ना एक चुनौती थी। कारोबार चलाने के लिए मैनेजमेंट छात्रों का ढेर निकालने वाले कोई एमबीए संस्थान उन दिनों नहीं थे; ज़्यादातर उद्यमी अलग-अलग कारोबार चलाने के लिए अपने परिवार के सदस्यों पर निर्भर थे।

इनमें से कुछ चुनौतियां आज़ाद भारत में बनी रहीं जबकि कुछ और नई चुनौतियां इनके साथ जुड़ गईं। ये नई चुनौतियां मुख्य रूप से आज़ाद भारत में बिजनेस करने के नए 'सिस्टम' के इर्द-गिर्द घूमती थीं। ये सच है कि गूजरमल मोदी ने सिस्टम को 'मैनेज' करना सीखा, लेकिन इस सिस्टम के सख्त ढांचे के भीतर व्यापार शुरू करने, चलाने और बढ़ाने के लिए एक उद्यमी वाले कौशल

की जरूरत होती थी। मैन्युफैक्चरिंग कभी भी आसान कारोबार नहीं रहा है और लाइसेंस राज ने उत्पादित की जा सकने वाली वस्तुओं की संख्या पर बंदिश लगाकर ज़्यादा उत्पादन की किफायतों को हासिल करना और अधिक मुश्किल बना दिया। गूजरमल मोदी को इस बात का श्रेय जाता है कि उन्होंने ना केवल पूरी लगन से अपना काम किया बल्कि ऐसे उत्पाद तैयार किए जो उस समय घर-घर में पहचाने जाने लगे। बदकिस्मती से, उनमें से ज़्यादातर आज या तो अपने हल्के रूप में मौजूद हैं या करीब-करीब भुला दिए गए हैं।

मगर जो चीज़ भुलाई नहीं जा सकती और भुलाई जानी भी नहीं चाहिए, वो है गूजरमल का योगदान। वो उद्यमियों के ऐसे समूह का अंग थे जिसने भारतीय अर्थव्यवस्था और उद्योग की नींव रखने के लिए काम किया। अगर उन्होंने और दूसरे दिग्गजों ने मुश्किलों को झेलते हुए कारोबार स्थापित नहीं किए होते, कई लोगों को रोज़गार नहीं दिए होते और भारतीय अर्थव्यवस्था को आगे नहीं बढ़ाया होता, तो आज का भारत वहां नहीं होता, जहां आज है। इसलिए, यह महत्वपूर्ण है कि इन उद्यमियों को गुमनामी से बाहर लाया जाए और नई पीढ़ी के सामने भारत का निर्माण करने वाले उद्यमियों की तरह पेश किया जाए।

यह कहानी है मोदी समूह के संस्थापक गूजरमल मोदी की। वो मोदी समूह, जो 1960 के दशक के अंत तक एक बड़े और कई काम-धंधों वाले व्यापारिक साम्राज्य में विकसित हो चुका था। इस समूह का दायरा चीनी, इस्पात, तेल, वनस्पति, टायर, नायलॉन धागे, यार्न, लालटेन, साबुन और डिहाइड्रेटेड खाद्य पदार्थ, वगैरह तक फैला था। गूजरमल मोदी की कहानी गरीबी से अमीरी तक पहुंचने की नहीं है; यह अपना एक औद्योगिक शहर स्थापित करने के एक अकेले व्यक्ति के दृढ़ संकल्प की कहानी है।

गूजरमल मोदी एक संपन्न परिवार से आते थे — कारोबारियों का परिवार जिसने ब्रिटिश सेना को माल सप्लाई करके पैसे कमाए थे। गूजरमल परिवार के सबसे बड़े बेटे थे और अपने पिता का व्यापार संभालकर आसान रास्ता चुन सकते थे। लेकिन युवा गूजरमल मोदी में उद्यमिता और महत्वाकांक्षा कूट-कूटकर भरी थी, और वो अपने पिता की छाया से बाहर निकलकर अपने खुद के व्यापार स्थापित करना चाहते थे।

ज़्यादातर उद्यमी जब अपनी यात्रा शुरू करते हैं, उनका विज़न होता है फलते-फूलते कारोबारों का समूह स्थापित करना। गूजरमल मोदी थोड़े अलग थे। जब उन्होंने 1933 में अपनी जेब में 300 रुपए के साथ एक उद्यमी के तौर पर अपनी स्वतंत्र यात्रा शुरू की, उनका विज़न था एक औद्योगिक शहर स्थापित करना। ऐसा

फलता-फूलता शहर, जहां मिलें, कारखाने, मजदूरों के लिए हाउसिंग कॉलोनी, शिक्षण संस्थान, अस्पताल, दुकानें और बाज़ार, मंदिर और बगीचे हों।

उन्होंने अपना शहर बसाया और, दस सालों के भीतर, उस शहर का नाम उनके नाम पर रखा गया। 1945 में मोदीनगर अस्तित्व में आया। और गूजरमल मोदी का व्यापारिक साम्राज्य आगे बढ़ता रहा।

आगे के पन्नों में आपको गूजरमल मोदी, उनकी ज़िंदगी, उनके परिवार और उनकी उद्यमिता की कहानी मिलेगी। जब मैंने गूजरमल मोदी के बारे में पढ़ा, उनके बारे में लोगों से बातें की और अलग-अलग लोगों को सुना, जिन्होंने ना सिर्फ उनके व्यक्तित्व के बारे में बल्कि उस समय के बारे में भी बताया जिसमें उन्होंने काम किया, तब मैं उस व्यक्ति को थोड़ा बेहतर समझ पाई। वो केवल एक उद्यमी नहीं थे जो एक औद्योगिक शहर का निर्माण करने निकले थे, वो एक गहरे धार्मिक व्यक्ति भी थे। वो सबका ख्याल रखने वाले नियोक्ता थे, लेकिन जब बात कारोबार की आती थी तब वो कठोर भी हो जाते थे।

जब मैं उनके बारे में लिख रही थी, मुझे ऐसा व्यक्ति दिखा जिसके व्यक्तित्व में कई विरोधाभास थे। उनका चरित्र मजबूत था लेकिन उन्होंने कमज़ोरियां भी दिखाईं। उन्हें जानने वाले लोगों का कहना है कि गूजरमल के चरित्र का एक अभिन्न अंग था उनकी विनम्रता। मगर गूजरमल कई बार हक जताने वाली भावना दिखाते थे जो अहंकार की सीमा तक चली जाती थी। गूजरमल मोदी के भीतर ये भावना उनकी पैतृक विरासत की वजह से नहीं, बल्कि इस समझ से थी कि उनकी सभी उपलब्धियों का श्रेय उन्हें और उनके काम को दिया जा सकता है। गूजरमल मोदी ने दुनिया भर से मंगाई गई आधुनिक मशीनों की मदद से कुछ सबसे बेहतरीन कारखाने लगाए। इसके साथ ही, उनका साधुओं और गुरुओं में गहरा विश्वास था।

ज़्यादातर वक्त तर्कसंगत रहने वाले गूजरमल कभी-कभी कुछ ऐसा करके लोगों को असमंजस में डाल देते थे कि उन्होंने उस काम के बारे में सपना देखा था। स्त्री शिक्षा के चैंपियन गूजरमल ने महिलाओं के लिए शिक्षण और व्यावसायिक प्रशिक्षण संस्थान स्थापित किए। लेकिन वो नहीं चाहते थे कि उनके किसी कारखाने में कोई महिला भर्ती की जाए।

जब गूजरमल पटियाला में अपने पिता के साथ रहते थे, उन्हें किसी शासक के अधीन एक रियासत में रहना जकड़न भरा लगा। मगर वो खुद मोदीनगर में एक शासक की तरह रहते थे, जिस शहर को उन्होंने बसाया था और जिसके मालिक वो थे। उनका वंश राजसी नहीं था लेकिन मोदीनगर के निवासी उन्हें अपने राजा

की तरह मानते थे। वो इसे पसंद करते थे — और यहां तक कि इसकी उम्मीद भी! जब वो सैर के लिए जाते थे तब शहर के लोग उनके साथ नहीं चल सकते थे; उन्हें गूजरमल से दो कदम पीछे चलना पड़ता था। उन्होंने रियासत को पीछे छोड़ दिया था, लेकिन एक रियासत की कुछ आदतें उनका पीछा करती हुई मोदीनगर आ गई थीं और उन्होंने उन आदतों को इस तरह अपना लिया जैसे कि वे बिलकुल कुदरती थीं।

हालांकि इन विरोधाभासों में कोई भी चीज़ कारखाने और मिलें स्थापित करने के लिए उनके फोकस और दृढ़ संकल्प के रास्ते में नहीं आई। उन्होंने अपने और अपने विस्तारित परिवार की महिलाओं को मूल व्यापार से दूर रखा, उनके भाई, भतीजे और बेटे लगातार बढ़ते साम्राज्य के अभिन्न अंग थे। व्यापार और उसके मुनापे पर तेज़ नज़र रखने के साथ-साथ गूजरमल मोदी ने कई परोपकारी गतिविधियों पर भी बराबर की नज़र बनाए रखी।

इस दुनियादार व्यापारी ने यह सुनिश्चित किया कि हर कारोबार से उसकी कमाई का 10 प्रतिशत अलग-अलग पारिवारिक ट्रस्टों को मिले, और जिस पैसे का इस्तेमाल सौ से भी अधिक धर्मार्थ परियोजनाओं में किया गया। इनमें अस्पताल, औषधालय, स्कूल, कॉलेज, मंदिर, धर्मशाला और अतिथि गृह का निर्माण शामिल था।

गूजरमल मोदी की कहानी आज के उद्यमियों के लिए भी शिक्षाप्रद है जो अपने उद्यमों को शुरू करने और फिर चलाने में आने वाली कई रुकावटों को लेकर अक्सर शिकायतें करते हैं। जब मैंने गूजरमल मोदी के साथ अतीत की यात्रा की, तो साफ दिखा कि वो रुकावटों को रास्ते के पत्थरों की तरह नहीं बल्कि मामूली गति-अवरोधकों की तरह देखा करते थे। आज के उद्यमी गूजरमल मोदी से अपने कर्मचारियों का ध्यान रखने की कला के साथ-साथ अनुशासन पर पूरी तरह से ध्यान देने के बारे में भी सीख सकते हैं। गूजरमल मोदी की जीवन गाथा पढ़ने के दौरान, आज के उद्यमी पाएंगे कि कड़ी मेहनत, दृढ़ संकल्प, ज़िद और एकटक ध्यान उद्यमिता की भावना के साथ-साथ चलते हैं।

गूजरमल मोदी ने अपना जीवन अपने परिवार को एकसाथ रखकर बिताया था। परिवार के सभी सदस्य — उनकी पत्नी, पांच बेटे, बहुएं, पोते-पोतियां, भाई, भाई की पत्नी, भतीजे और उनकी पत्नियां — एक ही छत के नीचे रहते थे। मोदी मैन्सन नामक उनके घर में परिवार का आकार बढ़ने के साथ-साथ नए विंग और कमरे जुड़ते गए, लेकिन रसोईघर सिर्फ एक था। गूजरमल का सिद्धांत था 'एक

मुखिया, एक चूल्हा'। अपने परिवार को एकजुट रखना गूजरमल का वास्तविक मूल्य और गहरी इच्छा थी। इसलिए, यह एक खेदपूर्ण विडंबना है कि उनकी मौत के तुरंत बाद परिवार बिखर गया। उनके भाई और भतीजे अपने रास्तों पर जाना चाहते थे और गूजरमल के जीवनकाल में मौजूद करीबी पारिवारिक बंधन टूटते चले गए, कई बार सार्वजनिक तौर से। गूजरमल को एक तथ्य से सांत्वना मिल सकती है — विस्तारित मोदी परिवार के कड़वे बंटवारे के बाद भी, उनके पांच बेटे और उनके परिवार एक-दूसरे के करीब हैं। उनके पांचों बेटों के अपने-अपने व्यापार हैं; वे अलग-अलग रहते हैं लेकिन ज़रूरत पड़ने पर उनमें से कोई भी अपने भाइयों पर भरोसा कर सकता है। गूजरमल मोदी और उनके व्यापारिक साम्राज्य की कहानी में व्यापारिक घरानों के लिए कीमती सबक हैं। उनकी कहानी इस तथ्य को बार-बार दोहराती है कि परिवार में किसी भी तरह की कलह का नकारात्मक असर कारोबार पर होना तय है।

आने वाले पन्नों में जब आप इस कहानी को पढ़ेंगे, आप पाएंगे कि लेखक के रूप में मेरी भूमिका एक कथावाचक की है। मैंने अलग-अलग लोगों की कहानियों, उनकी बातचीत और यहां तक कि गूजरमल मोदी की बातचीत को सुनाते समय रचनात्मक स्वतंत्रता ली है। ज़्यादातर संवाद काल्पनिक हैं। कहानी में इस्तेमाल किए गए कई नाम भी नकली हैं। कहानी के ज़्यादातर लोग जीवित नहीं हैं और इसलिए उनकी कहानी उन लोगों की याददाश्त पर आधारित है जिन्होंने उनके साथ मेल-मुलाकातें की थीं। कहीं-कहीं मोदी परिवार के आर्काइव्स की भी मदद ली गई है। रचनात्मक स्वतंत्रता का इस्तेमाल गुज़रे हुए ज़माने और गूजरमल मोदी की शख्सियत को फिर से ज़िंदा करने के मकसद से किया गया है।

अब आपके लिए पेश हैं भारत को बनाने वाले उद्यमियों में एक — गूजरमल मोदी।

1

मुल्तानीमल, चिरंजीलाल और रामबख्श मोदी की विरासत के उत्तराधिकारी

गूजरमल मोदी व्यापारियों के परिवार से आते थे। दरअसल, उनके खानदान में व्यापार चार पीढ़ियों से चला आ रहा था। उनके परदादा, रामबख्श मोदी कनौद में रहते थे, जिसे अब महेंद्रगढ़ के नाम से जाना जाता है। 1800 के दशक में, कनौद झज्जर रियासत के नवाब की राजधानी थी। रामबख्श नवाब की फौज को राशन और दूसरी सामग्री उपलब्ध कराते थे। कारोबार को लेकर उनकी नैतिकता ऊंची थी और उन्होंने बाज़ार में एक शानदार प्रतिष्ठा और सम्मान हासिल किया था। नवाब भी रामबख्श की ईमानदारी और मेहनत से खुश थे और कुछ ही सालों में उन्हें अपनी रियासत का एक अहम हिस्सा मानने लगे थे।

1857 के गदर की वजह से अंग्रेज़ों के खिलाफ तीखी प्रतिक्रिया हुई थी। झज्जर रियासत में कुछ अंग्रेज़ तैनात थे, जिन्हें गदर के दौरान स्थानीय लोगों से खतरा हो गया था। नवाब उनकी हिफाजत के लिए जवाबदेह थे, और वो जानते थे कि विदेशियों को झज्जर से बाहर ले जाना होगा। नवाब को उनके साथ भेजने के लिए एक भरोसेमंद शख्स की ज़रूरत थी और इसका जिम्मा रामबख्श पर आया कि वो इन लोगों को खतरे से बाहर सुरक्षित पहुंचाएं।

रामबख्श के लिए यह मुश्किल वक्त था। वो ब्रिटिश लोगों के खिलाफ भारतीयों के बढ़ते गुस्से से वाकिफ थे। गदर आम लोगों को भी ब्रिटिश लोगों के खिलाफ खड़े होने के लिए प्रेरित कर रहा था। ऐसे माहौल में, रामबख्श को इस बात का अहसास था कि अगर उन्हें ब्रिटिश लोगों के मददगार के तौर पर देखा गया, तो उन्हें साथी भारतीयों का गुस्सा झेलना पड़ सकता था, क्योंकि अब ब्रिटिश साफ तौर पर भारतीयों के दुश्मन थे। लोग उन्हें गद्दार और अंग्रेज़ों का सहयोगी कह सकते थे। दूसरी तरफ, रामबख्श जानते थे कि उनके व्यापारिक हितों पर नवाब का नियंत्रण था, और सिर्फ एक दस्तखत से वो रामबख्श के फायदेमंद व्यापारिक अनुबंधों को छीन सकते थे। उन्होंने नवाब और ब्रिटिश लोगों की मदद करने के फायदे और नुकसान के बारे में सोचा। रामबख्श एक उद्यमी थे और उन्होंने संभावित नुकसान से निपटने का एक तरीका निकाल लिया।

'नवाब साहब, चूंकि आपने मुझसे व्यक्तिगत तौर पर कहा है, मैं सुनिश्चित करूंगा कि आपके ब्रिटिश मेहमानों को सुरक्षित रूप से ले जाया जाए, ' रामबख्श ने नवाब के सामने खड़े होकर कहा। उसके बाद उन्होंने अपने हाथ जोड़े, अपना सिर झुकाया और बोलना जारी रखा। 'साहब, मैं चाहता हूं कि यह आपके और मेरे बीच एक राज़ रहे। आप जानते हैं कि अगर दूसरों को पता चलेगा कि मैंने गोरे लोगों की मदद की है तब मेरे परिवार को मार डाला जाएगा,' रामबख्श ने गुज़ारिश की। नवाब ने सहमति में अपना सिर हिलाया।

इस वादे के साथ, रामबख्श ने अपने एक भरोसेमंद कर्मचारी के साथ मिलकर ब्रिटिश लोगों को झज्जर से निकालने की योजना पर काम किया। रामबख्श ने अपने घर के किसी और सदस्य या नौकर को अपनी योजना के बारे में नहीं बताया। जब घर के सभी सदस्य सोने चले गए, उन्होंने अपने कर्मचारी शालिग्राम को नवाब की हिफाजत में रह रहे अंग्रेज़ों — विक्टर और राल्फ — को लाने के लिए कहा। गोरे लोग डरे हुए थे क्योंकि वे जानते थे कि झज्जर में उनके लिए खतरा था।

दोनों व्यक्तियों को आउटहाउस में ले जाया गया जिसे रामबख्श एक गोदाम की तरह इस्तेमाल करते थे। बिना खिड़की वाले कमरे में अनाज की बोरियों का ढेर लगा हुआ था। जब रामबख्श ने गोदाम में प्रवेश किया, उन्होंने देखा कि दोनों अंग्रेज़ कुछ बोरियों के सहारे बैठे हुए थे, उनके चेहरों पर डर साफ दिख रहा था। उन्होंने शक भरी निगाहों से पहले रामबख्श की तरफ और फिर उनके हाथ में रखे दो थैलों की तरफ देखा।

'आप मेरे नवाब के मेहमान हैं और मैं आपको सही-सलामत यहां से निकाल दूंगा,' रामबख्श ने दोनों थैले अंग्रेज़ों के पास रखते हुए कहा। इसके बाद

उन्होंने अपनी धोती समेटी और उकडू बैठकर, थैलों को खंगालने लगे। उन्होंने भूरे रंग के जूतों की पॉलिश का एक बक्सा निकाला और दोनों व्यक्तियों को थमा दिया।

'आप क्या चाहते हैं कि हम इसका क्या करें?' विक्टर ने जूतों की पॉलिश के बक्से को उलटते-पुलटते हुए पूछा।

'आपको इसे अपने चेहरे, हाथों और पैरों पर लगाना है, शरीर के हर हिस्से पर लगाना है जो दिखाई देता है,' रामबख्श ने जवाब दिया। 'और पक्का करें कि राल्फ भी ऐसा ही करे।'

विक्टर और राल्फ ने एक-दूसरे की तरफ देखकर बुरा सा मुंह बनाया। 'आप मज़ाक कर रहे हैं, मिस्टर रामबख्श,' राल्फ ने कहा। 'हम अपने शरीर पर जूतों की पॉलिश क्यों लगाएंगे?' उसने थोड़े बेरुखे लहजे में कहा।

रामबख्श को राल्फ का लहजा पसंद नहीं आया। 'आपकी मर्जी, सज्जनों। अगर आप चाहते हैं कि मैं आपको सुरक्षित रखने में मदद करूं, तो जैसा मैं कहता हूं, वैसा करें,' रामबख्श ने अपने कंधे उचकाते हुए कहा।

'और पॉलिश खत्म करने के बाद आप अपने कपड़े बदल सकते हैं,' रामबख्श ने बोलना जारी रखा। उन्होंने धोती-कुर्ता, एक गमछा और एक चादर के दो सेट निकाले और अंग्रेज़ों को सौंप दिए। 'आप इन्हें पहन लें और इंतज़ार करें। जब मुझे लगेगा कि मौका सही है तब मैं आकर आपको ले जाऊंगा।' रामबख्श ने कहा।

अंग्रेज़ों ने एक-दूसरे की तरफ देखा और कंधे उचका दिए। उन्हें अहसास हो गया था कि वे झज्जर में भारतीयों की दया पर हैं। अगर उन्हें सुरक्षित निकलना था तब उन्हें रामबख्श पर भरोसा करना होगा। 'ठीक है, हम ऐसा करेंगे, मिस्टर रामबख्श,' विक्टर ने कहा।

रामबख्श जानते थे कि दोपहर का वक्त ऐसा होता था जब ज़्यादातर लोग घरों के अंदर होते थे। दोपहर में गर्मी थी और लोग अपने घरों या दुकानों के अंदर रहना पसंद करते थे। रामबख्श और शालिग्राम ने सुबह के समय का इस्तेमाल एक बैलगाड़ी में खाने-पीने का सामान लादने में किया। दोनों अंग्रेज़ गाड़ी में पीछे की तरफ बैठे और उन्होंने अपने चेहरे गमछे से ढक रखे थे, जबकि रामबख्श आगे की तरफ बैठे। उनके भरोसेमंद कर्मचारी को गाड़ी के साथ पैदल चलना था। रामबख्श ने विक्टर और राल्फ को कहा कि वे एक-दूसरे के सामने बैठें और सोने का नाटक करें। 'आपलोग जो भी करें, बस इतना ध्यान रहे कि चादर आपके

चारों तरफ लिपटी रहे और गमछे से आपका ज़्यादातर चेहरा ढका रहे,' रामबख्श ने सख्त हिदायत दी।

झज्जर के लोगों को रामबख्श को फौज के लिए रसद की सामग्री ले जाते हुए देखने की आदत थी। जब वे गांव में चले जा रहे थे, रामबख्श ने पूरे आत्मविश्वास के साथ राहगीरों की तरफ हाथ हिलाकर अभिवादन किया। 'राम राम भाई, कैसे हो?' अभिवादन के लिए रामबख्श आमतौर पर यही तरीका इस्तेमाल करते थे। जवाब में राहगीरों ने भी हाथ हिलाकर रामबख्श का अभिवादन किया, 'राम, राम, रामबख्श जी।' किसी को कोई संदेह नहीं हुआ और रामबख्श ने इस तरह सुनिश्चित कर दिया था कि अंग्रेज़ सुरक्षित रूप से रेवाड़ी पहुंच जाएं।

हालांकि, गदर के बाद के दौर में नवाब खुद हार गए थे, और अंत में ब्रिटिश फौज ने उन्हें मार डाला था। कनौद और झज्जर इस तरह ब्रिटिश शासन के अधीन आ गए। चूंकि रामबख्श ने ब्रिटिश नागरिकों की सुरक्षा सुनिश्चित की थी, उन्हें एक ऐसे शख्स की तरह देखा जाता था जिस पर अंग्रेज़ भरोसा कर सकते थे। और इसलिए, रामबख्श ने फौज के लिए राशन देना जारी रखा, जो अब ब्रिटिश फौज थी।

जब गदर का गुबार थम गया और अंग्रेज़ों का मजबूत नियंत्रण दोबारा हो गया, वे कुछ ऐसे भारतीय शासकों को इनाम देना चाहते थे जिन्होंने उनकी मदद की थी। ऐसा ही एक तरीका था उन्हें राज़ करने के लिए अतिरिक्त इलाके सौंपना। तो कनौद सौंप दिया गया पटियाला के महाराजा महेंद्र सिंह को, जिन्होंने तोहफे में मिली रियासत का नाम तुरंत बदलकर महेंद्रगढ़ कर दिया। पटियाला के महाराजा के पास कनौद जाने से रामबख्श को एक नया अवसर मिल गया था। अंग्रेज़ों और रियासतों के बीच कई समझौतों पर दस्तखत होते थे, जिनमें एक समझौता होता था कि रियासतों को एक ब्रिटिश फौज रखनी होगी और उनके रख-रखाव का खर्च उठाना होगा। चूंकि रामबख्श एक भरोसेमंद सप्लायर के तौर पर मज़बूती से अपने कदम जमा चुके थे, उन्होंने पटियाला में मौजूद ब्रिटिश फौज के लिए राशन सप्लाई करने के लिए एक नया दफ्तर खोलने की इजाज़त मांगी। इजाज़त तुरंत मिल गई, और रामबख्श मोदी का कारोबार कई गुना बढ़ गया।

रामबख्श मोदी की मौत के बाद भी कारोबार का फैलना जारी रहा। कारोबार की तरक्की के मुख्य चालक थे रामबख्श के बेटे — चिरंजीलाल मोदी। उन्होंने अपने पिता की गुडविल का फायदा उठाया और ब्रिटिश सैनिकों के साथ करीबी रिश्ते बनाए। जल्द ही पेशावर से कानपुर तक फैली छावनियों को मोदी परिवार से

राशन और बाकी रसद की सप्लाई की जाने लगी। चिरंजीलाल ने अपने भाई और भतीजे को भी कारोबार में शामिल कर लिया।

चिरंजीलाल पेशे से व्यापारी और जाति से बनिया थे। हालांकि, उन्हें कठोर सैन्य प्रशिक्षण से गुज़रना पड़ा था जो ना तो उनके पेशे से और ना ही उनकी जाति से संबंध रखता था। अपने राशन सप्लायर्स के लिए ब्रिटिश फौज की एक शर्त थी कि अगर वे वेंडर बने रहना चाहते थे तो उन्हें सख्त सैन्य प्रशिक्षण से गुज़रना होगा। चिरंजीलाल ने प्रशिक्षण लिया और इसका उन पर गहरा प्रभाव पड़ा। अनुशासन और प्रक्रियाओं पर ध्यान देना उनके व्यक्तित्व का अभिन्न अंग बन गया। उनका व्यवहार बदल गया, उन्होंने घनी मूंछ रख ली और पीठ सीधी करके तेज़ चाल से चलने लगे। बाद के वर्षों में, उनके पोते गूजरमल, अनुशासन पर ध्यान केंद्रित करने के उनके उदाहरण का अनुसरण करने वाले थे।

इस दौरान, मोदी व्यापार आकार में बढ़ गया था और एक बड़े भौगोलिक क्षेत्र में फैल चुका था। आपूर्ति का प्रबंध असरदार तरीके से करने के लिए, चिरंजीलाल ने मुल्तान में अपना मुख्यालय और कानपुर, अंबाला, नौशेरा और जालंधर में इसकी शाखाएं खोली थीं। मुल्तान चिरंजीलाल के लिए खुशकिस्मती लाने वाला साबित हुआ जब 1875 में उन्हें एक पुत्र हुआ। चूंकि पुत्र का जन्म मुल्तान में हुआ था, बच्चे का नाम मुल्तानीमल रखा गया। मुल्तानीमल के जन्म के एक-दो वर्षों के भीतर, चिरंजीलाल ने अपना व्यापारिक मुख्यालय पटियाला में स्थानांतरित कर दिया क्योंकि परिवार को पटियाला की जलवायु बेहतर महसूस हुई। कनौद, जिसका नाम अब महेंद्रगढ़ हो चुका था, के साथ मोदी परिवार का जुड़ाव बना रहा क्योंकि चिरंजीलाल ने वहां एक मंदिर बनवाया था और एक नए उद्यान पर पैसे खर्च किए थे ताकि लोग वहां मनोरंजन के लिए आ सकें।

***

गूजरमल के पिता मुल्तानीमल मोदी कारोबारी माहौल में पले-बढ़े। उन्होंने देखा कि उनके पिता और चाचा ब्रिटिश फौज के साथ काम करते हैं और उन्हें कई तरह की सेवाएं देते हैं। लेकिन वो कुछ अलग करना चाहते थे — ब्रिटिश फौज को राशन सप्लाई करने भर से कुछ ज़्यादा। मुल्तानीमल अपने पिता के पास गए और अपना स्वतंत्र व्यवसाय शुरू करने की अनुमति मांगी।

'बेटे, मैं खुश हूं कि तुम अपने दम पर कुछ करना चाहते हो,' चिरंजीलाल ने कहा, 'लेकिन इसके लिए तुम्हें पैसे का इंतजाम खुद करना होगा। मैं तुम्हें

नया व्यवसाय शुरू करने के लिए पैसे नहीं दूंगा।' चिरंजीलाल को अपने बेटे की उद्यमशीलता पर गर्व था लेकिन वो चाहते थे कि उनकी संतान परिवार के फलते-फूलते कारोबार को जारी रखे। दूसरी तरफ, उन्होंने यह भी महसूस किया कि उनके बेटे की महत्वाकांक्षाएं सिर्फ एक व्यापारी होने से कहीं ज़्यादा थीं और वो इस युवा उद्यमशीलता के रास्ते में नहीं आना चाहते थे।

अपने पिता की लगाई गई शर्त से घबराए बगैर, मुल्तानीमल ने बस हाथ जोड़कर अपना सिर झुकाया और कहा, 'आपकी अनुमति के लिए धन्यवाद, पिताजी। आपका आशीर्वाद ही वह पूंजी है जिसकी मुझे ज़रूरत है।' और वाकई में, अपने पिता के आशीर्वाद से, युवा मुल्तानीमल ने अपना व्यवसाय शुरू करने के लिए बाहरी स्रोतों से पैसे जुटा लिए। चूंकि वो ट्रेडिंग से परिचित थे, स्वाभाविक था कि नए आइडिया की खोज वो ट्रेडिंग में ही करते। पटियाला और आसपास के इलाकों में कृषि उपज के अमीर किसान काफी थे। यहां मुल्तानीमल ने अनाज में ट्रेडिंग शुरू कर दी। जल्द ही वो कुछ पारसी और सिख व्यापारियों की एक स्थानीय आटा मिल के लिए अनाज के सप्लायर बन गए। भले ही वो अपने स्थिर व्यवसाय और उससे होने वाली आमदनी से खुश थे, मुल्तानीमल ने नए अवसरों की तलाश जारी रखी।

जिस मिल को मुल्तानीमल अनाज सप्लाई करते थे, वह आटा और मैदा बनाती थी और इसकी सप्लाई बड़े थोक व्यापारियों को करती थी। मुल्तानीमल को यहां एक अवसर दिखा और वो तुरंत काम पर लग गए। उन्होंने मिल मालिकों से संपर्क किया और कहा कि वो उनसे बड़ी मात्रा में आटा और मैदा सीधा खरीदना चाहते थे। मुल्तानीमल के काम से खुश मालिक राज़ी हो गए। फिर मुल्तानीमल ने स्थानीय बाज़ार में एक दुकान खोली और अपने छोटे भाई अंगनामल को इसे संभालने के काम में लगा दिया। इस तरह, छोटी सी अवधि में ही मुल्तानीमल के पास ना सिर्फ ट्रेडिंग कारोबार बल्कि फलता-फूलता खुदरा कारोबार भी हो गया था।

1890 के दशक के मध्य में अवसर ने एक बार फिर मुल्तानीमल के दरवाज़े पर दस्तक दी। स्थानीय मिल मालिक वित्तीय दिक्क़तों से जूझ रहे थे और वे अपने सप्लायर्स को भुगतान नहीं कर पा रहे थे। मुल्तानीमल को भी उनके अनाजों की सप्लाई के पैसे नहीं मिले थे। वित्तीय दिक्क़तें जारी रहीं और मालिकों को अपने कर्ज़ चुकाने के लिए मिलों को बेचने पर मजबूर होना पड़ा। युवा मुल्तानीमल को इसमें एक बड़ा मौका दिखा और उन्होंने पैसे जुटाकर मिल मालिकों के सामने

एक प्रस्ताव रखा। पारसी और सिख मालिक अपने कारोबार को मुल्तानीमल को बेचकर खुश थे क्योंकि समय के साथ उन्हें यह नौजवान पसंद आने लगा था।

आटा मिल को नए सिरे से कारोबार और उत्पादन शुरू करना था, और मुल्तानीमल ये बात अच्छी तरह समझते थे। मिल को अनाज सप्लाई करने वाले के तौर पर उन्होंने मिल कर्मचारियों के साथ एक तालमेल बना लिया था। अनौपचारिक नेटवर्क के ज़रिये वो ये भी समझ गए थे कि मिल की समस्या गंभीर नहीं थी — नए मालिक को सिर्फ उत्पादन और खरीद प्रणाली में मामूली बदलाव करने होंगे और कारोबार में थोड़ा ज़्यादा शामिल होना होगा। उन्होंने नई प्रणालियां लागू कीं, और साल भर से कम की अवधि में, आटा मिल फिर से मुनाफा कमाने लगी। पैसा बनाने के अलावा, मिल की कायापलट ने एक कुशल व्यापारी के रूप में मुल्तानीमल की प्रतिष्ठा भी स्थापित कर दी।

जहां उनका व्यापार अच्छा चल रहा था, मुल्तानीमल के निजी जीवन में मुश्किलें आ रही थीं। शादी के चार साल बाद एक बच्ची को जन्म देकर उनकी पहली पत्नी की मौत हो गई थी। मुल्तानीमल पर दोबारा शादी करने के लिए परिवार का दबाव था। मोदी परिवार एक रुढ़िवादी हिंदू परिवार था और मानता था कि मोक्ष प्राप्त करने के लिए एक पुरुष को पुत्र होना चाहिए। युवा मुल्तानीमल दोबारा शादी के लिए राज़ी हो गए, और 1896 में, उन्होंने एक स्थानीय व्यापारी की बेटी चंडी देवी के साथ शादी कर ली। परिवार की इच्छाएं पूरी हुईं, और 1902 में मुल्तानीमल और चंडी देवी को एक पुत्र रत्न मिला। पूरा परिवार खुश था क्योंकि, आखिरकार, मोदी परिवार में एक उत्तराधिकारी पैदा हुआ था। यही लड़का बड़ा होकर गूजरमल मोदी बनने वाला था।

गूजरमल परिवार के लिए बहुत बड़ी खुशी लेकर दुनिया में आए। मगर यह खुशी दुख में बदल गई जब गूजरमल को जन्म देने के हफ्ते भर के भीतर चंडी देवी गुज़र गईं। परिवार की खुशी चिंता में बदल गई क्योंकि बच्चे की देखभाल की जानी थी। परिवार को एक धाय ढूंढ़ने की ज़रूरत थी जो बच्चे को अपना दूध पिला सके। उन्होंने एक ऐसी धाय को माजरा गांव में ढूंढ़ लिया और उसे मोदी आवास में रहने के लिए ले आए। धाय का नाम था गूजरी, और इसलिए हर कोई बच्चे को गूजर कहकर पुकारने लगा। भारतीय परिवारों में, जब तक नामकरण समारोह में नवजात बच्चे को एक औपचारिक नाम ना दिया जाए, उन्हें उनके घरेलू नामों से ही पुकारा जाता है। गूजर उस बच्चे का घरेलू नाम बन गया।

जब बच्चा और धाय दोनों परिवार में जम गए, मुल्तानीमल ने अपने बेटे के लिए एक बड़ा नामकरण समारोह आयोजित किया। यज्ञ के बाद, पुरोहित ने बच्चे का नाम रखा राम प्रसाद। लेकिन गूजर नाम हर किसी की ज़ुबां पर चढ़ चुका था, और बच्चे का घरेलू नाम ही उसका आधिकारिक नाम बन गया। जब गूजरमल की उम्र बढ़ी, तब उन्होंने भी इस बात की कोशिश नहीं की कि लोग उन्हें उनके औपचारिक नाम से पुकारें। यह दैवकृपा थी कि बाद के वर्षों में जब गूजरमल ने शोहरत हासिल की, उनकी धाय के नाम को भी पहचान मिली।

आखिरकार, जब गूजरमल अपनी धाय के साथ सहज हो गए, मुल्तानीमल पर उनका परिवार एक बार फिर शादी के लिए दबाव डालने लगा। उन्होंने शादी की भी, लेकिन वो पत्नी भी शादी के साल भर के भीतर गुज़र गई। मुल्तानीमल ने चौथी बार शादी की, और यह शादी लंबी चली। उनकी चौथी शादी रुक्मिणी देवी के साथ हुई थी, जो महेंद्रगढ़ में एक अमीर कारोबारी की बेटी थीं। गूजरमल सिर्फ ढाई साल के थे जब रुक्मिणी देवी उनकी सौतेली मां बनकर मोदी आवास में आईं। रुक्मिणी देवी ने गूजरमल, और उनकी बड़ी बहन, सुंदरी देवी (मुल्तानीमल की पहली पत्नी से पैदा हुई) को अपने बच्चों की तरह पाला। रुक्मिणी देवी और मुल्तानीमल के तीन बेटे और तीन बेटियां आने वाले सालों में हुईं। अपनी पूरी ज़िंदगी, गूजरमल ने भी रुक्मिणी देवी को अपनी मां की तरह ही माना।

'गूजरमल, मुझे पता है कि हर कोई मुझे तुम्हारी सौतेली मां के रूप में देखता है,' रुक्मिणी देवी ने बच्चे गूजरमल के बालों में कंघी करते हुए कहा। 'लेकिन मैं तुमसे वादा करती हूं कि मैं तुम्हारी मां से बढ़कर बनूंगी। कोई भी यह नहीं कह पाएगा कि मैं तुमसे ज़्यादा प्यार किसी से भी करती हूं,' उन्होंने आगे कहा। तीन साल के गूजरमल को पूरी तरह से समझ नहीं आया कि उसकी मां क्या कह रही थी। वह केवल इतना जानता था कि वह अपनी मां की आंखों का तारा था। उसने मुड़कर रुक्मिणी देवी को गले से लगा लिया।

गूजरमल की शख्सियत पर रुक्मिणी देवी का काफी ज़्यादा प्रभाव था। हालांकि वो जानती थीं कि वो मुल्तानीमल की चौथी पत्नी और गूजरमल की सौतेली मां थीं, और उन्हें यकीन था कि उनके अपने बच्चे भी होंगे, लेकिन वो यह नहीं चाहती थीं कि उन्हें आम सौतेली मां के तौर पर देखा जाए, और इसलिए उन्होंने गूजरमल पर अपना भरपूर स्नेह उड़ेल दिया। सबसे बड़ा बेटा होने की वजह से, मुल्तानीमल के दिल में गूजरमल के लिए खास जगह थी और हर कोई जानता था कि गूजरमल उनकी प्रिय संतान थे। इसके साथ ही, गूजरमल अपनी सौतेली मां

के प्रेम और देखभाल का केंद्र बिंदु भी बन गए। रुक्मिणी देवी ने बचपन से ही गूजरमल को प्रोत्साहित किया और उनमें ये भरोसा जगाया कि वो जीवन में बहुत तरक्की करेंगे।

किसी व्यक्ति का जीवन उसके बचपन से आकार लेने लगता है। गूजरमल का बचपन अपने माता-पिता के साथ बिताया गया था, जिन्होंने अपने-अपने तरीकों से उन्हें ये भरोसा दिया था कि वो जिस चीज़ पर दिमाग लगाएंगे, उसे वो हासिल कर सकते थे। बाद के जीवन में, गूजरमल को एक और महिला से मिलना था जिसका उनके जीवन पर गहरा असर पड़ने वाला था — उनकी पत्नी, जिन्होंने वहीं से कमान संभाली जहां रुक्मिणी देवी ने छोड़ी थी। मज़बूत शख्सियतों वाली दो महिलाओं के प्रभाव में, गूजरमल के लिए सफल होना और अपने जीवन में बड़ी चीज़ें हासिल करना तय था।

2

एक हाई स्कूल ड्रॉपआउट

'गूजरमल, मैं चाहता हूं कि तुम स्कूल छोड़ दो,' मुल्तानीमल ने अपनी कुर्सी में पीछे की तरफ धंसते हुए कहा।

यह पटियाला की एक शाम थी, मोदी आवास में नौकर चिरागों को जला रहे थे। मुल्तानीमल अपने दफ्तर से लौट चुके थे लेकिन अभी तक उन्होंने कपड़े बदलकर आरामदायक कुर्ता-पजामा पहना नहीं था। उन्होंने अपनी अचकन और चूड़ीदार पहन रखी थी, और उनके सिर पर विभिन्न रंगों का एक साफा था। उनकी पत्नी ने उन्हें एक गिलास चाय दी थी और उन्होंने एक बड़ा घूंट लेते हुए अपने बेटे से बातचीत जारी रखी। 'हाई स्कूल पास करने के लिए एक और साल इंतज़ार करने का कोई मतलब नहीं है।'

गूजरमल का चेहरा उतर गया। वो फर्श पर पालथी मारकर बैठे थे और यह सुन कर उन्होंने अपना चेहरा नीचे कर लिया ताकि उनके पिता को उनकी निराशा ना दिखे। गूजरमल चुप रहे। खामोशी को सिर्फ उन पक्षियों के चहकने की आवाज़ तोड़ रही थी जो पेड़ों पर बैठने की तैयारी में थे।

'तो तुम राज़ी हो, गूजरमल?' मुल्तानीमल ने चाय का एक और घूंट लेते हुए पूछा।

गूजरमल ने ऊपर की तरफ देखा, उनकी आंखें नम थीं। उनका सत्रहवां जन्मदिन कुछ महीने दूर था। 'लेकिन, पिताजी, मैं स्कूल क्यों छोड़ूं? मैं आगे पढ़ना

चाहता हूं,' उन्होंने नरम लहजे में कहा। 'और आप जानते हैं ना कि यह मेरी गलती नहीं है कि परीक्षाओं के लिए फीस नहीं चुकाई गई?' उन्होंने आगे कहा।

'जो भी हो, तुम इस साल तो परीक्षाएं नहीं दे सकते हो ना?' मुल्तानीमल ने रुखेपन से पूछा।

जवाब में गूजरमल ने बस अपना सिर धीरे से हिला दिया।

'तो, अगर तुम्हें हाई स्कूल पास करना है, तब अगले साल परीक्षा देनी होगी? है ना?' मुल्तानीमल ने आगे कहा।

गूजरमल ने बेमन से हामी भरी।

'बेटे, क्या तुम वाकई में एक और साल उन्हीं पाठों को सीखने में बिताना चाहते हो जो तुम पहले से जानते हो? क्या यह पूरी तरह वक्त की बर्बादी नहीं है?' मुल्तानीमल ने सख्त लहजे में कहा। 'मैं कह रहा हूं, पूरी तरह वक्त की बर्बादी! पूरी तरह।' उन्होंने अपना सिर हिलाते हुए बात आगे बढ़ाई। 'बेहतर है कि तुम काम-धंधे में मेरे साथ आ जाओ। तुम जानते हो कि मैं सारा धंधा अकेले नहीं संभाल सकता।'

गूजरमल के चेहरे पर उनकी दुविधा झलक रही थी। वो एक ऐसे घर में पले-बढ़े थे जहां पिता के शब्द ही कानून होते थे। वो जानते थे कि वो अपने पिता की इच्छाओं के खिलाफ नहीं जा सकते। लेकिन वो मुल्तानीमल के मन में अपने लिए गहरे स्नेह और प्रेम से भी परिचित थे। गूजरमल ने इसी प्रेम पर ध्यान लगाने का निश्चय किया और कहा, 'पिताजी, आप जानते हैं कि मैं आपकी हर इच्छा मानूंगा। लेकिन आप यह भी जानते हैं कि मैं हाई स्कूल के बाद आगे की पढ़ाई के लिए यूनिवर्सिटी जाना चाहता हूं। पिताजी, मैं सच में पढ़ना चाहता हूं।'

लेकिन मुल्तानीमल अपना मन बना चुके थे। 'बेटे, तुमने हाई स्कूल तक की पढ़ाई कर ली है और एक बिज़नेसमैन के लिए इतनी पढ़ाई काफी है,' उन्होंने कहा। और फिर अपने सबसे बड़े बेटे की तरफ रहमदिली से देखते हुए उनका चेहरा नरम पड़ा। 'बेटे, मैं वादा करता हूं कि मैं तुम्हारे लिए व्यापार से जुड़ी पढ़ाई-लिखाई में शिक्षा प्राप्त करने के रास्ते तलाश करूंगा,' उन्होंने नीचे की तरफ झुकते हुए अपने बेटे के बाल सहलाए और कहा।

गूजरमल ने अपनी आंखें बंद कर लीं जब उन्होंने अपने सिर पर अपने पिता का हाथ महसूस किया और वो एक अजीब से सुकून से भर गए। उनका मन कह रहा था कि उन्हें इस फैसले को बिना किसी कड़वाहट के मान लेना चाहिए।

गूजरमल ने अपना हाथ उठाया, अपने पिता का हाथ पकड़ा और उसे अपने दिल पर ले आए। 'पिताजी, मैं वही करूंगा जो आप चाहते हैं। मैं आपसे वादा करता हूं कि मैं काम-धंधे पर अपना पूरा ध्यान लगाऊंगा,' उन्होंने कहा।

मुल्तानीमल खुश थे। 'बेटे, तुम्हें इस पर पछतावा नहीं होगा। मुझे इसका यकीन है,' उन्होंने कहा। और फिर वो कुछ सोचने लगे। 'मुझे अभी भी वह दिन याद है जब तुम चार साल के थे और मैं तुम्हें मौलवी की क्लास में ले गया था। तब भी तुम और सीखना चाहते थे।' वो ये सोचकर हंसने लगे।

***

वाकई में, गूजरमल की औपचारिक शिक्षा चार साल की उम्र में शुरू हो गई थी, जब उन्हें मोहल्ले के एक मौलवी के घर पर चलने वाली क्लास में दाखिल कराया गया था। गूजरमल एक ऐसे परिवार में बड़े हुए थे जो ना सिर्फ अमीर था बल्कि स्थानीय समुदाय में उसका काफी सम्मान भी था। मोदी आवास हमेशा आगंतुकों के लिए खुला रहता था, जो कभी-कभी सिर्फ बातचीत के लिए आते थे तो कभी सलाह-मशविरे के लिए। बड़े से आंगन में आगंतुकों के लिए चारपाइयां और मूढ़े बिखरे रहते थे, और उन्हें परोसने के लिए, चूल्हे पर गर्म चाय उबलती रहती थी। एक चारपाई पर चिरंजीलाल को बैठे हुए और आस-पड़ोस के लोगों से घिरे हुए देखना असामान्य बात नहीं थी। वे लोग सलाह-मशविरे के लिए आते थे, जबकि उनके बच्चे आंगन में दौड़ते-भागते रहते थे। कभी-कभी बच्चों को भी बैठने और अनुशासन के मूल्य के बारे में चिरंजीलाल के किस्से सुनने को कहा जाता था। मोदी परिवार एक व्यस्त परिवार था। अपने काम की वजह से मुल्तानीमल और चिरंजीलाल ने समाज और व्यापारिक समुदाय के बीच काफी ख्याति अर्जित की थी।

ब्रिटिश शासन के अधीन, बीसवीं सदी की शुरुआत में भारत एक रुढ़िवादी समाज था, लेकिन शिक्षा के महत्व को पहचाना जाता था। इसलिए, जब गूजरमल चार साल के हुए थे, मुल्तानीमल उसके लिए एक स्कूल तलाशने लगे थे।

यहां यह बताना ज़रूरी है कि 1900 के दशक की शुरुआत में यहां नर्सरी स्कूल नहीं होते थे; बड़े बच्चों के लिए सिर्फ सरकारी और प्राइवेट स्कूल थे और उच्च शिक्षा के लिए कॉलेज। हालांकि, भारतीय उद्यमी वर्ग ने छोटे बच्चों को सिखाने की ज़रूरत पूरी करने का एक तरीका निकाल लिया था। यह आज की ट्यूशन संस्कृति का एक रूप था। जिन वर्षों में गूजरमल बड़े हो रहे थे, घर पर छोटे बच्चों

को पढ़ाने के लिए शिक्षकों, पुजारियों और मौलवियों का मिलना आम बात थी। ज़्यादातर वक्त ऐसा बिना कोई पैसा दिए होता था। इसके बजाय, शिक्षक अपने छात्रों से दक्षिणा के तौर पर भोजन और दूसरे घरेलू सामान लेकर खुश रहते थे।

मुल्तानीमल को ऐसा एक मौलवी अपने घर के पास मिल गया था और उन्होंने गूजरमल का दाखिला उसके यहां करा दिया था। मौलवी ने बाकी विषयों के अलावा महाजनी लेखन शैली सिखाई। महाजनी लिपि एक व्यापारिक लिपि थी जो पुराने समय में अविभाजित भारत के उत्तरी हिस्से में खातों और दूसरे वित्तीय दस्तावेजों को लिखने में होता था। मुल्तानीमल चाहते थे कि उनका बेटा महाजनी सीखे क्योंकि उनका मानना था कि आने वाले वक्त में यह उसके काम आएगा, और ऐसा हुआ भी। गूजरमल ने, उस उम्र में भी, संख्याओं में गहरी दिलचस्पी दिखाई और मौलवी के यहां खुशी-खुशी जाने लगे। बहुत जल्दी, वो महाजनी लिपि में माहिर हो गए।

गूजरमल के दादा, चिरंजीलाल, मोदी परिवार के मुखिया थे और स्वाभाविक था कि गूजरमल की शिक्षा के बारे में मुल्तानीमल उनसे सलाह लेते। अपने दादा की देखरेख में गूजरमल को छह साल की उम्र में एक सरकारी स्कूल में दाखिल करा दिया गया था।

बचपन से ही गूजरमल पर अपने माता-पिता और अपने दादा का प्रभाव था। चिरंजीलाल ने सैन्य प्रशिक्षण हासिल किया था जब उन्हें अपने कारोबार का विस्तार करने के लिए ब्रिटिश फौज की शर्त माननी पड़ी थी। नतीजा यह था कि वो अनुशासन और समय की पाबंदी पर पूरा ध्यान देते थे। गूजरमल इसी माहौल में पले-बढ़े, और अनुशासन उनके जीवन का एक अभिन्न अंग बन गया। दरअसल, चिरंजीलाल की बड़ी इच्छा थी कि उनका पहला पोता सैनिक स्कूल में जाए और सेना का अफसर बने। अगर वो और ज़्यादा वक्त ज़िंदा रहते, तो मुमकिन था कि चिरंजीलाल गूजरमल को सेना में एक जनरल बनते देख लेते। लेकिन किस्मत को कुछ और मंजूर था। 1913 में चिरंजीलाल की अचानक मौत हो गई और पहले पोते के सेना में शामिल होने का उनका सपना बस सपना रह गया। आने वाले वर्षों में सेना को हुआ नुकसान व्यापार जगत के फायदे में बदलने वाला था।

दादा के अलावा, दादी और मां ने भी गूजरमल के संस्कार पर गहरी छाप छोड़ी। मोदी परिवार की महिलाओं से, गूजरमल ने धर्म और अध्यात्म के मूल्य सीखे। रुक्मिणी देवी हर शाम गूजरमल को कहानियां सुनाती थीं। ये कहानियां लोगों के प्रति निष्पक्ष होने और जीवन में अच्छा करने के मूल्यों पर केंद्रित होती थीं।

'याद रखो, गूजरमल, कमज़ोर मत बनना। जब ज़रूरत पड़े तब लड़ना। लेकिन लड़ाई की शुरुआत मत करना,' रुक्मिणी देवी बार-बार यह कहतीं। वो उन्हें कड़ी मेहनत के फायदे भी बतातीं। 'धन को कभी हल्के में मत लेना, बेटे,' वो कहतीं। 'तुम खुशकिस्मत हो कि एक अमीर परिवार में पैदा हुए हो, लेकिन वक्त हमेशा एक सा नहीं रहता। हो सकता है कि हम एक दिन सारा धन गंवा दें। इस धन पर कभी निर्भर नहीं रहना। हमेशा कड़ी मेहनत करना और अपना धन खुद बनाना,' रुक्मिणी देवी उन्हें बार-बार सिखातीं। उन्होंने गूजरमल को रामायण और महाभारत से उन राजकुमारों के उदाहरण भी दिए जिन्हें संन्यासियों की तरह रहना पड़ा था। 'जीवन में इन अच्छी चीज़ों के इतने आदी ना हो जाओ कि तुम इनके बिना जीने की काबिलियत खो दो,' वो गूजरमल को अक्सर याद दिलाती थीं।

लेकिन अधिकतर वो गूजरमल को एक कर्मयोगी बनने के लिए प्रोत्साहित करती रहीं। कर्मयोग हिंदू धर्म के तीन आध्यात्मिक मार्गों में एक है और कर्म के योग पर आधारित है। एक कर्मयोगी अच्छे कर्म को प्रार्थना के एक रूप की तरह देखता है। 'तुम तरक्की करोगे, गूजरमल, अगर तुम कर्मयोग का पालन करोगे और सिर्फ अपने फायदे के लिए धन जमा नहीं करोगे। अपने धन का उपयोग दूसरों के कल्याण के लिए भी ज़रूर करना,' रुक्मिणी देवी ने यही शिक्षा गूजरमल को हर दिन दी। अपने मां से मिले ये अनौपचारिक सबक गूजरमल के साथ जीवन भर बने रहे, इन्होंने उनके चरित्र का निर्माण किया और उनके कार्यों पर असर डाला।

अपनी मां की इन कहानियों के अलावा, घर में हर दिन होने वाले भजनों में गूजरमल शामिल होते थे और साथ ही रामायण पर पुजारियों के प्रवचनों में। महिलाएं अलग-अलग देवी-देवताओं के सम्मान में साप्ताहिक उपवास रखती थीं और अक्सर गूजरमल भी, अपनी मां और दादी के साथ उपवास रखा करते थे। जब जन्माष्टमी के लिए उपवास का समय आता था, गूजरमल सबसे आगे रहा करते थे। यह उपवास थोड़ा मुश्किल होता है क्योंकि उसमें कुछ भी खाना या पीना नहीं होता है। छिपकर पानी पीने के रास्ते ढूंढ़ने के बजाय, गूजरमल सुनिश्चित करते थे कि ना सिर्फ वो खुद बल्कि उपवास करने वाला कोई भी सदस्य पानी ना पी ले। बचपन के इन प्रभावों ने उनके बाद के जीवन को गढ़ा और, अनुशासन के साथ-साथ धर्म और अध्यात्म भी उनके लिए अभिन्न हो गए।

धर्म और अध्यात्म के साथ परोपकार के सबक भी उन्हें मिले, जो गूजरमल ने अपने पिता मुल्तानीमल से सीखे। उन्होंने अपने पिता के अलग-अलग कामों को देखा था, जिनमें पटियाला में सनातन धर्म विद्यालय और गौशालाएं बनाना शामिल

था। गूजरमल ने देखा कि उनके पिता लोगों की मदद करने में समय बिताते थे और अपने कमाए हुए धन का एक हिस्सा परोपकारी गतिविधियों के लिए अलग रखते थे। यहां तक कि मोदी आवास में शाम को होने वाले आध्यात्मिक प्रवचनों में भी परोपकार के फायदे गिनाए जाते थे। यह कहा जाता था कि ज़रूरतमंदों की मदद करने से निर्वाण प्राप्त करने की प्रक्रिया तेज़ हो जाती है। धार्मिक और आध्यात्मिक बातों से गहरे प्रभावित होकर, गूजरमल ने खुद भी उदारता के छोटे-मोटे काम करने का फैसला किया।

बचपन में, गूजरमल को जेब खर्च के तौर पर हर दिन दो पैसे मिलते थे। जेब खर्च होता था लिखने के लिए स्याही खरीदने की रोज़ाना ज़रूरत के लिए, और बचा हुआ पैसा स्कूल के बाद गलियों में बिकने वाली खाने-पीने की चीज़ों के लिए। गूजरमल अपने पिता को देखकर उनसे सीखी हुई बातों को अमल में लाने लगे। अपने लिए स्याही खरीदने के बाद बचे हुए पैसों का इस्तेमाल वो अपने स्कूल के गरीब छात्रों के लिए किताबें या स्याही खरीदने में करते थे। उन्होंने इन छोटे-छोटे परोपकारी कार्यों को करना शुरू कर दिया था ताकि वो वापस जाकर अपनी मां को गर्व के साथ इनके बारे में बता सकें। जल्दी ही उन्हें समझ आया कि दूसरों की मदद करके उन्हें काफी खुशी मिलती थी। गूजरमल संतुष्ट महसूस करते थे और, कुछ मायनों में, दूसरों से बेहतर होने का अपराध-बोध उनके मन में कम हो जाता था। समय के साथ, ये काम जो शुरुआत में छोटे थे आकार में बढ़ते गए क्योंकि गूजरमल खुद भी एक व्यक्ति और व्यापारी के रूप में तरक्की करते गए।

एक और आदत जो उनके दादा के माध्यम से उन्होंने अपने जीवन की शुरुआत में ही डाल ली थी, वो थी स्वास्थ्य पर ध्यान देना। चिरंजीलाल ने बच्चे के मन में स्वस्थ शरीर और नियमित कसरत की ज़रूरत के लिए सम्मान भर दिया था। इसे रुक्मिणी देवी भी बढ़ावा देती थीं, जो अपने बेटे को मन और शरीर से मज़बूत होने के लिए प्रोत्साहित करती थीं। वो हर सुबह अपने बेटे को मलाई से भरे दूध का एक बड़ा गिलास देती थीं, और साथ में रात भर पानी में भिगोए हुए बादाम। चिरंजीलाल और रुक्मिणी देवी दोनों गूजरमल को कई शारीरिक व्यायाम करने के लिए प्रोत्साहित करते थे। यहां तक कि बचपन में भी गूजरमल कुश्ती और शरीर-सौष्ठव पर समय बिताते थे। किशोरावस्था में वो एक लंबे नौजवान दिखते थे और उनका कद अपने पिता से भी ज़्यादा हो गया था। जितनी कसरत वो किया करते थे, उस वजह से उनका डील-डौल एक पहलवान जैसा था। मोदी परिवार पूरी तरह से शाकाहारी था और गूजरमल भी आजीवन शाकाहारी रहे। वो कभी शराब भी नहीं पीते थे।

***

गूजरमल जब ग्यारह साल के थे तब 1913 में उनके दादा का देहांत हो गया था। चिरंजीलाल के दो सपने थे — पहला, अपने पोते को सेना में शामिल करना, और दूसरा, उसकी शादी करना। पहला सपना अधूरा रहा, लेकिन उनके दादा का दूसरा सपना दो सालों के भीतर पूरा हो गया था। तेरह साल की उम्र में, गूजरमल की शादी राजस्थान के एक गांव के सेठ गोवर्धन दास की बेटी राजबन देवी के साथ हो गई। बीसवीं शताब्दी की शुरुआत में भारत में बाल विवाह होना असामान्य नहीं था। हालांकि 1929 में पारित एक कानून के बाद इस पर प्रतिबंध लगा दिया गया था, यह गैर-कानूनी प्रथा बाद में भी प्रचलित रही और यहां तक कि अभी भी भारत के कुछ हिस्सों में जारी है। लेकिन 1915 में यह वैध थी, और कम उम्र के लड़कों, खासकर अमीर परिवारों के लड़कों के लिए शादी करना सामान्य बात थी। इस तरह, किशोरावस्था में गूजरमल की शादी हो गई लेकिन उनकी बाल वधू अपने माता-पिता के घर में ही रही क्योंकि यह भी परंपरा थी। गौना, यानी दुल्हन का अपने ससुराल आना दो सालों के बाद हुआ। विवाह समारोह के बाद भी गूजरमल की पढ़ाई चलती रही और वो अपने हाई स्कूल के बाद किसी कॉलेज या यूनिवर्सिटी में जाने के इच्छुक थे। लेकिन इस लड़के के लिए किस्मत ने कुछ और ही सोचा था।

गूजरमल हाई स्कूल के अंतिम साल में थे और अपनी सालाना परीक्षाओं की तैयारी कर रहे थे। वो अपने कुछ दोस्तों के साथ आगे की पढ़ाई के लिए कॉलेज जाने की योजना भी बना रहे थे। यह गर्मी का मौसम था और दिन गर्म और धूल भरे थे। एक दिन, हाई स्कूल के छात्र अपनी कक्षाओं में जाने के रास्ते में थे कि आसमान काले बादलों से घिर गया और बारिश शुरू हो गई। तापमान गिर गया और सुखद हवा चलने से मौसम ठंडा हो गया। जब वे अपनी कक्षा की तरफ जा रहे थे, छात्रों की मुलाकात अपने गणित के शिक्षक से हुई।

'आज कितना सुहावना दिन है, बच्चों। क्या तुम लोग वाकई में किसी कक्षा में बैठकर पढ़ाई करना चाहते हो?' गणित के शिक्षक ने पूछा। छात्रों ने एक-दूसरे की तरफ देखा और इनकार में सिर हिला दिए। 'बढ़िया,' शिक्षक ने कहा। 'मेरा ख्याल है कि आज हम छुट्टी कर लें और बाहर घूमने-फिरने जाएं। कमरे के अंदर बैठकर इतने खूबसूरत दिन को बर्बाद करना शर्म की बात होगी,' उन्होंने आगे कहा।

सभी लड़के खुशी से झूम उठे क्योंकि कुदरत के साथ बिताया एक दिन गणित के समीकरण हल करने से बेहतर था। उन्होंने पूरा दिन स्थानीय जंगल में

घूमते हुए बिताया। लेकिन मटरगश्ती का यह दिन लड़कों के लिए दुखद नतीजे लेकर आया। उन्हें पता नहीं था कि उनके स्कूल के प्राचार्य की गणित के शिक्षक के साथ निजी दुश्मनी थी। प्राचार्य ने घूमने-फिरने के दिन का इस्तेमाल गणित के शिक्षक पर एक आरोप लगाने में किया। आरोप लगाया गया कि शिक्षक ने छात्रों को कक्षा के बहिष्कार के लिए उकसाया और स्कूल के खिलाफ एक छोटा विद्रोह कराया। छात्रों की तरफ से इससे पूरी तरह इनकार करने की कोई सुनवाई नहीं हुई। प्राचार्य ने शिक्षक के खिलाफ कार्रवाई करने का मन बना रखा था। छात्रों को अतिरिक्त नुकसान हुआ।

चूंकि मामला एक वरिष्ठ शिक्षक और लगभग पूरी कक्षा से जुड़ा था, इसे स्कूल के सुपरवाइज़री बोर्ड ने गंभीरता से लिया। उन्होंने एक जांच कमेटी बनाई और जब इसकी रिपोर्ट आई, बोर्ड इस नतीजे पर पहुंचा कि गलती छात्रों की थी। बोर्ड ने यह भी कहा कि छात्रों को बोर्ड और प्राचार्य से माफी मांगनी होगी।

जब छात्रों ने बोर्ड के फैसले के बारे में सुना, वे नाराज हुए क्योंकि उनका मानना था कि उन्होंने कोई गलती नहीं की थी। गूजरमल को कक्षा के नेता की तरह देखा जाता था और सभी छात्रों ने गूजरमल की अगुवाई में आपस में चर्चा की कि अब आगे क्या किया जाए। गूजमरल खुद भी बोर्ड के इस फैसले से बेहद नाखुश थे। निष्पक्ष न्याय की उनकी भावना को ठेस पहुंची थी। उनका मानना था, जो ठीक भी था, कि गलती छात्रों की नहीं थी। उन्होंने अपने साथी छात्रों से कहा कि वो बोर्ड में अपील करेंगे।

बोर्ड की बैठक दोबारा हुई और गूजरमल ने छात्रों का मामला पेश किया। अपने तर्कों और अभिव्यक्ति कौशल की मदद से उन्होंने बोर्ड के सामने साबित कर दिया कि छात्र निर्दोष थे। अब बोर्ड एक दुविधा में था। पुराना फैसला पलटने से बोर्ड के सदस्यों की छवि खराब होती। हालांकि, गलती ना होने पर छात्रों से माफी मांगने के लिए कहना उनके साथ अन्याय होता। बोर्ड अपने फैसले को पलटने के लिए तैयार नहीं था, और उसने एक आसान रास्ता निकालते हुए मामले को पटियाला के महाराजा के दरबार में भेज दिया।

अब ये नाटक महाराजा के दरबार में जारी रहा। छात्र असली जीवन के इस नाटक में इतना डूब गए थे कि सभी भूल गए कि उनकी आखिरी परीक्षाओं के लिए फीस जमा करने की तारीख बीत चुकी थी! जब तक छात्रों को इस बात का अहसास हुआ, काफी देर हो गई थी। चूंकि अब वे अपनी परीक्षाएं नहीं दे सकते थे, उन्हें अगले साल दोबारा पढ़ाई करनी थी।

मुल्तानीमल नहीं चाहते थे कि उनका बेटा, गूजरमल स्कूल में एक क्लास में दोबारा पढ़ाई करके साल बर्बाद करे। उन्होंने गूजरमल को स्कूल छोड़ने और उनके कारोबार में साथ देने को कहा। कारोबार तेज़ी से फैल रहा था, खासकर प्रथम विश्व युद्ध के शुरू होने के बाद। ब्रिटिश फौज को होने वाली सप्लाई की मांग कई गुना बढ़ गई थी और मुल्तानीमल को बिज़नेस संभालने में मदद के लिए एक भरोसेमंद सहायक की ज़रूरत थी।

गूजरमल स्कूली पढ़ाई छोड़ने के ख्याल से बिलकुल खुश नहीं थे। 'पिताजी, मैं आगे पढ़ना चाहता हूं, और मैं यूनिवर्सिटी जाना चाहता हूं। कृपया आप मुझे स्कूल छोड़ने को ना कहें,' उन्होंने मुल्तानीमल से विनती की।

'बेटे, तुमने दसवीं कक्षा तक की पढ़ाई कर ली है और एक व्यापारी के लिए इतना काफी है। अगर तुम आगे पढ़ना चाहते हो, मैं व्यापार से जुड़ी पढ़ाई में तुम्हें शिक्षित करने के रास्ते तलाश करूंगा,' मुल्तानीमल ने फैसला सुनाने के अंदाज़ में कहा।

गूजरमल ऐसे परिवार में बड़े हुए थे जहां पिता के शब्द कानून थे। गूजरमल अपने पिता की इच्छाओं के आगे झुक गए और उनके व्यापार में शामिल हो गए। हालांकि, उन्होंने अपने पिता को उनका वादा पूरा करने को कहा और घर पर प्राइवेट ट्यूशन की व्यवस्था करवाई। मुल्तानीमल ने अपने वादे पर खरा उतरते हुए अपने बेटे को महाजनी लिपि का इस्तेमाल करते हुए बही-खाता प्रबंधन, एकाउंटेंसी और व्यापार के सिद्धांतों की पढ़ाई कराई। अपनी अकादमिक सीख को आगे बढ़ाने के मकसद से, गूजरमल को परिवार की एक दुकान पर मुनीम की तरह काम शुरू करने को कहा गया।

स्कूल छोड़ना और पारिवारिक व्यापार में शामिल होना गूजरमल के जीवन का महत्वपूर्ण मोड़ था। उन्होंने उसके बाद से पीछे मुड़कर नहीं देखा।

3

नौकरी के दौरान जीवन के सबक को सीखना

गूजरमल को अपने पिता के साथ काम करते हुए थोड़ा वक्त हो गया था। शुरुआत में मज़दूरों और दफ्तर के कर्मचारियों ने उनके साथ एक बच्चे जैसा बर्ताव किया हालांकि वो अपने बीसवें जन्मदिन के नज़दीक पहुंच रहे थे — आखिर, उन्होंने गूजरमल को अपनी आंखों के सामने बड़ा होते देखा था! लेकिन, बहुत जल्दी, गूजरमल ने व्यापार के भीतर अपने लिए जगह बना ली। जो लोग उनके साथ सौदा करते थे, वे इस भावना के साथ लौटते थे कि उन्होंने किसी ऐसे व्यक्ति के साथ कारोबार किया है जिसकी दूरदृष्टि उसकी कम उम्र पर भारी थी।

इस दूरदृष्टि और परिपक्वता को गूजरमल ने कड़ी मेहनत से सीखा था। उनके पिता एक अच्छे शिक्षक थे और अपने बेटे को व्यापार के सबक सिखाने का उनका अपना तरीका था।

जब गूजरमल व्यापार से जुड़े ही थे और आटा चक्की में उन्होंने काम करना शुरू किया था, उन्होंने पाया कि उनके यहां के मैदे की कीमत बाज़ार में सबसे ज़्यादा थी। उन्होंने अपने पिता से इसकी वजह पूछी।

'हमारी क्वालिटी सबसे अच्छी है, बेटा, और इसलिए लोग हमें ज़्यादा कीमत देते हैं,' मुल्तानीमल ने कहा।

गूजरमल ने काम करना जारी रखते हुए इस बात को ध्यान में रखा। एकाउंट्स और नंबर उनकी ताकत थे। उन्होंने मोटे तौर पर हिसाब लगाया और पाया कि मिल में हल्की सी उत्पादकता बढ़ाकर कहीं ज़्यादा मुनाफा कमाया जा सकेगा। गूजरमल ने मैदा उत्पादन की प्रक्रिया को ध्यान से देखा ताकि पता चल सके कि उत्पादकता कैसे बढ़ाई जा सकती थी।

'पिताजी, मैंने अपने मुनाफे को बढ़ाने का एक तरीका निकाल लिया है,' एक रात गूजरमल ने कहा जब वो भोजन के समय घर पर अपने पिता से मिले। जब उनसे इसका ब्यौरा पूछा गया, गूजरमल ने बताया कि वह उत्पादन के अंतिम चरण में मैदे को छानने के लिए उपयोग की जाने वाली छलनी के छेद का आकार बढ़ा देंगे। 'ये बढ़ोतरी इतनी छोटी होगी कि किसी को इसका पता नहीं चलेगा, पिताजी,' गूजरमल ने उत्साह के साथ कहा। 'लेकिन इससे हमारा मैदा उत्पादन 20 प्रतिशत तक बढ़ जाएगा। इसका मतलब है 20 प्रतिशत ज़्यादा मुनाफा,' उन्होंने बात आगे बढ़ाई और अपने पिता की तरफ विजयी भाव से देखा।

पिता ने अपने बेटे की तरफ देखा और प्यार से मुस्कुरा दिया। 'गूजरमल, तुम कारोबार चला रहे हो। अगर तुम इस बदलाव को लाना चाहते हो, तो आगे बढ़ो और सबक खुद सीखो,' मुल्तानीमल ने कहा। 'लेकिन याद रखना कि लोग किसी वजह से हमारे मैदे के लिए ज़्यादा कीमत देते हैं। हमारी क्वालिटी की वजह से,' उन्होंने मुलायम लहजे में ये बात जोड़ी।

'अरे, पिताजी, किसी को पता नहीं चलेगा,' गूजरमल ने कहा। 'मुझे नहीं मालूम कि आपने ये बात पहले क्यों नहीं समझी। अब आप देखिए कि मैं कैसे मिल का मुनाफा बढ़ाता हूं।' मुल्तानीमल बस मुस्कुरा दिए और अपना खाना खाते रहे।

गूजरमल ने मैदा छानने की अंतिम प्रक्रिया में छलनी को बदल दिया। शुरुआती महीनों में खरीदारों की तरफ से कोई विपरीत प्रतिक्रिया नहीं आई। लेकिन दो महीनों के भीतर, ऑर्डर कम होने लगे क्योंकि लोग क्वालिटी की शिकायत करने लगे थे। गूजरमल ने मायूसी से देखा कि मिल का मुनाफा नीचे गिर रहा था। उन्हें अहसास हुआ कि उनके पिता ने उन्हें क्या बताने की कोशिश की थी। उन्होंने तुरंत पुरानी छलनियां लगाने का निर्देश दिया, लेकिन ऑर्डर का पुराना स्तर पाने में एक साल से ज़्यादा का वक्त लग गया।

'पिताजी, मैंने अपना सबका सीख लिया है,' गूजरमल ने एक शाम कहा जब वो अपने पिता के साथ बैठे थे। 'मैंने सीख लिया है कि हम अपनी क्वालिटी पर समझौता

नहीं कर सकते। मैं अपनी ज़िंदगी में कभी इस सबक को नहीं भूलूंगा — कि लोगों का भरोसा नहीं तोड़ा जा सकता है।' यह सबक उनके साथ पूरी ज़िंदगी रहने वाला था, तब भी जब मोदी समूह भारत के टॉप 10 उद्योग समूहों में एक बन गया था।

***

बीसवीं शताब्दी की शुरुआत में विश्व युद्ध ने अविभाजित भारत के भीतर माल को एक जगह से दूसरी जगह ले जाने के लिए कई समस्याएं पैदा कर दी थीं। पटियाला की स्थानीय मिलों को अपने उत्पादों जैसे आटा, मैदा और सूजी को बैलगाड़ी से अंबाला, अमृतसर और यहां तक कि लाहौर तक पहुंचाना पड़ता था। परिवहन के इस रूप के कारण मिल मालिकों को दोहरी समस्या थी। एक तो यह कि खाद्य उत्पादों को ले जाने में काफी समय लगता था। दूसरी समस्या यह थी कि मिल मालिकों को एक उपकर देना पड़ता था जिसकी गणना बैलगाड़ियों में ले जाए जाने वाले प्रति बोरे के हिसाब से की जाती थी। साफ था कि इससे उत्पादों की लागत बढ़ गई, जिससे वे बाज़ार की प्रतिस्पर्धा में पीछे हो गए।

जब गूजरमल के सामने उनके मिल के उत्पादों को भेजने की समस्या आई, उन्होंने इसके अलग-अलग पहलुओं पर विचार किया। अपनी रिसर्च में उन्होंने पाया कि अंबाला में एक मिल थी जो अपने आटा और मैदा को ट्रेन के माध्यम से अलग-अलग शहरों में भेज रही थी, जिनमें लाहौर और अमृतसर भी शामिल थे। रेल ट्रांसपोर्ट की लागत बेहतर रहती थी क्योंकि इसमें प्रति बोरी उपकर नहीं देना पड़ता था और ट्रेन की रफ्तार बैलगाड़ी से ज़्यादा भी थी। नतीजा यह था कि अंबाला आटा मिल कम लागत पर ज़्यादा माल भेज पाती थी, और इस तरह ज़्यादा मुनाफा कमाती थी। गूजरमल मिल और मिल मालिक के बारे में ज़्यादा जानकारी जुटाना चाहते थे।

'क्या तुमने उस चावला के बारे में सुना है जो अंबाला में एक मिल चलाता है?' गूजरमल ने एक स्थानीय बाज़ार में चाय पीते हुए पूछा। वहां चार और लोग थे जो काम से ब्रेक लेकर वहां आए थे।

'अरे, वही चावला, जो अपना माल रेलगाड़ी से भेजता है?' वहां मौजूद लोगों में से एक, मनराज ने गूजरमल की बात खारिज करने के इरादे से अपना हाथ लहराते हुए कहा। उसने वही हाथ लहराया जिसमें चाय का गिलास था। उसके आसपास के बाकी लोग तुरंत पीछे हट गए कि कहीं गर्म चाय उनके शरीर पर ना छलक जाए।

'हां, वही चावला,' गूजरमल ने पुष्टि की। 'तुम्हें पता है कि वो यह सब कैसे कर पाता है?'

मनराज ने अपना चाय का गिलास नीचे रखा और गूजरमल को इशारे से अपने पास बुलाया। बाकी लोग भी करीब आ गए क्योंकि वे भी मनराज की बात सुनने का मौका नहीं गंवाना चाहते थे।

गूजरमल मनराज के करीब आ गए, जो आगे की तरफ झुककर इस लहजे में बोल रहा था जैसे कोई साजिश रच रहा हो। 'तुम्हें पता है, चावला गवर्नर साहब का बहुत अच्छा दोस्त है,' मनराज ने अपनी बात शुरू की।

'किस गवर्नर साहब की बात कर रहे हो तुम?' वहां मौजूद बाकी तीन लोगों में एक, तनवीर ने बीच में टोका।

'अरे, पंजाब के गवर्नर। तुम्हें क्या लगता है कि मैं और कहां के गवर्नर की बात कर रहा हूं?' मनराज ने खीझकर कहा क्योंकि उसे तनवीर का टोकना पसंद नहीं आया था। 'अब चुप रहो और ध्यान से सुनो,' उसने सख्त लहजे में कहा।

सभी ने तनवीर की तरफ देखकर उसे चुप रहने का इशारा किया। वे सभी सुनना चाहते थे कि आखिर मनराज क्या बता रहा था।

'तो, चावला और गवर्नर साहब दोस्त हैं। तुम्हें पता है, चावला जब लाहौर जाता है तब वह गवर्नर के घर जाता है और उनके साथ चाय पीता है,' मनराज ने कहा। 'इस दोस्ती की वजह से चावला को अपना माल ट्रांसपोर्ट करने के लिए रेलवे वैगन नेटवर्क का इस्तेमाल करने की इजाज़त है। खुशकिस्मत है यह चावला।'

'ऐसा कैसे हो सकता है?' गूजरमल ने पूछा। 'मैं यह नहीं मानता। मुझे नहीं लगता कि यह इतना आसान है।'

'अगर तुम्हें मुझ पर विश्वास नहीं है, तब इस शहर में किसी और से पूछ लो। सभी यह बात जानते हैं,' मनराज ने रुखेपन से कहा और उठ खड़ा हुआ, वो खीझ गया था क्योंकि गूजरमल ने उस पर सवाल उठा दिया था, उसने अपनी धोती समेटी, बाकी लोगों को देखकर सिर हिलाया और पैर पटकते हुए चला गया।

गूजरमल ने स्थानीय व्यापारी समुदाय में दूसरे लोगों से भी चावला और ट्रेन से उसके माल की ढुलाई के बारे में पूछा। उन्होंने जो सुना, वो मनराज की बातों की ही पुष्टि करता हुआ लगा। उन्हें बताया गया कि आम लोग माल भेजने के लिए ट्रेन वैगन इस्तेमाल नहीं कर सकते। जब उन्होंने अंबाला के मिल मालिक के बारे में पूछा, उन्हें बताया गया कि मालिक की वाकई में पंजाब के गवर्नर के साथ गहरी दोस्ती थी और इसलिए उसे अपने उत्पादों को भेजने के लिए रेल वैगन के इस्तेमाल की इजाज़त थी।

गूजरमल को यह बात हजम नहीं हुई। वो एक लंबे, ऊंचे और अच्छे डील-डौल के नौजवान थे। साथ ही, उन्होंने हाई स्कूल तक पढ़ाई की थी और वो व्यापार और वाणिज्य के मामलों के जानकार थे। उनका पालन-पोषण ऐसे माता-पिता ने किया था जिन्होंने उन्हें बताया था कि वो किसी से कमतर नहीं थे। उनका मानना था कि वो भी मिल मालिक चावला की तरह व्यापार कर सकते थे। 'जब अंबाला का वो आम मिल मालिक पंजाब के गवर्नर का दोस्त हो सकता है, मुझे कम से कम गवर्नर के साथ एक व्यापारिक संबंध बनाने की कोशिश क्यों नहीं करनी चाहिए?' गूजरमल ने सोचा। उन्होंने खुद को समझाया कि उन्हें गवर्नर के साथ एक स्थायी दोस्ती नहीं चाहिए बल्कि सिर्फ जान-पहचान चाहिए ताकि वो भी दूसरे शहरों में अपना माल भेजने के लिए रेल वैगन की सुविधा ले सकें।

'पिताजी, मैं पंजाब के गवर्नर से मिलने के लिए लाहौर जाना चाहता हूं,' गूजरमल ने कहा जब वो रात के भोजन के समय अपने पिता से मिले।

'एकाएक लाहौर जाने की इच्छा क्यों आई, बेटे?' मुल्तानीमल ने रोटी का एक कौर लेते हुए पूछा।

गूजरमल ने परिवहन की समस्या अपने पिता को समझाई और साथ में यह भी बताया कि वो गवर्नर या गवर्नर के दफ्तर में किसी से इसलिए मिलना चाहते थे ताकि रेल से माल भेजने की अनुमति मिल जाए।

'लेकिन तुम्हें ऐसा क्यों लगता है कि गवर्नर या उनके दफ्तर का कोई आदमी तुम्हारे जैसे नौजवान से बात भी करेगा?' मुल्तानीमल ने आश्चर्य व्यक्त करते हुए पूछा, और साथ ही भरपेट खाने के बाद हल्की सी डकार ली।

'पिताजी, आप अभी भी मुझे एक बच्चा मानते हैं।' गूजरमल ने मुस्कुराते हुए अपने पिता की तरफ प्यार से देखा। 'लेकिन मेरी तरफ देखिए। सच में देखिए। क्या मैं आपसे ज़्यादा लंबा नहीं हूं? आपको पता है, बाकी लोग मुझे बच्चा नहीं मानते।' जब वो अपने पिता से ये बातें कह रहे थे तब भी उनकी मुस्कान बनी हुई थी।

'ठीक है, ठीक है। तुम एक बूढ़े आदमी हो।' मुल्तानीमल हंसे और अपने बेटे के सिर पर हल्की सी थपकी दी। 'ठीक है, लाहौर जाकर अपनी किस्मत आजमाओ, लेकिन गवर्नर के दफ्तर में इस बात का ध्यान रखना कि तुम लोगों से किस तरह बात करते हो।'

गूजरमल खुश हुए और तुरंत उछल पड़े। मुल्तानीमल ने अपना हाथ आगे बढ़ाया और गूजरमल को रोका। 'कहां भाग रहे हो, मेरे बच्चे? हड़बड़ी क्या है? मैंने

कहा कि तुम जा सकते हो लेकिन तुम्हें अपने साथ एक ज़्यादा उम्र वाले व्यक्ति को ले जाना होगा, गूजरमल। तुम गोपाल शाह को अपने साथ चलने के लिए क्यों नहीं कहते?' उन्होंने सुझाव दिया।

गोपाल शाह परिवार के वफादार थे जो मोदी परिवार के साथ मुनीम के तौर पर काम करते थे। गूजरमल इसके लिए राज़ी हो गए और दोनों लोग अपने माल के लिए रेल वैगन नेटवर्क तक पहुंचने का रास्ता तलाशने के लिए लाहौर चल दिए।

जब वे लाहौर पहुंच गए, गूजरमल ने गवर्नर के दफ्तर में किसी से मिलने की कोशिश के पहले रेलवे ऑफिस जाने का फैसला किया। उन्हें उस विभाग में भेजा गया जो ट्रांसपोर्ट और वैगनों से जुड़ा था। गूजरमल ने रेलवे अधिकारियों को समस्या समझाई और उन्हें अंबाला मिल मालिक के बारे में भी बताया जिसने रेल वैगन नेटवर्क का इस्तेमाल करने के लिए पंजाब के गवर्नर के साथ अपनी दोस्ती का फायदा उठाया। 'मैं गवर्नर का दोस्त या परिचित भी होने का दावा नहीं करता, लेकिन मैं अपने माल की ढुलाई के लिए रेल वैगन नेटवर्क के इस्तेमाल का एक तरीका ढूंढ़ना चाहता हूं,' गूजरमल ने मुस्कुराते हुए कहा।

जब उन्होंने अंबाला मिल मालिक के बारे में सुना, रेलवे अधिकारियों ने एक-दूसरे की तरफ आश्चर्य से देखा। और फिर उन्होंने सुना कि गूजरमल उनसे रेल वैगन नेटवर्क के बारे में पूछ रहे थे। 'लेकिन रेल वैगन नेटवर्क का इस्तेमाल करने के लिए किसी को गवर्नर साहब का दोस्त या परिचित होने की ज़रूरत नहीं है,' ज़्यादा उम्र के रेलवे अधिकारी ने कहा। 'इसके लिए केवल थोड़ी कागज़ी कार्यवाही और सर्टिफिकेशन की ज़रूरत है, और मुझे यकीन है कि आप इसका इंतजाम बिना गवर्नर साहब की दोस्ती के भी कर सकते हैं,' अधिकारी ने एक लंबी मुस्कान के साथ अपनी बात जारी रखी।

'सच! मैं भी रेलवे वैगन नेटवर्क का इस्तेमाल कर सकता हूं? आपको यकीन है?' गूजरमल ने हड़बड़ी में पूछा, जैसे कि उन्हें इस पर यकीन ना हो रहा हो।

अधिकारियों ने एक-दूसरे की तरफ फिर देखा और उदारतापूर्वक मुस्कुराए। उन्हें उनके सामने खड़ा उत्साही नौजवान पसंद आ रहा था। 'बिलकुल, आप भी इसका इस्तेमाल कर सकते हैं,' कम उम्र के अधिकारी ने कहा।

'बरखुरदार, क्या अब आप गवर्नर साहब के घर पर जाकर उनका दोस्त बनने की कोशिश करना चाहते हैं?' ज़्यादा उम्र का अधिकारी हंसने लगा।

गूजरमल ने उसके छेड़ने को मज़ाक में लिया। वो मुस्कुराए, अधिकारियों का धन्यवाद किया और जाते वक्त हंसते हुए उन्हें सलाम किया। कागज़ी कार्यवाही

और सर्टिफिकेशन के काम में दो दिन लगे। सर्टिफिकेटों के साथ लैस होकर, गूजरमल और गोपाल शाह अपने घर की तरफ चल दिए।

'पिताजी, मैंने यह काम कर लिया है!' गूजरमल ने ज़ोर से कहा जब घर पहुंचने पर वो अपने पिता के पैर छूने झुके। 'अब हम भी अपना माल सभी शहरों तक पहुंचाने के लिए रेल वैगन नेटवर्क का इस्तेमाल कर सकते हैं।' मुल्तानीमल अपने बेटे की उद्यमशीलता पर हैरान थे। उन्होंने गूजरमल का माथा चूमकर उन्हें आशीर्वाद दिया।

सर्टिफिकेटों का इस्तेमाल करके, मोदी मिलें अपने उत्पादों को रेल वैगन नेटवर्क के माध्यम से भेजने के काबिल हो गई थीं। इससे लागत कम हुई और टर्नओवर बढ़ा, जिससे मुनाफा भी ज़्यादा हुआ। व्यापारियों के बीच गूजरमल की प्रतिष्ठा बढ़ गई और उन्हें ऐसे नौजवान के तौर पर देखा जाने लगा जो किसी भी समस्या से विचलित नहीं होता था।

मुल्तानीमल ने अपने काम के बोझ का एक बड़ा हिस्सा अपने सबसे बड़े बेटे के साथ बांटना शुरू कर दिया। हालांकि, उन्हें इस बात का ख्याल था कि गूजरमल आगे की पढ़ाई करना चाहते थे। अब चूंकि उनका बेटा पूरी तरह काम में डूब चुका था, मुल्तानीमल उन्हें दूर-दराज के देशों में आगे की पढ़ाई के लिए नहीं भेजना चाहते थे। लेकिन उन्होंने अपने बेटे की ज्ञान प्राप्त करने की इच्छा को समझा। उन्होंने अपने बेटे के लिए इसका एक तरीका निकाल लिया।

शहर में पंजाब नेशनल बैंक की एक शाखा थी और मुल्तानीमल अपने कारोबार और दूसरे काम के सिलसिले में बैंक अधिकारियों के साथ संपर्क में रहते थे। उन्होंने शाखा प्रबंधक से आग्रह किया कि वो हर दिन उनके बेटे के साथ एकाध घंटा बिताएं और उन्हें बैंक से जुड़े लेन-देन के साथ-साथ एकाउंटिंग का ब्रिटिश तरीका सिखाएं। 'मेरा बेटा महाजनी लिपि और बही-खाता प्रणाली के बारे में सब जानता है। लेकिन मैं चाहता हूं कि वो दुनिया में दूसरों के द्वारा इस्तेमाल किए जा रहे एकाउंटिंग सिस्टम को सीखे,' मुल्तानीमल ने कहा। बैंक मैनेजर तो इसी बात से बेहद खुश था कि उसे अपने एक बड़े ग्राहक को खुश करने का मौका मिल रहा है। मैंनेजर भी उस नौजवान के साथ समय बिताना चाहता था, और उसे करीब से जानना चाहता था, जिसके बारे में व्यापारी समुदाय में खूब चर्चा होती थी। और सबसे ज़्यादा खुश बेशक गूजरमल थे, जो ज़्यादा ज्ञान प्राप्त करने की अपनी तलाश में एक और कदम आगे बढ़ गए थे।

***

जिस तरह उन्होंने अपना फोकस सीखने और बिज़नेस पर बनाए रखा, गूजरमल ने अपने व्यक्तित्व के आध्यात्मिक और धार्मिक पक्ष से भी अपना संबंध नहीं खोया। घर पर हर दिन भजन सत्र होते थे और वो उनमें से सभी में शामिल होना सुनिश्चित करते थे। अनुशासन भी उनका प्रमुख गुण बना रहा। उनके साथ और उनके लिए काम करने वाले सभी लोगों ने समझ लिया था कि उनके बॉस को वैसे लोग पसंद नहीं थे जो वक्त के पाबंद नहीं थे और वो नाराज़ हो जाते थे जब लोग नियमों का पालन नहीं करते थे। गूजरमल को गुस्सा तुरंत आ जाता था लेकिन उनके मन में कोई द्वेष नहीं रहता था। उनके अंदर काफी आत्मविश्वास था और वो खुद को किसी से कमतर नहीं मानते थे। इस खासियत की वजह से वो अपने से कई साल ज़्यादा उम्र वाले लोगों से बातचीत और व्यापार कर पाते थे। उन्होंने काफी कम उम्र से काम करना शुरू कर दिया था और उन्हें वैसे कर्मचारियों के साथ बातचीत करनी पड़ती थी जो उम्र में उनसे काफी बड़े थे। इन अनुभवों से उन्हें लोगों के साथ बर्ताव करते वक्त चतुराई का इस्तेमाल करने के सबक मिले।

गूजरमल ने शारीरिक तंदुरुस्ती पर भी अपना ध्यान जारी रखा। बीस साल की उम्र में उनका कद छह फीट से ज़्यादा और डील-डौल एक पहलवान की तरह था। दरअसल, कुश्ती उनका एक शौक था और वो अक्सर लोगों को उनके साथ मतभेद सुलझाने के लिए अखाड़े में बुलाया करते थे। हालांकि, उन्हें हैरानी होती थी कि उनके इस प्रस्ताव को ज़्यादा लोग स्वीकार नहीं करते थे!। परोपकार भी मोदी परिवार का एक अभिन्न अंग बना रहा। कभी-कभी यह आदत उन्हें मुश्किल में भी डालती थी।

बीसवीं सदी की शुरुआत में भारत अपनी आबादी को खिलाने के लिए अनाजों के आयात पर निर्भर था। गेहूं ऑस्ट्रेलिया से आयात किया जाता था और देश में आने पर उसकी कीमत थी एक रुपए में करीब साढ़े चार सेर (एक सेर लगभग 930 ग्राम के बराबर होता था)। मोदी की दुकान में थोक और खुदरा दरें अलग-अलग होती थीं। आम परंपरा के विपरीत, गूजरमल थोक व्यापार में ऊंची कीमत लिया करते थे। औसत खुदरा ग्राहक को मोदी की दुकान से एक रुपए में 5 सेर गेहूं मिल जाता था। थोक कीमत थी 4 सेर प्रति रुपए और यही कीमत फौज के लिए भी लागू होती थी। गूजरमल ने कीमतों की यह प्रणाली शुरू की थी क्योंकि उनका मानना था कि संस्थागत खरीदार खुदरा ग्राहकों को सब्सिडी दे सकते थे।

1922 की शुरुआत में एक नए कर्नल ने स्थानीय छावनी में पदभार संभाला। नए अफसर ने अपने अधिकार में आने वाले सभी क्षेत्रों की समीक्षा की। मोदी परिवार अभी भी सेना को खाद्य पदार्थों और दूसरे रसद का मुख्य सप्लायर था। जब कर्नल ने खरीदारी की समीक्षा की, उसे गेहूं के आटे के लिए मोदी मिल द्वारा ली जाने वाली कीमत का पता चला। एक जूनियर अफसर ने कर्नल को बताया कि मोदी मिलें अपने स्थानीय खुदरा ग्राहकों के मुकाबले फौज से ज़्यादा कीमत लेती थीं।

कर्नल नाराज़ हो गया। उसे यह बात पसंद नहीं आई कि औसत भारतीय ग्राहक को ब्रिटिश फौज से सस्ता गेहूं का आटा मिल रहा था। गूजरमल को कर्नल ने बुलाया और कीमत घटाने को कहा। गूजरमल ने मना कर दिया।

'लेकिन तुम मना कैसे कर सकते हो, गूजरमल?' ब्रिटिश कर्नल चिल्लाया। 'तुम जानते हो कि हम तुमसे कितना गेहूं का आटा खरीदते हैं? फिर भी तुम अपनी दुकान पर आने वाले स्थानीय ग्राहक के मुकाबले मुझसे 20 प्रतिशत ज़्यादा कीमत लेते हो? हमें यह स्वीकार नहीं है। इसे बंद करो और हमें उनसे सस्ती कीमत पर माल दो,' कर्नल गुस्से में बोलता रहा।

'मैं ऐसा नहीं कर पाऊंगा,' गूजरमल ने शांत स्वर में कहा।

'लेकिन क्यों?' कर्नल ने पूरी तरह हैरानी भरे स्वर में पूछा,

'आप देखिए, जब मैं गरीब खुदरा ग्राहक को सस्ती कीमत पर बेच रहा हूं, तब मैं वास्तव में उनके लिए कुछ अच्छा कर रहा हूं। वे ज़्यादा कीमत नहीं दे सकते, लेकिन आप दे सकते हैं,' गूजरमल ने समझाया।

यह सुनकर ब्रिटिश कर्नल पूरी तरह अपना आपा खो बैठा। 'तुम्हारे कहने का मतलब है कि तुम गरीब लोगों को खिलाने के लिए ब्रिटिश फौज से ज़्यादा कीमत वसूल रहे हो? यह पूरी तरह अस्वीकार्य है। और परोपकार? किस परोपकार की बात कर रहे हो तुम? हम जितनी बड़ी मात्रा में खरीदते हैं, तुम लोग उससे मुनाफाखोरी कर रहे हो और धर्म और परोपकार की आड़ में ज़्यादा पैसे बना रहे हो,' कर्नल चीखा।

गूजरमल अफसर के इस्तेमाल किए हुए शब्दों से नाराज़ हो गए। वो जानते थे कि कर्नल गोरा था और स्थानीय भारतीयों के मुकाबले समाज में उसकी हैसियत ऊंची थी। उन्हें इस बात से खीझ होती थी क्योंकि वो यह मानते हुए पले-बढ़े थे कि वो किसी से कम नहीं थे। हालांकि, उन्होंने खुद को शांत रखा और तर्कसंगत ढंग

से कर्नल को अपनी बात समझाने की कोशिश की। 'ऐसे शब्द एक अफसर के मुंह से निकलते हुए अच्छे नहीं लगते,' गूजरमल ने कहा।

कर्नल को कोई फर्क नहीं पड़ा और उसने कहा कि मोदी का परोपकार और धर्म एक दिखावा था और मोदी परिवार सिर्फ ज़्यादा अमीर बनना चाहता था। तब तक, गूजरमल ने अपने जज़्बातों को काबू में रखा था। हालांकि, जब उन्होंने सुना कि कर्नल हिंदू धर्म और उससे जुड़े परोपकार को बकवास कह रहा था, गूजरमल ने भी अपना आपा खो दिया। कर्नल और गूजरमल के बीच गरमा-गरम बहस हो गई। जब तकरार और बढ़ गई, कर्नल ने गूजरमल के ठेके को रद्द करने की धमकी दे दी।

इस समय तक, कुछ भारतीय क्लर्कों समेत दूसरे अफसर दोनों व्यक्तियों के आसपास जमा हो गए और उन्हें अलग-अलग ले गए। कर्नल को सलाह दी गई कि वो गूजरमल के पिता से बात करे, जो उसने की। मुल्तानीमल शहर के प्रतिष्ठित व्यक्ति थे, और उन्होंने कर्नल की शिकायत सुनी और फिर अपने बेटे से उसकी प्रतिक्रिया मांगी। जब उन्होंने अपने बेटे की बातें सुनीं, मुल्तानीमल समझ गए कि गूजरमल का गुस्सैल स्वभाव उन पर हावी हो गया था। हालांकि, उन्हें मोदी परिवार के बारे में कहे गए कर्नल के शब्द अच्छे नहीं लगे कि परिवार परोपकार की आड़ में खुद को समृद्ध बना रहा था। मुल्तानीमल बुद्धिमान व्यक्ति थे और जानते थे कि वो ब्रिटिश कर्नल को नाराज़ करने का जोखिम नहीं ले सकते। अपने पास मौजूद सारे तरीके इस्तेमाल करके उन्होंने हालात को शांत कर दिया।

हालांकि, इस घटना ने गूजरमल को नाराज़ कर दिया। 'मैं उस रियासत में कैसे रह सकता हूं जहां मेरी बेइज्ज़ती की जा सकती है और एक गुलाम की तरह बर्ताव किया जाता है?' वो गुस्से में बोले। 'मैं कहीं और जाकर रहूंगा,' गूजरमल ने धमकी दी। मुल्तानीमल को अपने बेटे का गुस्सा शांत करने के लिए थोड़ी चालाकी और थोड़ी इमोशनल ब्लैकमेलिंग का सहारा लेना पड़ा। लेकिन गूजरमल इस घटना को और ब्रिटिश कर्नल के व्यवहार को नहीं भूले।

मुल्तानीमल को कर्नल के प्रति गूजरमल की गहरी नाराज़गी के बारे में पता था और वो चाहते थे कि किसी तरह उनके बेटे का मन दूसरी बातों में लगे। और यह मौका आया एक फर्जी कारोबारी लेन-देन के रूप में। हुआ क्या था कि कुछ हफ्ते पहले, अच्छे कपड़े पहने और सलीकेदार ढंग से बात करने वाला एक व्यक्ति मुल्तानीमल के दफ्तर में आया था। साहू नाम के उस व्यक्ति ने खुद को कलकत्ता के एक सम्मानित व्यापारी की तरह पेश किया था। उसने कहा कि उसने मोदी

परिवार के बारे में कलकत्ता में भी सुना था और वो उनसे मिलना चाहता था। साहू ने आगे कहा कि वो पटियाला और दूसरे बाज़ारों पर कुछ सलाह लेना चाहता था क्योंकि वो अपना कारोबार कलकत्ता से आगे फैलाना चाहता था। मुल्तानीमल को साहू का पूरा बात-व्यवहार पसंद आया और उन्होंने उसे चाय और जलपान की पेशकश की। जब वे लोग कारोबार फैलाने की साहू की इच्छा के बारे में बात कर रहे थे, बातचीत मोदी परिवार के ट्रेडिंग बिज़नेस की तरफ मुड़ गई। साहू ने पूछा कि क्या मोदी परिवार के कलकत्ता में व्यापारिक साझीदार थे। जब उसने सुना कि मोदी का कारोबार उत्तरी भारत में केंद्रित था, साहू ने मुल्तानीमल को कलकत्ता के बाज़ार में कारोबार शुरू करने में मदद की पेशकश की।

मुल्तानीमल को भौगोलिक रूप से विस्तार करने का लालच आ गया क्योंकि अब तक वह कई खाद्य पदार्थों में व्यापार करने लगे थे। साहू ने देश के पूर्वी इलाके में लाल मिर्च की एक खेप बेचने में अपनी मदद की पेशकश की। उसने यह भी कहा कि वो सारी कागज़ी कार्यवाही संभाल लेगा। साहू के उत्साह और गंभीरता से मुल्तानीमल प्रभावित हो गए थे। दोनों व्यक्ति राज़ी हो गए कि लाल मिर्च की पहली खेप ट्रेन से कलकत्ता भेजी जाएगी और लदान का बिल कलकत्ता के व्यापारी को भेजा जाएगा। साहू बैंक को हुंडी दे देगा, जिसे मुल्तानीमल तब भुना सकते थे जब कलकत्ता में माल मिल जाएगा। हुंडी प्रणाली एक अनौपचारिक विनिमय-पत्र (बिल ऑफ एक्सचेंज) था और दरअसल यह एक कागज़ी दस्तावेज़ होता था जिसमें एक खास जगह पर बाद की किसी तारीख में नगद भुगतान का वादा किया जाता था।

खेप रेल वैगन नेटवर्क के ज़रिए भेजी गई और फिर मुल्तानीमल हुंडी भुनाने का इंतज़ार करने लगे। लेकिन बैंक को ना तो कोई निर्देश मिला और ना ही व्यापारी के खाते में कोई नगद। कुछ समय बाद, मुल्तानीमल को यह समझ आ गया कि उन्हें अच्छे कपड़े पहने व्यक्ति ने व्यापारी का भेस बनाकर ठग लिया था।

जब उन्होंने चर्चा की कि अब क्या किया जाए, गूजरमल ने कहा कि वो कलकत्ता जाकर उस व्यापारी को ढूंढ़ने और उससे पैसे वसूलने की कोशिश करेंगे। कलकत्ता जाने का विचार गूजरमल को एक सपने में आया था। उन्हें सपनों में बहुत विश्वास था और उन्होंने जो सपना देखा होता था, उन पर वो ध्यान देते थे। परिवार को गूजरमल के सपनों के बारे में सुनने की आदत थी और मुल्तानीमल को इसमें कुछ अजीब नहीं लगा। हालांकि, उनके मन में संदेह था, क्योंकि गूजरमल उस वक्त सिर्फ बीस साल के थे, लेकिन उन्होंने इसे अपने बेटे के मन से ब्रिटिश

कर्नल वाला मामला दूर करने के मौके के तौर पर भी देखा। वो मान गए और गूजरमल कलकत्ता के लिए रवाना हो गए।

गूजरमल को कलकत्ता एक फलता-फूलता और व्यस्त शहर लगा। उन्हें व्यापारिक क्षेत्र की हलचल पसंद आई। वो कारोबारी बाज़ार में समय बिताना तो चाहते थे, लेकिन उनका फोकस काम पर था। वो रेलवे कार्यालय गए, रेलवे अफसरों से मिले और उन्हें धोखाधड़ी की कहानी सुनाई। वो अफसरों से चाहते थे कि वे उन्हें उस जगह का पता बता दें जहां लाल मिर्च की खेप पहुंचाई गई थी। जैसा कि आमतौर पर नौकरशाहों के साथ होता है, रेलवे अफसर इस मामले में नहीं पड़ना चाहते थे। लेकिन गूजरमल साहू को तलाशने और उससे अपने पैसे लेने का पक्का इरादा लेकर आए थे।

गूजरमल ने रेलवे अफसरों को धमकी दी कि वो उन्हें अदालत में ले जाएंगे और धोखाधड़ी के मामले में व्यक्तिगत रूप से आरोपी बनाएंगे। अफसर आखिरकार नौकरशाह थे और वे अदालती मामलों में घसीटा जाना नहीं चाहते थे। उन्होंने गूजरमल को डिलीवरी का पता दे दिया।

पता लेकर गूजरमल साहू के दफ्तर पहुंच गए। अपने सामने गूजरमल को खड़ा देखकर वो व्यापारी बुरी तरह चौंक गया। साहू कम कद का दुबला-पतला आदमी था। गूजरमल लंबे और हट्टे-कट्टे थे। साथ ही, उनकी आवाज़ दमदार थी। उन्होंने अपनी आवाज़ का भरपूर इस्तेमाल किया और साहू को गंभीर नतीजे भुगतने की धमकी दी। गूजरमल भुगतान लेने पर आमादा थे क्योंकि उनकी निष्पक्षता की भावना को ठेस पहुंची थी। उन्हें समझ नहीं आ रहा था कि कोई कैसे माल लेकर पैसे देने से मना कर सकता था। चाहे यह अदालत का डर था या साहू गूजरमल के डील-डौल से घबरा गया था, उसने पूरे पैसे दे दिए और कसम खाई कि वह कभी पटियाला का रुख नहीं करेगा।

एक बार जब उनका मिशन पूरा हो गया, गूजरमल शहर में घूमने लगे। ब्रिटिश भारत में कलकत्ता एक फलता-फूलता व्यापारिक केंद्र था और देश भर से लोग यहां आकर काम-धंधा करते थे। गूजरमल ने बाज़ारों और मैन्युफैक्चरिंग इकाइयों का जायजा लिया। ज्ञान प्राप्त करने की उनकी प्रवृत्ति ने उन्हें एक इकाई से दूसरी इकाई तक पहुंचाया। जब वो बाज़ार में थे, उन्हें एक बीमा कंपनी का नोटिस बोर्ड दिखा। बीमा शब्द उन्होंने पहले कभी नहीं सुना था। वो दफ्तर के भीतर गए, वहां के अफसर से मिले और बीमा के बारे में ज़्यादा बताने के लिए कहा। अफसर को कारोबार का मौका दिखा और उसने पूरे विस्तार से बीमा के बारे में उन्हें समझाया।

गूजरमल यह जानकर मोहित हो गए कि तुलनात्मक रूप से एक छोटी रकम (प्रीमियम) का भुगतान कर, मोदी परिवार के सभी कारखानों का आग, बाढ़ और दूसरे नुकसान के खिलाफ बीमा कराया जा सकता था। बिना कोई वक्त बर्बाद किए, उन्होंने पटियाला के मिल का बीमा कराने की कागज़ी कार्यवाही शुरू कर दी।

हालांकि, मुल्तानीमल को बीमा के बारे में कुछ नहीं पता था। और, वो इस बात से नाराज़ हुए कि गूजरमल ने प्रीमियम चुकाने के लिए पैसे खर्च कर दिए थे। अब गूजरमल की बारी थी शिक्षक बनने की और उन्होंने अपने पिता को उतने ही धैर्य के साथ समझाया, जैसे बीमा अफसर ने उन्हें समझाया था। आखिरकार, मुल्तानीमल अनमने ढंग से मान गए कि प्रीमियम के लिए पैसे खर्च करना समझदारी थी।

गूजरमल के लिए कलकत्ता की यात्रा शुभ साबित हुई। 1923 में, उनकी कलकत्ता यात्रा के लगभग डेढ़ साल बाद, पटियाला में मोदी मिल में आग लग गई। यह एक भयानक आग थी और इसकी चपेट में मिल के भीतर की सारी चीज़ें आ गईं। चूंकि मिल और सामग्री का बीमा था, मोदी परिवार को बहुत कम आर्थिक नुकसान हुआ। अपने सपनों से मिलने वाले संदेशों में गूजरमल का विश्वास बढ़ गया। उनका मानना था कि अगर वो अपने सपने के बाद कलकत्ता नहीं जाते, तो उन्हें बीमा कंपनी के बारे में पता नहीं चलता और अगर मिल का बीमा नहीं हुआ होता तब आग से उन्हें भारी नुकसान उठाना पड़ता। एक बार जब बीमा कंपनी के साथ दावों का निपटारा हो गया, गूजरमल ने मिल के पुनर्निर्माण की जिम्मेदारी ले ली। वो नए मिल को नई तकनीक के साथ बनाना चाहते थे, जो अब मौजूद थी। उन्हें योजना बनाने और उसे लागू करने में मदद के लिए एक योग्य इंजीनियर की ज़रूरत थी। उन्हें एक पुराने, भरोसेमंद कर्मचारी, भानु कुमार माथुर के बारे में पता चला, जो इंजीनियर थे और 1916 में सेवानिवृत्ति के बाद दिल्ली में रह रहे थे। गूजरमल ने मुल्तानीमल से कहा कि वो भानु माथुर से संपर्क करें और उन्हें सलाहकार वाले एक छोटे काम के लिए आने को कहें।

हालांकि, भानु माथुर अपनी सुकून वाली ज़िंदगी को छोड़कर आने के लिए तैयार नहीं थे और वो मुल्तानीमल के उदार प्रस्तावों को ठुकराते रहे। आखिरकार, काफी मनाने के बाद, भानु माथुर ने कहा कि वो प्रस्ताव स्वीकार करने पर विचार कर सकते थे लेकिन काम वो सिर्फ गूजरमल के साथ करेंगे। इंजीनियर ने सोचा होगा कि मुल्तानीमल और गूजरमल इस शर्त पर राज़ी नहीं होंगे, लेकिन वो चौंक गए जब दोनों इसके लिए मान गए। दरअसल, गूजरमल ने सुनिश्चित किया कि वो भानु माथुर के साथ सुबह की सैर के समय से ही रहें और फिर पूरा दिन उनके निर्देशों के अनुसार काम करें। भानु माथुर को सुनाई नहीं देता था और इसलिए

सारी बातचीत लिखकर की जाती थी। हालांकि यह काम थकाऊ था, लेकिन इससे गूजरमल को मिल निर्माण पर ब्यौरेवार नोट्स का एक सेट बनाने में मदद मिली। ये नोट्स गूजरमल के लिए एक तरह की गाइडबुक बन गए जब उन्होंने बाद में कई और कारखाने और मिलों का निर्माण कराया।

नई मिल का पर्यवेक्षण और कार्यभार संभालना गूजरमल का जुनून बन गया, और उन्होंने साइट पर काम करते हुए हर दिन सोलह से अठारह घंटे बिताए। यह उनके लिए लोगों को संभालने के अपने कौशल को दुरुस्त करने का भी मौका बन गया। नई मिल को बनाने के काम में 500 से ज़्यादा मज़दूर लगे हुए थे। इन मज़दूरों को संभालने और उन्हें सर्वश्रेष्ठ काम के लिए प्रेरित करने जैसी चीज़ों ने गूजरमल को सिखाया कि अनुशासन के साथ-साथ हमदर्दी भी ज़रूरी थी। सुबह पांच बजे उठना और एक घंटे तक सैर करना उनकी आदत बन गई जो उनके साथ जीवन भर रही। इस जोश के साथ काम करने के पीछे एक वजह थी। यह उनका विश्वास था कि किसी कारखाने को बनकर काम शुरू करने में नौ महीने से ज़्यादा वक्त नहीं लगना चाहिए। 'अगर इंसान का बच्चा गर्भ धारण करने के नौ महीने के भीतर पैदा हो सकता है, तब एक कारखाना क्यों नहीं?' किसी के भी पूछने पर उनका यही तर्क होता था। भानु माथुर और गूजरमल की देखरेख में, नई मिल नौ महीने के भीतर तैयार हो गई और उसमें काम भी शुरू हो गया। मुल्तानीमल इस तरक्की से इतने खुश हुए कि उन्होंने गूजरमल को मिल का जनरल मैनेजर बना दिया।

नई मिल को आधुनिक तकनीक से बनाया गया था और गूजरमल का मानना था कि व्यापार के उनके पारंपरिक तरीकों में भी बदलाव की ज़रूरत थी। बाज़ार में व्यापारी आम तौर पर अलग-अलग खरीदारों को अलग-अलग भाव बताते थे। बताया गया भाव खरीदार की पैसे चुकाने की काबिलियत के साथ-साथ उस वक्त बाज़ार में प्रतिस्पर्धियों के भाव पर भी निर्भर करता था। गूजरमल को यह परंपरा थकाऊ लगी और उन्होंने गौर किया कि लोग अक्सर झूठ बोलने पर मजबूर होते थे जब कीमतों को मुनासिब करने की बात आती थी। ब्रिटिश व्यापारियों के साथ अपनी बातचीत के दौरान उन्होंने जाना कि वे लोग हर दिन के लिए एक भाव तय करते थे। पूरे दिन के लिए एक भाव तय कर दिया जाता और फिर उस दिन के सारे सौदे उसी भाव पर होते, चाहे उस चीज़ का बाज़ार भाव ऊपर जाए या नीचे। गूजरमल को यह तरीका बेहतर लगा और वो इसे अपने व्यापार के लिए लागू करना चाहते थे।

हालांकि, उनके अपने मुनीमों ने इसका कड़ा विरोध किया। अलग-अलग भाव होने से इन मुनीमों के हाथ में एक तरह की ताक़त होती थी, जब लोग उनके सामने कीमतें कम करने के लिए गिड़गिड़ाते थे।

'लेकिन आप लोग समझ नहीं रहे? दिन में एक भाव तय होने से हमें अपने दूसरे कामों के लिए कितना वक्त मिल जाएगा,' गूजरमल ने दलील दी। 'हमारे दिन का एक बड़ा हिस्सा लोगों के साथ मोल-तोल में ही बीत जाता है,' उन्होंने आगे कहा। मुनीम अभी भी मान नहीं रहे थे। लेकिन, गूजरमल विरोध की सभी आवाज़ों पर भारी पड़े और उन्होंने अपने उत्पादों के लिए दैनिक निर्धारित मूल्य की प्रणाली लागू की। दूसरे व्यापारियों ने इसकी हंसी उड़ाई और मोदी परिवार को बड़े वित्तीय नुकसान की भविष्यवाणी की। लेकिन ना सिर्फ वे बल्कि मुनीम भी चौंक गए, जब गूजरमल का धंधा तो बढ़ा ही, साथ ही उनकी छवि ऐसे व्यक्ति की बन गई जिन पर लोग आंख मूंदकर भरोसा कर सकते थे। एक साल से भी कम समय में, उनके पास आने वाले 90 प्रतिशत से ज़्यादा ऑर्डर बिना कीमत पूछे आने लगे थे क्योंकि खरीदारों को यकीन हो गया था कि कीमत सभी के लिए एक जैसी होगी।

4
उथल - पुथल भरा बीस का दशक

काम की बात करें तो उनकी उम्र का दूसरा दशक गूजरमल के लिए अच्छा रहा। व्यक्तिगत स्तर पर वो एक बुरे दौर से गुज़र रहे थे। भले ही उनकी शादी 1915 में हो गई थी और वो अपनी पत्नी के साथ 1917 से रह रहे थे, गूजरमल और राजबन देवी की एक भी जीवित संतान नहीं थी। राजबन देवी ने लगभग हर दूसरे साल बच्चों को जन्म दिया था लेकिन कोई भी बच्चा जन्म के बाद ज़्यादा समय तक जीवित नहीं बच पाया था। गूजरमल बेहद धार्मिक व्यक्ति थे और उनका गहरा विश्वास था कि मोक्ष प्राप्त करने के लिए संतान, और विशेषकर पुत्र का होना ज़रूरी था। इन धार्मिक मान्यताओं के मामले में मोदी परिवार भी रुढ़िवादी था। इसलिए, गूजरमल पर एक पुत्र का दबाव हर साल बढ़ता जाता था, और हर नवजात शिशु की मौत के बाद, गूजरमल और ज़्यादा हताश होते जाते थे।

ऐसा नहीं था कि सिर्फ परिवार का दबाव था, गूजरमल खुद भी मानते थे कि उन्हें एक पुत्र होना ही चाहिए, अभी तक उन्हें नाकामी का सामना नहीं करना पड़ा था। पुत्र पैदा ना कर पाने की वजह से उनके भीतर निराशा की गहरी भावना आ गई क्योंकि उन्होंने इसे एक व्यक्तिगत असफलता की तरह देखा। जो माता-पिता उन्हें हमेशा कहा करते थे कि अगर वो ठान लें तो कोई भी लक्ष्य प्राप्त कर सकते थे, वही माता-पिता पोता ना होने से निराश थे। हालांकि वे ऐसी बातें नरम भाषा में

व्यक्त करते थे, गूजरमल को यह स्पष्ट था कि विरासत को आगे बढ़ाने के मामले में वो उम्मीदों पर खरे नहीं उतर रहे थे। गूजरमल का मन अस्थिर रहने लगा और यहां तक कि हल्के अवसाद के लक्षण भी उनमें दिखने लगे। और इन वजहों से उनके तेज़ गुस्से और चिड़चिड़ाने के मामले सामने आने लगे।

गुस्से का ऐसा ही एक दौरा महाराजा भूपिंदर सिंह के साथ उनकी समस्या की वजह बन गया। 1920 के दशक में पटियाला एक अमीर रियासत था, और भूपिंदर सिंह अपनी खर्चीली जीवनशैली के लिए जाने जाते थे। उनकी विलासिता और अच्छे जीवन — शराब, औरतें और नाच-गाना — के प्रति उनके प्रेम के किस्से मशहूर थे। अंग्रेज महाराजा को खुश रखते थे और वो इसके बदले में उनकी मेहमानवाज़ी पर पैसे लुटाते थे। रियासत में कई ब्रिटिश अफसर थे और महाराजा उन सभी का, यहां तक कि जूनियर अफसरों का भी काफी सम्मान करते थे। आम लोग राजपरिवार को देखकर अंग्रेजों के साथ सम्मान से पेश आते थे। कुछ अंग्रेजों ने अपने ओहदे का फायदा उठाया और वे स्थानीय लोगों के साथ तिरस्कार भरा बर्ताव करने लगे। ऐसा ही एक अंग्रेज था टर्नर नाम का एक गैराज इंस्पेक्टर। वो एक अक्खड़ आदमी था जो सभी भारतीयों के साथ बदतमीज़ी से पेश आता था। हालांकि गूजरमल निजी तौर पर टर्नर को नहीं जानते थे, उन्होंने इस अंग्रेज के बर्ताव के बारे में सुन रखा था।

बीसवीं सदी की शुरुआत में सार्वजनिक नीलामी भारतीय जीवन का एक नियमित हिस्सा थी। ऐसी ही एक सार्वजनिक नीलामी में, गूजरमल और टर्नर दोनों मौजूद थे। नीलामी एक बड़े मैदान में हो रही थी। नीलामकर्ता ने एक पेड़ के नीचे अपनी मेज़ लगा दी थी और बोली लगाने वाले, और दर्शक ज़मीन पर बैठे हुए थे। वहां कुछ कुर्सियां भी इधर-उधर बिखरी हुई थीं।

नीलामकर्ता ने आइटम नंबर 15 उठाया। जैसे ही उसने ऐसा किया, वहां मौजूद लोग आपस में फुसफुसाने लगे। आइटम नंबर 15 चांदी की एक दवात थी और उसमें कई लोगों की दिलचस्पी थी। नीलामकर्ता ने बोली की कीमत बताई और फिर बोली लगाने वालों के लिए चारों तरफ देखा।

'मैं इसके लिए बोली लगा रहा हूं,' सामने की कतार से एक तेज़ आवाज़ आई। बोली लगाने वाले की तरफ देखने के लिए सभी ने अपनी गर्दन आगे की। यह आवाज़ टर्नर की थी जिसने अपना इरादा जताया था। वो बोलते हुए अपनी कुर्सी से उठा और अपनी भौंहें टेढ़ी करते हुए चारों तरफ देखा। यह सभी को संदेश था कि वे जवाबी बोली लगाने से परहेज़ करें।

वहां मौजूद लोगों में एक बार फिर से फुसफुसाहट होने लगी। वहां कई लोग थे जिनकी चांदी की दवात में दिलचस्पी थी लेकिन अब वे दोबारा सोच में पड़ गए थे। हर कोई टर्नर और उसकी साख के बारे में जानता था। कोई भी उसके अपमान का शिकार नहीं होना चाहता था। एक-दो लोग उठे भी, लेकिन अपने कपड़े झाड़कर दर्शकों के साथ जाकर खड़े हो गए, जैसे कि टर्नर को बताना चाह रहे हों कि वे बोली नहीं लगा रहे थे। बाकी लोग हथौड़े के नीचे गिरने का इंतज़ार कर रहे थे कि चांदी की दवात टर्नर ले जाए।

इससे पहले कि नीलामकर्ता का हथौड़ा टर्नर की बोली पर मुहर लगाने के लिए नीचे आता, एक तेज़ आवाज़ में टर्नर की तुलना में ज़्यादा कीमत की बोली आई। भीड़ में एक सुगबुगाहट सी दौड़ गई क्योंकि हर कोई चौंक गया था कि कोई अंग्रेज से भिड़ने को तैयार था।

यह आवाज़ गूजरमल की थी, जो कुर्सियों की कतार के दूसरे छोर पर बैठे हुए थे। उन्होंने नीलामकर्ता की तरफ देखा और अपनी बोली दोहराई।

नीलामकर्ता एक भारतीय था और उसने गूजरमल की तरफ देखकर एक भौंह उठाई, जैसे कि गूजरमल से पूछ रहा हो कि क्या वो जोखिम उठाना चाहते थे।

ऐसा नहीं था कि गूजरमल को टर्नर की साख के बारे में नहीं पता था। बात बस इतनी थी कि गूजरमल ने टर्नर को अपने से बेहतर नहीं माना था। गूजरमल के लिए, टर्नर एक और अंग्रेज था जो पटियाला के महाराजा की मेहमाननवाज़ी का मज़ा लूट रहा था।

टर्नर हैरान था कि किसी ने उससे बड़ी बोली लगाई थी। जब उसने तेज़ आवाज़ की दिशा में देखा और पाया कि आवाज़ गूजरमल की थी, टर्नर का गुस्सा बढ़ गया। वो इस बात से नाराज़ था कि एक भारतीय उससे बड़ी बोली लगा रहा था। ऊंची आवाज़ में टर्नर ने अपनी बोली बढ़ाई और गूजरमल की तरफ धमकी भरी नज़रों से देखता रहा।

गूजरमल इस वैर-भाव से बेखबर रहे और उन्होंने फिर अपनी बोली बढ़ा दी। इससे टर्नर गुस्से में आ गया और उसका चेहरा लाल पड़ने लगा। अब यह उसके लिए प्रतिष्ठा का विषय बन गया था। उसने सभी को स्पष्ट कर दिया था कि चांदी की दवात वो लेने वाला था और अब नीलामी में से बगैर उस बेशकीमती चीज़ के लौटना उसके लिए बेइज़्ज़ती से कम नहीं होगा। टर्नर को यकीन था कि उसकी प्रतिष्ठा को ठेस पहुंचेगी।

टर्नर ने एक बार फिर अपनी बोली बढ़ाई। तब तक एक-दो लोग गूजरमल के पास पहुंचकर उनके कानों में कुछ फुसफुसा रहे थे। वे गूजरमल को बोली लगाने से रोक रहे थे क्योंकि उन्हें टर्नर की हरकतों का डर था। लेकिन गूजरमल को कोई डर नहीं था। वो अपनी मां से यह सबक सुनते हुए बड़े हुए थे — 'बेटा, कमज़ोर मत पड़ना। ताक़तवर बनना। तुम किसी से कम नहीं हो।' वो वाकई में मानते थे कि वो टर्नर से बेहतर नहीं तो उसके बराबर तो थे ही।

गूजरमल जानते थे कि नीलामी लंबी चल सकती थी। वो यह भी जानते थे कि वो टर्नर से ज़्यादा पैसे खर्च कर सकते थे। वो नीलामी खत्म करना चाहते थे। उनका मकसद नीलामी की प्रक्रिया को लंबा करना नहीं था; वो दवात को घर ले जाना चाहते थे।

गूजरमल की अगली जवाबी बोली टर्नर की बोली से तीन गुना ज़्यादा थी। यह पेशकश दवात की कीमत से कहीं ज़्यादा थी। लेकिन दवात की ना दिखाई देने वाली कीमत अचानक बेशकीमती हो गई थी।

टर्नर गूजरमल से ज़्यादा बड़ी बोली नहीं लगा सका। उसका चेहरा अब तक लाल हो चुका था और वो मुश्किल से अपना गुस्सा रोक पा रहा था। जैसे ही नीलामकर्ता का हथौड़ा गूजरमल के पक्ष में गिरा, टर्नर अपनी कुर्सी से उठा और गूजरमल की तरफ दौड़ा। जो लोग गूजरमल के आसपास जमा थे, वे जल्दी से पीछे हट गए।

जब उन्होंने टर्नर को अपनी तरफ दौड़ते देखा, गूजरमल खड़े हो गए। वो एक लंबे व्यक्ति थे और अपने दादा की ही तरह उनकी घनी मूंछें थीं। उनका डील-डौल एक पहलवान की तरह था। रेशमी अचकन और चूड़ीदार की अपनी पारंपरिक पोशाक, पॉलिश की हुई जूतियों, और सिर पर एक रंग-बिरंगे साफे के साथ गूजरमल का व्यक्तित्व प्रभावशाली लगता था।

पल भर के लिए टर्नर रुका लेकिन फिर उसका गुस्सा उस पर हावी हो गया। उसने गूजरमल का कॉलर पकड़ने की कोशिश की लेकिन कम कद की वजह से वो ऐसा नहीं कर सका। पूरी तरह से खीझ में भरकर टर्नर ने चिल्लाना शुरू कर दिया। 'तुम ब्लडी इंडियन! तुम गंवार! तुम्हारी हिम्मत कैसे हुई? मेरे खिलाफ बोली लगाने की तुम्हारी हिम्मत कैसे हुई? तुम अपने आप को क्या समझते हो? तुम्हें पता नहीं कि मैं एक अंग्रेज हूं? तुम सब भारतीय गंदे, नीच लोग हो...' वो चिल्लाता रहा, उसके मुंह से झाग निकलने लगा था।

अब तक दोनों लोगों के आसपास भीड़ जमा हो गई थी। अपने और दोनों लोगों से थोड़ी दूरी बनाकर सभी लोग नाटक देख रहे थे। एक-दो तमाशबीनों ने अपनी धोती ऊपर की और ज़मीन पर बैठ गए, वे अपने सामने चल रहे नाटक को बैठकर देखने के लिए तैयार थे।

लेकिन यह नाटक सिर्फ शब्दों तक सीमित नहीं रहा। टर्नर के चीखना शुरू करने तक शांत रहे गूजरमल ने अपना आपा खो दिया। भारतीयों के खिलाफ इस्तेमाल किए गए टर्नर के शब्दों ने उन्हें गुस्सा दिला दिया। उन्होंने टर्नर के चेहरे पर एक ज़ोरदार थप्पड़ जड़ दिया। थप्पड़ में इतनी ताक़त थी कि अंग्रेज ज़मीन पर गिर गया। जब वो नीचे गिरा, उसके आसपास के लोग सांस खींचकर पीछे हो गए।

एक भारतीय का एक अंग्रेज को थप्पड़ मारना साधारण बात नहीं थी। वहां मौजूद ज़्यादातर तमाशबीन वास्तव में खुश थे कि टर्नर को थप्पड़ मारा गया। टर्नर ने जो कहा था, वो किसी को पसंद नहीं आया था। किसी को टर्नर का बर्ताव पसंद नहीं आता था। लेकिन वे लोग इस बात से भी आशंकित थे कि अब गूजरमल का क्या होगा। वे सांस रोककर इंतज़ार करते रहे।

उन्हें ज़्यादा इंतज़ार नहीं करना पड़ा। टर्नर इस बात से दंग था कि एक भारतीय ने बाकी लोगों के सामने उसे थप्पड़ मारा था। और वो इस बात से और ज़्यादा गुस्से में आ गया था कि वो नीचे गिर गया था। ज़मीन से ही उसने ऊपर देखा और पाया कि गूजरमल उसके सामने तनकर खड़े थे, उन्होंने अपने हाथ बांधकर अपनी छाती पर रखे थे।।

टर्नर उठने लगा, अपने कपड़ों से धूल साफ़ की और गूजरमल को गालियां बकने लगा। अपनी मां और बहनों के बारे में गालियां सुनकर गूजरमल लाल-पीले हो गए। वो अपने ऊपर काबू नहीं रख सके। एक हाथ से उन्होंने टर्नर का कॉलर पकड़ा और दूसरे हाथ से उस पर घूंसों की बरसात कर दी। इस शारीरिक लड़ाई में गूजरमल के भीतर का सारा गुस्सा और चिड़चिड़ाहट दिख रहा था।

टर्नर को बार-बार मारते हुए गूजरमल चीखते रहे, 'तुमने पूछा था ना कि मैं कौन हूं? तुम सभी भारतीयों को गंदा और नीच कैसे कह सकते हो? मैं तुम्हें दिखाता हूं कि एक ब्लडी इंडियन कैसा होता है!'

गूजरमल को चार लोग मिलकर काबू में कर सके। उन्होंने गूजरमल को टर्नर की और पिटाई करने से रोका, जो अब तक फिर से ज़मीन पर गिर गया था।

कोई भी टर्नर के पास नहीं जाना चाहता था और उन्होंने उसे वहां पड़े रहने दिया। गूजरमल को घटनास्थल से दूर ले जाया गया।

कुछ ही मिनटों में पटियाला में हर किसी को लड़ाई के बारे में पता चल गया। स्थानीय सूत्र उस वक्त उसी तरह काम करते थे जैसे आज सोशल मीडिया करता है। टर्नर जैसे शख्स का सामना करने के लिए गूजरमल अपने समुदाय में और बड़े नायक बन गए। लेकिन स्थानीय लोगों में गूजरमल के लिए चिंता थी। 'पता नहीं बेचारे को क्या सज़ा देंगे महाराजा साहब,' एक ने धीमी आवाज़ में कहा; 'काम तो बढ़िया करा है गूजरमल ने, मगर देखो अब क्या होगा,' दूसरे ने कहा।

लोगों को ज़्यादा इंतज़ार नहीं करना पड़ा। खबर महाराजा के दरबार तक पहुंच गई थी, और चूंकि एक अंग्रेज की पिटाई हुई थी, भूपिंदर सिंह खुद इस मामले की सुनवाई कर रहे थे। गूजरमल को महाराजा के सामने पेश होने के लिए कहा गया।

'तो, नौजवान, तुम्हें अपने बर्ताव के बारे में क्या कहना है?' महाराजा गरजे। 'क्या तुमने मिस्टर टर्नर को मारा?'

महाराजा इस बात से हैरान थे कि गूजरमल ने तुरंत मान लिया कि उन्होंने टर्नर को मारा था।

'लेकिन क्या तुम्हें नहीं पता कि वह एक अंग्रेज है और ब्रिटिश हमारे शासक हैं? यहां तक कि सबसे आम अंग्रेज के साथ भी सम्मान का व्यवहार होना चाहिए-मैं उम्मीद करता हूं कि तुम यह जानते होगे, गूजरमल,' भूपिंदर सिंह ने कहा।

'मैं यह जानता हूं, महाराजा साहब,' गूजरमल ने जवाब दिया। 'लेकिन मुझे गुस्सा आया क्योंकि टर्नर ने आपको गालियां दी थीं। अगर आपको एक साधारण गैराज इंस्पेक्टर से अपनी बेइज्ज़ती कराने में एतराज नहीं है, तब मैं मानता हूं कि मैं गलत हूं।'

अब चौंकने की बारी भूपिंदर सिंह की थी। 'तुम्हारा मतलब है कि इसने, इस टर्नर ने मुझे गालियां दीं?' महाराजा ने हैरानी से चारों तरफ अपने दरबारियों को देखते हुए कहा, क्योंकि किसी ने उन्हें नहीं बताया था कि टर्नर ने उनका अपमान किया था। 'तुम्हारा कहना है कि इसने मेरा अपमान किया?'

गूजरमल भूपिंदर सिंह की तरफ एकटक देखते रहे, हल्का सा मुस्कुराए और बोले, 'टर्नर ने सभी भारतीयों को गंदा, नीच और गंवार कहा। क्या आप भारतीय नहीं हैं राजा साहब? क्या भारतीयों का अपमान आपका अपमान नहीं है?'

भूपिंदर सिंह के पास कोई जवाब नहीं था लेकिन वो समझ गए कि गूजरमल क्या कह रहे थे। वो अब गूजरमल को सज़ा नहीं दे सकते थे। इस तरह गूजरमल को बिना किसी सज़ा के मामला सुलझ गया। स्थानीय समुदाय को जब यह खबर मिली, तो लोग खुशी से झूम उठे और गूजरमल की प्रतिष्ठा और बढ़ गई।

भूपिंदर सिंह गूजरमल के साहस से प्रभावित हुए थे। महाराजा ने मुल्तानीमल के साथ वर्षों तक बात-व्यवहार किया था और समय के साथ उनकी ईमानदारी का सम्मान करने लगे थे। भूपिंदर सिंह ने महसूस किया कि अपने पिता की तरह गूजरमल भी ईमानदार और चरित्रवान व्यक्ति थे। कुछ दरबारियों ने उन्हें गूजरमल से सावधान रहने को कहा, क्योंकि इस नौजवान के बागी होने की संभावना थी। भूपिंदर सिंह ने अभी तो इन चेतावनियों को नज़रअंदाज़ कर दिया लेकिन वे बाद में उनके मन में लौटकर आने वाली थीं।

***

1920 के पूरे दशक के दौरान, गूजरमल एक बेटा पैदा करने में अपनी शादी की नाकामी पर खुद के साथ एक अंदरूनी लड़ाई लड़ रहे थे। दंपत्ति ने दस संतानें खोई थीं और इसका बुरा असर उनकी पत्नी पर दिखा। वो कमज़ोर और बीमार रहने लगी। पत्नी की हालत के लिए कुछ हद तक खुद को जिम्मेदार मानकर गूजरमल और भी ज़्यादा सोचने लगे। उन्होंने अपने पिता से एक पुत्र के बगैर जीवन की व्यर्थता पर चर्चा की। उन्होंने मुल्तानीमल को बताया कि वो सारी सांसारिक संपत्ति त्यागकर जीवन का अर्थ तलाशने के लिए ऋषिकेश जाना चाहते थे। मुल्तानीमल अपने बेटे का दुख महसूस कर सकते थे लेकिन उन्हें समझ नहीं आया कि इसका क्या समाधान निकालें, क्योंकि उनका भी मानना था कि विरासत आगे बढ़ाने के लिए पुरुष को एक पुत्र होना ही चाहिए। पुत्र को जन्म देना पुरुषत्व की निशानी के तौर पर भी देखा जाता था।

मुल्तानीमल अपने बेटे को सिर्फ एक समाधान दे सके-दूसरी शादी का। इस सुझाव को गूजरमल ने तुरंत खारिज कर दिया। 'मैं दूसरी पत्नी कैसे रख सकता हूं जब मैं मुश्किल से अपनी पहली पत्नी की देखभाल कर पा रहा हूं?' गूजरमल ने

कहा। 'इसकी कोई गारंटी नहीं है कि एक नई पत्नी से मुझे पुत्र होगा। किसी और लड़की की ज़िंदगी क्यों बर्बाद की जाए?'

गूजरमल के आसपास के लोग महसूस कर रहे थे कि इस नौजवान की दिलचस्पी काम के साथ-साथ ज़िंदगी में भी कम होती जा रही थी। गूजरमल मुल्तानीमल के सबसे बड़े बेटे थे और अपने पिता के दिल में उनका खास स्थान था। रुक्मिणी देवी भी गूजरमल को लेकर चिंतित थीं। लेकिन वो अपने बेटे को कोई सांत्वना नहीं दे सकीं। इसके बजाय, उन्होंने मुल्तानीमल को सुझाव दिया कि वो गूजरमल को समझाने के लिए दूसरा रास्ता अपनाएं। रुक्मिणी देवी चाहती थीं कि मुल्तानीमल अपनी बहू के पिता को बुलाएं और उनकी बातचीत गूजरमल से कराएं।

मुल्तानीमल ने आखिरकार अपनी बहू के पिता को बुलाया और उन्हें हालात के बारे में समझाया। साथ मिलकर, दोनों पिताओं ने गूजरमल से बात की। अपने अनुभवों की मदद से वे गूजरमल के मन में छाई धुँध को साफ करने में कामयाब रहे। गूजरमल दोबारा शादी के लिए राज़ी हो गए। उनके ससुर चाहते थे कि गूजरमल उनकी छोटी बेटी से शादी कर लें, लेकिन इस प्रस्ताव को गूजरमल ने ठुकरा दिया। जैसे ही खबर फैली कि गूजरमल शादी के लिए तैयार थे, मोदी परिवार में रिश्तों की बाढ़ आ गई। परिवार ने आखिरकार कासगंज के लाला छेदामल की बेटी दयावती को चुना और जून 1932 में शादी करा दी।

दूसरी शादी गूजरमल की निजी ज़िंदगी में एक और महत्वपूर्ण मोड़ साबित हुई। जीवन और काम के लिए उनका जुनून लौट आया और उनकी निराशा भाग गई। आने वाले सालों में दयावती और उन्हें छह बेटियां और पांच बेटे हुए। आगे जाते हुए गूजरमल की ज़िंदगी पर दयावती का गहरा असर पड़ने वाला था।

जब तक गूजरमल ने दयावती से शादी की थी, वो अलग-अलग क्षेत्रों में पारिवारिक कारोबार का विस्तार कर चुके थे। 1928 में, उन्होंने एक कॉटन मिल और एक तेल मिल खरीदी थी, और दोनों को मिलाकर मोदी जिनिंग एंड ऑयल मिल्स बनाई थी। 1929 में, वो पटियाला में एक वनस्पति मिल स्थापित करना चाहते थे लेकिन इसके लिए उन्हें मंजूरी नहीं मिली थी। जब गूजरमल ने मना करने की वजह पूछी तो उन्हें कोई तार्किक जवाब नहीं दिया गया।

गूजरमल वनस्पति घी बनाने का काम इसलिए शुरू करना चाहते थे क्योंकि प्रोडक्ट की मांग बहुत थी। डच कंपनी लीवर्स ने डालडा के ब्रांड नाम से वनस्पति

घी को लोकप्रिय बना दिया था। भारत में लोग पारंपरिक रूप से नारियल तेल, सरसों तेल और घी का इस्तेमाल खाना पकाने और तलने में करते थे। लेकिन घी महंगा प्रोडक्ट था और हर कोई इसे नहीं खरीद सकता था। डच कंपनी ने बाज़ार में इसे एक मौके की तरह देखा था और देसी घी के विकल्प के तौर पर हाइड्रोजिनेटेड वनस्पति तेल बेचना शुरू कर दिया था। उन्होंने डालडा को वनस्पति घी भी कहा। यह विचार काम कर गया क्योंकि डालडा दिखने और महसूस करने में घी की तरह था। सबसे बड़ा फायदा था डालडा की कीमत, जो देसी घी से काफी कम थी। डालडा का भारतीय बाज़ार में लगभग एकाधिकार था। गूजरमल वनस्पति घी बनाने और बेचने के इस लगातार बढ़ते बाज़ार का फायदा उठाना चाहते थे। नई मैन्युफैक्चरिंग यूनिट की मंजूरी रोके जाने से वो नाखुश थे। तभी उनके दिमाग में रियासत छोड़ने का विचार पहली बार आया था।

पटियाला छोड़ने का आइडिया टाल दिया गया था क्योंकि दूसरे ऐसे कई मसले थे जिन पर उन्हें ध्यान देना था। उनके चाचा, गिरधारीलाल मोदी ने उनसे नाभा में एक नई कॉटन मिल लगाने में मदद मांगी थी। यह जगह पटियाला से ज़्यादा दूर नहीं थी। हालांकि गूजरमल अभी युवा थे, लेकिन परिवार में हर कोई उन्हें नए विचारों के लिए और किसी भी नए कारखाने की स्थापना में मदद के लिए सही व्यक्ति के रूप में देखता था। परिवार के भीतर ना तो उनके भाई या चचेरे भाई वैसा सम्मान हासिल कर पाए थे। गूजरमल कुछ नया करने के हर मौके को सीखने के अवसर की तरह देखते थे। इसलिए, वो नया कारखाना लगाने के लिए तैयार और उत्सुक रहते थे, भले ही इसमें कड़ी मेहनत लगती थी और उन्हें घर से दूर रहना होता था।

अपने चाचा की मदद के बाद, गूजरमल ने पटियाला में चैंबर ऑफ कॉमर्स एंड इंडस्ट्री स्थापित करने में भी मदद की। पटियाला क्षेत्र में यह एक बड़ा कदम था क्योंकि चैंबर समान हितों के मुद्दों पर चर्चा के लिए अलग-अलग व्यापारियों को साथ लाता था। एक मशहूर अर्थशास्त्री और भारत के पूर्व महालेखा परीक्षक, सर फ्रेडरिक गॉन्टलेट को चैंबर ऑफ कॉमर्स एंड इंडस्ट्री का उद्घाटन करने के लिए बुलाया गया था। इस उद्घाटन ने सर फ्रेडरिक को गूजरमल से मिलने और बातचीत करने का अवसर दिया। वो गूजरमल के बिज़नेस विज़न से प्रभावित हुए। सर फ्रेडरिक ने गूजरमल को व्यापार के मामले में बड़ा सोचने और पटियाला से आगे देखने की सलाह दी।

सर फ्रेडरिक की यह सलाह गूजरमल को जम गई क्योंकि वो भी अपने व्यापार का दायरा बढ़ाने और रियासत के बाहर कारखाने लगाने के बारे में सोच रहे थे। लेकिन उनके पिता ने उन्हें रोक रखा था। मुल्तानीमल नहीं चाहते थे कि गूजरमल पटियाला के बाहर जाएं। वो अपने बेटे से प्यार तो करते ही थे, वो यह भी जानते थे कि गूजरमल ही काम-धंधा संभाल रहे थे। पिता को मालूम था कि गूजरमल की तरह उतने अच्छे ढंग से उनका कोई और बेटा काम-धंधा नहीं संभाल सकेगा। इसलिए, जब भी गूजरमल अपनी महत्वाकांक्षा व्यक्त करते, मुल्तानीमल उसके रास्ते में आ जाते, और कई बार इमोशनल ब्लैकमेलिंग का सहारा भी लेते। लेकिन हर बीतते साल के साथ गूजरमल के भीतर पटियाला से बाहर जाने और बड़े व्यवसाय स्थापित करने की इच्छा बढ़ती गई। पटियाला का प्रशासनिक वातावरण भी गूजरमल की विस्तार योजनाओं को कोई मदद नहीं दे रहा था। पटियाला के प्रशासकों ने पहले ही एक नए वनस्पति कारखाने के लिए अनुमति देने से इनकार कर दिया था और गूजरमल को एक बार फिर ऐसी ही समस्या का सामना करना पड़ रहा था।

1931 में गूजरमल को लुधियाना में एक आटा मिल खरीदने का मौका मिला। उन्होंने इसे पटियाला के बाहर अपने विस्तार के एक मौके की तरह देखा। मुल्तानीमल ने इसका विरोध किया और गूजरमल को पटियाला छोड़ने की अनुमति देने से मना कर दिया। 'लेकिन पिताजी, मैं पटियाला में लाचार होता जा रहा हूं। आपने देखा कि मुझे वनस्पति फैक्ट्री के लिए अनुमति नहीं दी गई,' गूजरमल ने कहा। मुल्तानीमल ज़िद पर अड़े थे। लेकिन गूजरमल आसानी से हार मानने वालों में नहीं थे। वो भी अड़े रहे और पिता-पुत्र के बीच एक समझौता हुआ।

'तुम दुनिया में कहीं भी कारखाना लगा सकते हो, बेटे,' मुल्तानीमल ने कहा। 'लेकिन मुझसे वादा करो कि तुम सिर्फ पटियाला में रहोगे और कहीं बाहर दूसरा घर नहीं बनाओगे।' गूजरमल ने अपने पिता से वादा किया और आटा मिल के काम की देखरेख के लिए लुधियाना चले गए। मिल को नए सिरे से बनाने के लिए एक इंजीनियर रखा गया और सौ से ज़्यादा मज़दूर बुलाए गए। आटा मिल पर काम अच्छी तरह से चल रहा था कि परिवार के वफादार मुनीम गोपाल शाह खबर लेकर आए कि मुल्तानीमल की सेहत अच्छी नहीं थी और वो चाहते थे कि गूजरमल तुरंत लौट आएं।

गूजरमल भागे-भागे पटियाला लौटे और उन्होंने पाया कि ऐसी कोई इमरजेंसी नहीं थी। वो अपने पिता से इस बात से नाखुश हुए कि उन्होंने झूठा बहाना बनाकर उन्हें बुलाया।

'पिताजी, अब आप बेहतर दिख रहे हैं। मैं लुधियाना लौट जाऊंगा क्योंकि वहां कारखाने को मेरी देखरेख की ज़रूरत है,' गूजरमल ने कहा।

मुल्तानीमल के दिमाग में कुछ और ही चल रहा था। 'जब से तुम लुधियाना गए हो, पटियाला में काम पर असर पड़ा है। मैं रोज़मर्रा के काम में तो शामिल नहीं हूं, लेकिन मैं लोगों से सुन रहा हूं कि धंधा घट रहा है,' उन्होंने कहा।

'लेकिन, पिताजी, आप तो कई सालों से रोज़मर्रा के काम में शामिल नहीं रहे हैं,' गूजरमल ने शालीनता से दलील दी। 'और काम हमारे मुनीम जी की देखरेख में अच्छे से चल रहा है। और मैं यहां निगरानी के लिए हर हफ्ते आता हूं। आप ये बात जानते हैं।'

लेकिन मुल्तानीमल ने एक ना सुनी। हालांकि उन्होंने गूजरमल को पटियाला के बाहर कारखाने लगाने की अनुमति दे दी थी, सच में तो वो यही चाहते थे कि उनका बेटा उन्हें छोड़कर ना जाए। पिता को अपने सबसे बड़े बेटे की महत्वाकांक्षाओं का पता था और वो जानते थे कि एक बार गूजरमल के मुंह अगर आज़ादी का खून लग गया तो उन्हें रोके रखना मुश्किल होगा। गूजरमल को एक बार फिर, अपने पिता की लगाई गई शर्तों की वजह से अपनी महत्वाकांक्षाओं पर लगाम लगानी पड़ी क्योंकि वो अपने पिता की इच्छा के विरुद्ध नहीं जा सकते थे। यह परिवार की संस्कृति थी कि पिता का शब्द कानून था।।

लुधियाना में मिल के मुद्दे पर अपने पिता से लड़ाई हारने के बाद, गूजरमल के पास अपनी योजनाओं को टालने के अलावा कोई विकल्प नहीं था। अब तक खर्च किए गए पैसे बर्बाद हो गए थे। फिर भी, गूजरमल ने अपना ध्यान वापस पटियाला पर केंद्रित किया और प्रशासन के पास एक कपड़ा मिल लगाने के लिए अर्जी दी। अर्जी मंजूर हो गई और गूजरमल ने मिल लगाने के लिए ज़मीन को समतल करने का काम शुरू करवा दिया। लुधियाना के मज़दूरों को विकल्प दिया गया कि वे पटियाला में नए कारखाने के निर्माण पर काम के लिए आ सकते थे। गूजरमल ने पूंजी भी जुटाई, 15 लाख रुपए — जो 1931 में कोई छोटी रकम नहीं थी। योजनाएं अच्छी तरह से चल रही थीं लेकिन प्रशासन ने अचानक, और बिना कोई वजह बताए, अपनी दी गई मंजूरी रद्द कर दी। महाराजा के पास ना जाने कितनी बार

गुजारिश की गई और याचिकाएं दी गईं, लेकिन प्रशासन ने मिल की मंजूरी रद्द करने के अपने फैसले को नहीं बदला।

गूजरमल बहुत नाराज़ हुए लेकिन कुछ नहीं कर सके क्योंकि पटियाला के महाराजा ने यह आदेश दिया था। हो सकता था कि महाराजा के पास पटियाला में एक नई मिल के लिए मंजूरी वापस लेने की कोई वजह हो, क्योंकि उस समय ब्रिटिश भारत राजनीतिक अशांति के दौर से गुज़र रहा था। महात्मा गांधी ने अपना असहयोग आंदोलन शुरू कर दिया था, और देश के कई कारखानों में हड़ताल और काम-रोको आंदोलन चल रहे थे। माना जाता है कि महाराजा अपनी रियासत में नए मज़दूरों के आने से चिंतित थे। नई कपड़ा मिल को कम से कम दो से तीन हज़ार मज़दूरों की ज़रूरत होती, जिससे देश के उथल-पुथल भरे हालात को देखते हुए गड़बड़ी हो सकती थी। गूजरमल को इसके बारे में कोई जानकारी नहीं थी और वो सिर्फ यह जानते थे कि एक बार फिर उन्हें मंजूरी नहीं दी गई थी। पहले वनस्पति फैक्ट्री और अब कपड़ा मिल। महाराजा के मनमाने फैसलों और उनकी सनक का विरोध करने का उनका संकल्प और मज़बूत हो गया। लेकिन यह सवाल अपनी जगह था: वो अपने पिता को कैसे मनाएंगे?

***

इसी समय किस्मत ने गूजरमल की ज़िंदगी में एक बार फिर अपनी भूमिका निभाई। 1932 में, पटियाला के महल में एक पार्टी हुई। महाराजा ने अपने एक समकालीन के खिलाफ अदालती मुकदमा जीत लिया था और वो जश्न मनाने के मूड में थे। महाराजा के यहां होने वाले उत्सव नैतिक रूप से बिगड़े होने के लिए जाने जाते थे। शराब, औरतें और नाच-गाने के साथ गरिष्ठ भोजन परोसा जाता था। हालांकि गूजरमल धन के भड़कीले प्रदर्शन को पसंद नहीं करते थे, वो निमंत्रण को अस्वीकार नहीं कर सके। वो विलासिता पर पैसे खर्च होता देखकर सहज भी नहीं रहते थे। खुद भी एक धनी परिवार में पले-बढ़े गूजरमल का मानना था कि संपत्ति के मालिक भावी पीढ़ियों के लिए केवल इसके संरक्षक थे। काफी संपन्न होने के बावजूद मोदी आवास सादगी से भरा था। पूरा मोदी परिवार कट्टर शाकाहारी और शराब ना पीने वाला था।

गूजरमल ने फैसला किया कि वो महल की पार्टी में थोड़ी देर के लिए जाएंगे। वो उसी शाम घर पर होने वाले भजन सत्र में अनुपस्थित नहीं रहना चाहते थे और उन्होंने फैसला किया कि वो महाराजा को शुभकामना देकर घर लौट आएंगे।

जब वो महल पहुंचे तो देखा कि यह रोशनी से जगमगा रहा था। लोग अपनी सबसे अच्छी पोशाक में जमा थे और महाराजा के आतिथ्य का सुख ले रहे थे। लोग बेकाबू हो रहे थे और झूम रहे थे। शराब पानी की तरह बह रही थी। गूजरमल को शराब का एक गिलास दिया गया लेकिन उन्होंने इसे मना कर दिया।

जैसे-जैसे शाम ढलती गई, शोर और मस्ती बढ़ती गई। गूजरमल के परिचित और यहां तक कि पूरी तरह से अजनबी भी उनके पास आते और पूछते कि उनके हाथ में गिलास क्यों नहीं था। गूजरमल ने शालीनता से शराब पीने के सभी निमंत्रण अस्वीकार कर दिए। वो महाराजा से मिलने का इंतज़ार कर रहे थे ताकि वो उन्हें शुभकामना देकर घर जा सकें।

महाराजा अंदर के एक कमरे में अपने कुछ करीबी सहयोगियों के साथ थे। जब वो बाहर जमा लोगों की तरफ आए, लोगों ने झुककर उन्हें शुभकामना देना शुरू किया। दो लोग भूपिंदर सिंह के पास गए और उनके कान में कुछ कहा।

'साहब, गूजरमल के साथ कुछ गड़बड़ है। ऐसा लगता है कि वह आपकी जीत से खुश नहीं है,' एक ने धीमी आवाज़ में कहा।

'तुम ऐसा क्यों कह रहे हो?' महाराजा ने पूछा।

'उसने पूरी शाम में शराब का एक गिलास तक नहीं लिया। हमने उससे खुद पूछा है, लेकिन वो लगातार मना कर रहा है,' दूसरे आदमी ने कहा।

भूपिंदर सिंह थोड़े नाखुश हुए। एक पंजाबी के लिए, शराब का गिलास सिर्फ शराब का गिलास नहीं है। वह दोस्ती की निशानी है। शराब से इनकार करना दोस्ती से इनकार करना माना जाता है। महाराजा दूसरे लोगों पर यकीन करने को तैयार नहीं थे। उन्होंने गूजरमल को अपनी तरफ बुलाया।

गूजरमल पूरी शाम महाराजा से मिलने का इंतज़ार कर रहे थे। जब उन्होंने देखा कि भूपिंदर सिंह उन्हें बुला रहे थे, वो उनके पास पहुंचे। इससे पहले कि वो महाराजा को बधाई देकर घर जाने की इजाज़त मांगते, महाराजा बोल पड़े। 'मैं क्या सुन रहा हूं, गूजरमल? तुम इस बात से खुश नहीं हो कि मैं जीत गया?' भूपिंदर सिंह ने पूछा।

'आपको क्यों लग रहा है कि मैं खुश नहीं हूं, महामहिम?' गूजरमल ने उलझन भरी आवाज़ में जवाबी सवाल किया।

'लोग मुझे बता रहे हैं कि तुमने शराब के गिलास को मना कर दिया। चलो आओ। तुम मुझे मना नहीं कर सकते। चलो, शराब का गिलास उठाओ और हम दोनों मेरी कामयाबी का जश्न साथ मनाएंगे,' महाराजा ने खुशी भरे लहज़े में कहा और एक नौकर को शराब का गिलास लाने को कहा।

'साहब, मैं शराब बिलकुल नहीं पीता,' गूजरमल ने शराब परोसने वाले को मना करते हुए शांत आवाज़ में कहा। 'ऐसा नहीं है कि मैं आपकी जीत पर खुश नहीं हूं, लेकिन मुझे सिखाया गया है कि शराब की एक बूंद को भी नहीं छूना है।'

जो लोग दोनों के इर्द-गिर्द जमा थे और पूरी दिलचस्पी से सारा तमाशा देख रहे थे, वे दबी जुबान में आपस में बातें करने लगे। 'महाराजा के निर्देश को कोई कैसे मना कर सकता है?' एक आदमी ने दूसरे से पूछा। 'गूजरमल ने गलती की है। उसे कम से कम एक घूंट तो लेना चाहिए था। आखिरकार, महाराजा ने खुद उन्हें यह पेशकश की थी,' दूसरे ने कहा। 'क्या यह महाराजा का अपमान नहीं है?' एक और आदमी ने आश्चर्य जताया। इससे बेअसर गूजरमल ने झुककर महाराजा को उनकी जीत पर बधाई दी और फिर महाराजा से घर जाने की इजाज़त मांगी।

पार्टी उस रात देर तक चली लेकिन महाराजा के हाथों से शराब लेने से गूजरमल के इनकार ने ज़्यादा हंगामा मचाया। महाराजा के करीबी लोग ये कहकर आग को हवा दे रहे थे कि शराब पीने से मना करके गूजरमल ने महाराजा की जीवनशैली पर सवाल उठाए थे। बाकी लोगों ने तो यहां तक कहा कि गूजरमल के इनकार के पीछे एक बड़ी साजिश हो सकती थी। कुछ लोगों ने भूपिंदर सिंह को उस घटना की याद दिलाई जब गूजरमल ने अंग्रेज टर्नर को पीटा था। महाराजा को वह घटना साफ़ तौर पर याद थी और उन्हें यह भी याद आया कि उन्हें कुछ दरबारियों ने इस नौजवान पर नज़र रखने के लिए कहा था क्योंकि उसके भीतर क्रांतिकारी बनने के लक्षण थे। महाराजा ऐसे लोगों से घिरे थे जो लगातार गूजरमल के इनकार पर उन्हें भड़काते रहे, और महाराजा को कोई कार्रवाई करनी पड़ी। उन्होंने आदेश जारी किया कि गूजरमल को उनकी रियासत से निकाल दिया जाए।

ब्रिटिश भारत में महाराजाओं के पास उचित अदालती सुनवाई के बिना किसी को कैद करने के अधिकार नहीं थे; लेकिन वे लोगों को निर्वासित कर सकते थे। रियासतों के शासक, दरअसल, लोगों को निर्वासित कर सकते थे ताकि निर्वासित व्यक्तियों को मजबूर होकर रियासत छोड़ना पड़े।

इस निर्वासन से गूजरमल अपमानित हुए। वो दृढ़ विश्वास वाले एक स्वाभिमानी व्यक्ति थे। उनका पालन-पोषण एक ऐसे घर में हुआ था जहां शराब जीवन शैली

का हिस्सा नहीं थी। लेकिन वो यह नहीं मानते थे कि उनकी जीवनशैली किसी भी तरह से शराब पीने वालों से कमतर थी। यह सच था कि गूजरमल महाराजा के जीवन जीने के तरीके से बहुत सहज नहीं थे। किसी भी तरह की फिजूलखर्ची को गूजरमल गैर-ज़रूरी समझते थे। केवल एक जगह, जहां उन्हें फिजूलखर्ची मंजूर थी, वह थी काम-धंधे की जगह।

हालांकि गूजरमल व्यापार विस्तार के लिए घर छोड़ना चाहते थे, वो निर्वासित होकर घर नहीं छोड़ना चाहते थे। अपमानित महसूस करने की भावना धीरे-धीरे क्रोध में बदल गई। वो जानते थे कि वो महाराजा से किसी लड़ाई या युद्ध में नहीं जीत सकते थे। लेकिन उन्होंने फैसला किया कि वो महाराजा से अलग तरीके से लड़ेंगे। उनके दिमाग में एक दुस्साहस भरी योजना बनने लगी थी — अपना शहर बसाने की एक योजना। ऐसा शहर जो फिजूलखर्ची से भरी जीवन शैली पर आधारित नहीं होगा, बल्कि कड़ी मेहनत पर आधारित होगा। ऐसा शहर जहां लोग नियम और कानूनों को मानेंगे। ऐसा शहर जो बराबरी के सिद्धांत पर चलेगा और जहां लोग सम्मान के साथ रहेंगे। ऐसा शहर जहां वो महाराजा के समकक्ष हो सकेंगे!

जैसे-जैसे गूजरमल शहर के बारे में ज़्यादा सोचने लगे, गुस्से की जगह एक उत्साह ने ले ली। जो बेइज़्ज़ती वो लगातार महसूस कर रहे थे, अब वो कहीं पीछे चली गई थी। गूजरमल ने आगे की ज़िंदगी पर फोकस किया और गुज़री हुई ज़िंदगी को देखना बंद कर दिया। वो इस बात से भी खुश थे कि अब उनके पिता उन्हें नहीं रोक सकते। आखिरकार, यह महाराजा का हुक्म था और मुल्तानीमल इसे नज़रअंदाज़ नहीं कर सकते थे।

पटियाला में शराब के एक गिलास के लिए गूजरमल के इनकार ने घटनाओं का एक सिलसिला शुरू कर दिया, जिसका नतीजा होना था उनके नाम पर बसा एक शहर।

5

शून्य से कैसे बनाएं एक औद्योगिक शहर

पटियाला हुकूमत की प्रशासनिक मनमानी के बाद से ही गूजरमल के मन में इसके खिलाफ गुस्सा भरा हुआ था। वो राज परिवार और उनके दरबारियों की अय्याशी भरी जीवनशैली देखकर भी तंग आ चुके थे। उन्हें बचपन से उनकी मां ने सिखाया था कि कमाए गए धन का इस्तेमाल दिखावटी जीवनशैली पर नहीं करना चाहिए। राज परिवार की विलासिता से भरी जीवनशैली उनके अपने मूल्यों से टकराती थी। अपनी परवरिश की वजह से गूजरमल का यह मानना था कि धनी लोगों को जिम्मेदार तरीके से नियोजन और प्रबंधन करना चाहिए। उनका यह भी मानना था कि कमाए गए धन को लोगों के फायदे में लगाना चाहिए और संपत्तियों के मालिक केवल ट्रस्टी होते थे।।

इन्हीं सब बातों को मन में रखते हुए, गूजरमल पटियाला से अपने निर्वासन की बड़े उत्साह के साथ प्रतीक्षा कर रहे थे। वो तीस साल के थे और उनके मन में पटियाला के तंग माहौल के बाहर नए कारखाने और मिलें लगाने की ढेरों योजनाएं थीं। वो सिर्फ मिलें और कारखाने नहीं लगाना चाहते थे बल्कि मज़दूरों के लिए घरों की सुविधा भी विकसित करना चाहते थे। उनके दिमाग में ऐसा शहर था जो उनके बनाए प्रतिष्ठानों के इर्द-गिर्द बसा था; उनके दिमाग में टाउनशिप की योजना थी जिसमें पर्याप्त हरे-भरे उद्यान, शैक्षिक संस्थान और मंदिर थे। वो चाहते

थे कि उनके कर्मचारी और उनके परिवार टाउनशिप में हंसी-खुशी रहें। पटियाला रियासत की तमाम बंदिशें उन्हें अंदर ही अंदर खटकती थीं और उन्हें यकीन था कि उनका बसाया शहर एक आदर्श शहर होगा।

उन्होंने अपना सपना अपने पिता को बताया। मुल्तानीमल अपने बेटे का इतना बड़ा सपना जानकर चकित रह गए। वैसे तो वो जानते थे कि गूजरमल को महाराजा के आदेश की वजह से पटियाला छोड़ना होगा, उन्हें भरोसा था कि थोड़े समय बाद वो भूपिंदर सिंह से अपना आदेश वापस लेने की गुज़ारिश कर सकते थे। मुल्तानीमल चाहते थे कि उनका बेटा वापस लौटे, उनके साथ रहे और पारिवारिक व्यापार संभाले। इसलिए, वो दुविधा में पड़ गए थे। उन्हें अपने बेटे और उसके दृढ़ निश्चय पर गर्व महसूस हुआ, लेकिन इसी के साथ वो यह नहीं चाहते थे कि गूजरमल पटियाला के बाहर इतना अच्छा कर लें कि घर लौटने का विकल्प ही ना बचे।

मुल्तानीमल ने कहा, 'एक औद्योगिक शहर बसाने का तुम्हारा सपना तारीफ के काबिल है, बेटा। लेकिन तुम्हें इसके लिए पैसे कहां से मिलेंगे? मुझे उम्मीद है कि तुम जानते होगे कि मैं तुम्हें एक नई टाउनशिप बनाने के लिए कोई पैसे नहीं दूंगा।' मुल्तानीमल ने सोचा था कि पैसे की कमी उनके बेटे की बड़ी महत्वाकांक्षाओं के लिए बाधा बन जाएगी।

'मैं जानता हूं, पिताजी,' गूजरमल ने जवाब दिया। 'लेकिन मैं आपका पैसा नहीं चाहता। मैं सिर्फ आपका आशीर्वाद और शुभकामनाएं चाहता हूं। वे मेरे लिए आपके सारे पैसे से ज़्यादा मायने रखते हैं।' ऐसा कहकर, उन्होंने अपने हाथ जोड़े और अपने पिता के सामने सिर झुकाया। 'बेटे, तुम ज़िंदगी को सिर्फ जज़्बातों के सहारे नहीं जी सकते,' मुल्तानीमल ने अपने बेटे के सिर पर थपकी देकर उसे उठाते हुए कहा ताकि वो गूजरमल की आंखों में देख सकें। 'तुम्हें अपनी टाउनशिप बनाने के लिए पैसों की ज़रूरत होगी। कौन देगा तुम्हें पैसे?' मुल्तानीमल ने अपने बेटे की आंखों में झांकते हुए पूछा, इस उम्मीद में कि गूजरमल अपनी योजनाओं पर दोबारा सोचेंगे।

'पिताजी, कोई भी मुझे पैसे नहीं देगा,' गूजरमल ने बेरुखी से कहा, जैसे कि वो यह सोचकर चिढ़ गए हों कि उन्हें दान मांगना पड़ेगा। 'मुझे अपना विचार निवेशकों को बेचना पड़ेगा ताकि वे अपनी इच्छा से मेरे व्यापार में निवेश करें। मुझे यकीन है कि मैं अपने औद्योगिक शहर के लिए निवेशक ढूंढ़ लूंगा,' उन्होंने समझाने के अंदाज़ में कहा।

गूजरमल सही थे जब उन्होंने कहा कि अच्छे विचारों और अच्छे व्यापारों के लिए निवेशकों की कोई कमी नहीं थी। ब्रिटिश शासन के तहत व्यापार और निवेश का वातावरण 1947 के बाद से काफी अलग था। 1800 के दशक के अंत से शेयर बाज़ार का अस्तित्व था लेकिन निवेशकों के लिए कई दूसरे मौके भी थे। ये मौके उनके सामने मैनेजिंग एजेंसी सिस्टम के ज़रिए पेश किए जाते थे।

दरअसल, मैनेजिंग एजेंसी सिस्टम भारत में 1825 के बाद विकसित हुआ था। इस सिस्टम को लंदन ने भारतीय उपमहाद्वीप में काम कर रही ज्वॉइंट स्टॉक कंपनियों को मैनेज करने के कुशल तरीके के तौर पर अपनाया था, खासकर उन कंपनियों को, जहां शेयरहोल्डरों को व्यापार की सीधी जानकारी नहीं थी। यह सिस्टम इस तरह काम करता था : मैनेजिंग एजेंसी एक उद्यमी की तरह काम करती थी। जब भी मैनेजिंग एजेंसी को कोई व्यापारिक मौका दिखता था, जैसे कि एक कॉटन मिल, वह मैनेजिंग एजेंट या प्रमोटर के दोस्तों और सहयोगियों से वेंचर कैपिटल जुटाती थी। अगर पैसे की कोई कमी होती थी तो वो फिर किसी बैंक से उधार लिया जाता था। जुटाए गए धन से मैनेजिंग एजेंसी मिल खरीदती और उसे चलाना शुरू करती। जब मिल और कारोबार सफलतापूर्वक चलने लगते, मैनेजिंग एजेंसी अपनी ज़्यादातर हिस्सेदारी जनता को बेच देती और एक सूचीबद्ध कंपनी बन जाती। मैनेजिंग एजेंसी कंपनी के साथ एक लॉन्ग-टर्म मैनेजमेंट कॉन्ट्रैक्ट करती थी, जिससे उसे कारोबार के मैनेजमेंट को जारी रखने का अधिकार मिल जाता था। मैनेजिंग एजेंसी को होने वाला मुनाफा उसकी पूंजी बन जाता था जिसे किसी दूसरे कारोबार, जैसे कि किसी आटा मिल में निवेश किया जा सकता था। अपनी छोटी हिस्सेदारी के बावजूद मैनेजिंग एजेंसी, मिल बिज़नेस के साथ लॉन्ग टर्म मैनेजमेंट कॉन्ट्रैक्ट की वजह से कॉटन मिल और उसके व्यापार का मैनेजमेंट करती रहती। आमतौर पर, मैनेजिंग एजेंसी अपनी ऑपरेटिंग कंपनियों की तरफ से महत्वपूर्ण फैसले करती, जिनमें शामिल होते थे बनाए जाने वाले प्रोडक्ट, किन बाज़ारों पर फोकस करना है और कहां से कच्चा माल लिया जाना है। मैनेजिंग एजेंसी सिस्टम का फायदा यह था कि इससे एजेंसी को कई बिज़नेस एंटरप्राइजेज़ में छोटी वित्तीय हिस्सेदारी के साथ उन्हें चलाने में सहूलियत होती थी। बैंक और जनता से पूंजी जुटाने की किसी मैनेजिंग एजेंसी की क्षमता प्रमोटर के ट्रैक रिकॉर्ड और उसकी साख पर निर्भर करती थी।

गूजरमल ने तीस साल की कम उम्र में ही अपने व्यापार कौशल और ईमानदारी के लिए प्रतिष्ठा कमा ली थी। पटियाला के कारखाने रोज़मर्रा के काम-धंधे को संभालने की उनकी काबिलियत का सबूत थे। इसलिए, उन्हें भरोसा था कि

एक औद्योगिक शहर के उनके विचार में निवेशक दिलचस्पी दिखाएंगे। जहां उन्हें संभावित निवेशकों और अपनी व्यावसायिक योजनाओं में उनकी रुचि के बारे में कोई संदेह नहीं था, वो अपनी पत्नी के बारे में यही बात इतने भरोसे के साथ नहीं कह सकते थे। दयावती से उनकी शादी को अभी छह महीने ही हुए थे। उन्होंने अपनी योजनाओं के बारे में दयावती से डरते-डरते बात की।

'बेशक आपको अपने सपने पर काम ज़रूर करना चाहिए,' दयावती ने उत्साह के साथ जवाब दिया। 'शुरुआत में मैं आपके साथ शायद ना आ सकूं लेकिन आप निश्चिंत रहें कि मैं हर पल आपकी सफलता के लिए प्रार्थना करूंगी।'

दयावती, उस समय, और आने वाले वर्षों में, गूजरमल की शक्ति और प्रेरणा का स्रोत थी। एक पारंपरिक हिंदू लड़की, दयावती विनम्र और दयालु थी और सच में अपने पति की पूजा करती थी और उससे प्रेम करती थी। वह अभी बीस साल की भी नहीं हुई थी, और व्यापार के बारे में ज़्यादा नहीं जानती थी। अपने ससुराल में, दयावती अपना समय गूजरमल के परिवार की देखभाल में बिताती थी। चूंकि उसने अपना ज़्यादातर वक्त अपनी सास के साथ बिताया, दयावती के सांसारिक और कारोबारी मामलों के मूल्यों पर रुक्मिणी देवी का असर पड़ा था। युवा बहू ने भी कर्मयोग के विचार और एक सादा जीवन के फायदे सीख लिए थे। वह अपने पति का हर तरह से समर्थन करने के लिए तैयार थी और इसलिए गूजरमल को उसकी चिंता किए बिना अपने सपने पर काम करने के लिए उसने प्रोत्साहित किया।

गूजरमल ने राहत महूसस की और उससे पूछा कि क्या वह अपने माता-पिता के पास जाना चाहती थी। दयावती अपने माता-पिता के घर जाने और उनके साथ अधिक समय बिताने के लिए बहुत खुश हुई। इसलिए गूजरमल ने अपनी पत्नी को अपनी ससुराल में छोड़ा और अपने सपने को पूरा करने के लिए चल दिए।

***

गूजरमल अपनी जेब में 300 रुपए लेकर घर से निकले। उनकी मंज़िल थी दिल्ली, जो सीधे ब्रिटिश शासन के अधीन थी। गूजरमल का मानना था कि ब्रिटिश शासन के तहत व्यापारिक माहौल में मनमानी कम होती होगी। उनके मन में अभी साफ़ नहीं था कि उन्हें अपनी नई ज़िंदगी कैसे शुरू करनी थी। दिल्ली पहुंचकर उन्होंने एक होटल में कमरा लिया और एक महीने के लिए एडवांस पैसे दे दिए। उन्होंने कुछ परिचित व्यापारियों से सलाह-मशविरा करना शुरू किया और साथ ही मौकों को बेहतर तरीके से समझने के लिए बाज़ार जाने लगे। जब उन्होंने कारोबारियों

और महाजनों के साथ वक्त बिताया, गूजरमल ने पाया कि सभी कलकत्ता को भारत का व्यापारिक केंद्र बता रहे थे।

कलकत्ता वास्तव में भारतीय उपमहाद्वीप का एक महत्वपूर्ण वाणिज्यिक केंद्र था। शहर को ब्रिटिश ईस्ट इंडिया कंपनी और फिर ब्रिटिश साम्राज्य ने विकसित किया था। 1911 तक कलकत्ता ब्रिटिश भारतीय राज्य की राजधानी थी। यह एशिया के सबसे बड़े बंदरगाहों में एक था और, एक बार स्थापित होने के बाद से कलकत्ता बंदरगाह के दायरे में पूरा उत्तरी भारत आ गया था। 1835 में अंतर्देशीय सीमा शुल्क को खत्म कर दिया था, जिससे खुले बाज़ार का सिस्टम बना था, और रेलवे ने 1854 में शहर को भारत के दूसरे हिस्सों से जोड़ने के लिए निर्माण कार्य शुरू कर दिया था। रेलवे नेटवर्क का विकास कलकत्ता में उद्योगों की तेज़ तरक्की की बड़ी वजहों में एक था। शहर ब्रिटिश व्यापारियों, बैंकिंग और इंश्योरेंस कंपनियों का एक केंद्र बन गया था। पूरे देश से लोग अपना व्यापार लगाने कलकत्ता आते थे और यह भारत में वाणिज्य का व्यस्त केंद्र बन गया था।

चूंकि उन्होंने दिल्ली में नए कारोबार की किसी योजना को अंतिम रूप नहीं दिया था, गूजरमल ने कलकत्ता के अवसरों का पता लगाने के लिए वहां की यात्रा करने का फैसला किया। कलकत्ता की अपनी पहली यात्रा के बाद, जब वो धोखेबाज़ कारोबारी साहू से पैसे वसूलने गए थे, गूजरमल वहां बनाए कुछ दोस्तों के साथ संपर्क में थे। इस बार जब वो दोबारा कलकत्ता गए, वो सेठ नारायण दास बाजोरिया के साथ ठहरे — जो शहर के एक प्रतिष्ठित व्यापारी थे। सेठ बाजोरिया ने गूजरमल की मुलाकात व्यापारिक समुदाय के दूसरे लोगों से कराई। जल्द ही गूजरमल नए मौकों का पता लगाने के लिए उनके साथ चर्चा करने लगे थे। उन व्यापारियों को कलकत्ता जैसे प्रमुख बंदरगाह में मांग में रहने वाली कमोडिटीज की जानकारी थी। जब गूजरमल ने उन व्यापारियों से बात की, उन्होंने महसूस किया कि सभी ने वनस्पति घी की बात की, जिसकी पूरे भारत में काफी मांग थी। वनस्पति घी, दरअसल घी नहीं था बल्कि हाइड्रोजिनेटेड वनस्पति तेल था जो देखने और छूने में घी जैसा लगता था। राष्ट्रीय स्तर पर उस वक्त वनस्पति घी का इकलौता ब्रांड था डालडा और उसका बिज़नेस बहुत अच्छा चल रहा था। यह प्रोडक्ट मुख्य रूप से हॉलैंड से आयात किया जाता था। गूजरमल ने पहले भी पटियाला में वनस्पति घी फैक्ट्री लगाने की कोशिश की थी लेकिन उन्हें इजाज़त नहीं मिली थी। उन्होंने अब तय किया कि वो कलकत्ता में वनस्पति घी की एक फैक्ट्री लगाएंगे और इसके लिए उन्होंने शहर के आसपास ज़मीन तलाशनी शुरू कर दी।

उन्हें एक बार फिर वनस्पति घी उत्पादित करने की अपनी योजना छोड़नी पड़ी। इस बार वजह थी चीनी पर उत्पाद शुल्क में बदलाव। ब्रिटिश सरकार ने 1932 के अंत में चीनी पर आयात शुल्क बढ़ा दिया था क्योंकि वो इसके घरेलू उत्पादन को बढ़ावा देना चाहती थी। अचानक भारतीय निर्माताओं के बीच इसे लेकर दिलचस्पी बढ़ गई क्योंकि चीनी एक ऐसी चीज़ थी जिसकी मांग हमेशा ऊंची रहती थी। गूजरमल ने आयात शुल्क में बढ़ोतरी को वनस्पति घी की अपनी योजना को छोड़ने और इसके बजाय एक चीनी मिल स्थापित करने पर ध्यान केंद्रित करने के लिए भगवान की ओर से एक इशारा समझा। कलकत्ता और उसके आसपास का इलाका चीनी मिल के लिए आदर्श नहीं था, और इसलिए गूजरमल दिल्ली वापस चले गए।

जब उन्होंने एक चीनी मिल के लिए योजना पर काम शुरू किया, गूजरमल को पता था कि उन्हें सबसे पहले अपनी मिल के लिए पैसे जुटाने होंगे। जब हाथ में पैसे होंगे, तभी वो ज़मीन की तलाश शुरू कर सकते थे। शुरुआत करने के लिए उन्होंने अपने परिवार के सदस्यों का रुख किया।

उनके चाचा और चचेरे भाई दिल्ली के नज़दीकी शहर हापुड़ में कामयाब और अमीर कारोबारी थे। गूजरमल ने अपने चाचा और भतीजे की दो साल पहले हापुड़ में उनके कारखाने लगवाने में मदद की थी और उनके साथ समय बिताया था। हापुड़ में रहते हुए, वो अपने चाचा के दोस्तों और परिचितों के संपर्क में आए थे, जो अधिकतर व्यापारी और मिल मालिक थे। नतीजतन, जब वो 1932 में हापुड़ गए, तो स्थानीय कारोबारी समुदाय को समस्याएं सुलझाने की उनकी काबिलियत के बारे में पहले से ही पता था। वहां गूजरमल ने अपने चाचा और चचेरे भाइयों के साथ एक औद्योगिक शहर और इस दिशा में पहले कदम के तौर पर चीनी मिल लगाने का विचार साझा किया। उन लोगों को औद्योगिक शहर का विचार पसंद आया और उन्होंने गूजरमल को अपने सपने पर आगे बढ़ने के लिए प्रोत्साहित किया।

गूजरमल ने मैनेजिंग एजेंसी स्कीम के तहत अपनी कंपनी बनाई और इसे नाम दिया मोदी शुगर मिल्स लिमिटेड। उन्होंने अपने चाचाओं से अनुरोध किया कि वे लोग हापुड़ के दूसरे धनी निवेशकों के साथ एक मीटिंग कराएं। उस मीटिंग में, गूजरमल ने टाउनशिप के अपने विचार के बारे में जोश भरा प्रेज़ेंटेशन दिया, जहां हर किसी के पास नौकरी होगी और परिवारों को रहने के लिए एक अच्छा वातावरण मिलेगा।

'मैं कई हरे-भरे उद्यान बनाना चाहता हूं जहां महिलाएं और बुजुर्ग टहल सकेंगे और बच्चे खेल सकेंगे। मेरी योजना स्कूल और कॉलेज बनाने की है ताकि कर्मचारियों के बच्चों को सबसे अच्छी शिक्षा मिल सके। मेरी योजना में मंदिर और गुरुद्वारे बनाना भी शामिल है ताकि लोग अपने भगवान की पूजा कर सकें,' उन्होंने मीटिंग में कहा।

'लेकिन यह टाउनशिप कहां स्थित होगी?' एक व्यापारी ने पूछा।

'क्या आपको अभी तक कोई जगह मिली है?' दूसरे ने पूछा।

'मैं जानता हूं कि मुझे जगह में क्या चाहिए और मुझे इसमें संदेह भी नहीं है कि मैं इसे जल्द ही फाइनल कर लूंगा,' गूजरमल ने जवाब दिया। 'लेकिन मैं ज़मीन के मालिकों के साथ बातचीत तब तक शुरू नहीं कर सकता जब तक मेरे पास पैसे ना हों। इसलिए, मैंने कंपनी बनाई है और अब मैं उन लोगों को हिस्सेदारी बेच रहा हूं जो दिलचस्पी रखते हैं।'

मैनेजिंग एजेंसी सिस्टम के तहत चलाया जाने वाला एक अच्छा बिज़नेस निवेशकों के लिए शानदार रिटर्न देता था। आज शेयर बाज़ार में, अनुभवी निवेशक बिज़नेस मॉडल के साथ-साथ प्रमोटर और मैनेजमेंट को भी देखते हैं। 1932 में भी, अनुभवी निवेशक अपने फैसले प्रमोटरों और मैनेजरों का आकलन करने के बाद करते थे। निवेशक गूजरमल के बारे में पहले से जानते थे। अब उन्होंने मिल की योजना और बिज़नेस के ब्यौरे से जुड़े सवाल उनसे पूछे। उन्होंने गूजरमल की योजना देखी और फिर उस व्यक्ति को देखा जो बिज़नेस का प्रबंधन करेगा — यानी गूजरमल खुद। उनके पिछले काम और साख के साथ-साथ भरोसा जगाने वाले प्रेज़ेंटेशन ने निवेशकों को फैसला करने में मदद की। देखते ही देखते 10 लाख रुपए के शेयर बिक गए। निवेशकों को उनके शेयरों के लिए 50 प्रतिशत राशि अग्रिम देनी थी। इस तरह, गूजरमल के बैंक में तुरंत ही 5 लाख रुपए की नगदी जमा हो गई।

पैसे का इंतजाम करने के बाद गूजरमल के लिए अगला कदम था अपनी चीनी मिल, और फिर, अपनी टाउनशिप के लिए सही जगह की तलाश करना। उनकी लिस्ट में स्वाभाविक तौर पर पहली चीज़ थी एक बड़ा इलाका देखना जिसे टाउनशिप के तौर पर विकसित किया जा सके। फिर अगली चीज़ थी पीने के पानी की उपलब्धता। परिवहन के साधन-रेल और रोड नेटवर्क भी महत्वपूर्ण थे, और साथ ही ज़रूरी था एक डाकघर का मौजूद होना। गूजरमल यह भी चाहते थे

कि इलाके के आसपास एक पुलिस थाना हो ताकि कानून और व्यवस्था बनी रहे। उन्हें ऐसा इलाका भी चाहिए था जहां मज़दूरों के मिलने में कोई दिक्कत ना हो। और, चूंकि वो टाउनशिप के अपने सफर की शुरुआत एक चीनी मिल के साथ कर रहे थे, वो चाहते थे कि टाउनशिप ऐसे इलाके में हो, जहां गन्ने की फसल के लिए अनुकूल उपजाऊ मिट्टी मिले।

अपनी लिस्ट की सभी चीज़ों के साथ, वो जानते थे कि उनके लिए सही जगह की तलाश आसान नहीं होगी। उन्होंने अपने चाचा से एक कार उधार पर मांगी ताकि जगह देखने के लिए दिल्ली और हापुड़ के आसपास का सफर किया जा सके। उन्होंने अपने सफर की शुरुआत की नोट लिखने के लिए एक डायरी, एक फोल्डिंग चेयर, एक दरी, एक गर्म कंबल और खाने-पीने की कुछ चीज़ों के साथ। उन्हें इन सब चीज़ों की ज़रूरत थी क्योंकि उन्हें यह नहीं पता था कि क्या वो हर रात हापुड़ लौट पाएंगे। वो हर दिन आदर्श जगह की तलाश में निकलते लेकिन कामयाबी नहीं मिल रही थी। कभी पानी और उपजाऊ ज़मीन मिलती तो रेल या रोड नेटवर्क नहीं मिलता; कभी ऐसा इलाका भी होता जहां सारी सुविधाएं रहतीं लेकिन वहां ज़मीन नहीं मिलती।

हार माने बगैर, गूजरमल लगे रहे। वो अपने पिता या अपने चाचाओं और दूसरे शेयरहोल्डरों के पास हार स्वीकार करके लौट नहीं सकते थे। खुद को साबित करने के जोश के साथ वो आदर्श स्थान की तलाश में दिन-रात लगे रहे। उन्होंने पटियाला में एक आसान ज़िंदगी बिताई थी। उनके पिता एक अमीर आदमी थे और मोदी परिवार के पास उस दौर की सारी सुख-सुविधाएं थीं। गूजरमल पटियाला में एक रॉल्स रॉयस कार चलाया करते थे। उन्होंने अपना सपना पूरा करने के लिए सब कुछ छोड़ दिया था। वो इतनी आसानी से हार मानने के लिए तैयार नहीं थे।

कई बार, ज़िंदगी आपको अप्रत्याशित रूप से नतीजे देती है। हो सकता है कि आप लंबे समय तक सफलता का पीछा कर रहे हों लेकिन किस्मत साथ नहीं देती और फिर एक दिन, अचानक बगैर कोई कोशिश किए सफलता आपको अपने बगल में दिखती है। ऐसा ही हुआ गूजरमल के साथ। जब वो मेरठ से गाज़ियाबाद की तरफ जा रहे थे, उन्हें शौचालय जाने की ज़रूरत महसूस हुई। कार एक गांव में रुकी जिसका नाम था बेगमाबाद।

गूजरमल शौचालय गए और जब वो कार की तरफ वापस आ रहे थे, उन्होंने सोचा कि क्यों ना थोड़ी दूर ऐसे ही टहल लिया जाए। टहलने के दौरान जब उन्होंने आसपास देखा तो उन्हें अपनी आंखों पर यकीन नहीं हुआ। इलाका बिलकुल वैसा

ही था जैसा वो तलाश रहे थे! हां, इलाका एक जंगल था और वहां कांटेदार पेड़ और झाड़ियां थीं, लेकिन यह हाइवे से अच्छी तरह जुड़ा था और उन्हें थोड़ी दूर पर एक रेलवे ट्रैक भी दिख रहा था। पानी के इंतजाम के लिए गंगा नहर बेगमाबाद से ज़्यादा दूर नहीं थी। उन्होंने अपनी रफ्तार बढ़ाई और थोड़ा तेज़ चलने लगे — उत्तर से दक्षिण और फिर पूर्व से पश्चिम की तरफ। जितना ज़्यादा वो देखते, उन्हें उतना ज़्यादा यकीन होता गया कि उनकी तलाश खत्म हो गई थी। गूजरमल खुश थे कि आखिरकार उन्हें अपनी टाउनशिप के लिए एक जगह मिल गई थी।

हालांकि, हापुड़ में उनके चाचा, खुश होने की बजाय गूजरमल द्वारा चुनी गई जगह को लेकर आशंकित थे। उन्हें बताया गया था कि इलाका उन गड्ढों से भरा हुआ था जहां सांप थे, कि आसपास डकैत थे और यहां तक कि यह भूतों का अड्डा था। भले ही गूजरमल काफी धार्मिक थे, भूतों में उनका यकीन नहीं था। उन्होंने इलाका देखा था और पूरा दिन इधर-उधर घूमते हुए बिताया था और उन्हें यकीन था कि यह उनके लिए वाकई में सही जगह थी। उन्हें अपने मन की आवाज़ पर भी भरोसा था, जो उन्हें कह रही थी कि उनका फैसला सही था। उन्होंने अपने चाचाओं से कहा कि वो उन्हें गलत साबित करने के लिए उस इलाके में खुले में एक रात बिताएंगे। 'हम देखेंगे कि क्या वहां कोई भूत हैं या डकैत या सांप,' गूजरमल ने कहा।

उन्हें अपने चाचाओं को मनाने के लिए खुले में एक रात बिताने की ज़रूरत नहीं पड़ी लेकिन उन्होंने इलाके को करीब से देखने के लिए कई दिन बिताए। बेगमाबाद गांव दिल्ली से करीब 50 किलोमीटर, गाज़ियाबाद से 32 किलोमीटर और मेरठ से 25 किलोमीटर दूर था। यह गांव उस नेशनल हाइवे पर था जो इन शहरों को जोड़ता था। रेलवे स्टेशन गांव से ज़्यादा दूर नहीं था। इलाके की हर यात्रा के साथ गूजरमल का संकल्प और मज़बूत होता गया। गूजरमल ने भले ही अपने औद्योगिक नगर के लिए जगह तय कर ली थी लेकिन उन्हें अभी ज़मीन के मालिकों को ज़मीन बेचने के लिए मनाना भी था। ना सिर्फ उस इलाके की मिल्कियत बंटी हुई थी, बल्कि ज़मीन के ऐसे कई टुकड़े थे जिनके एक ही परिवार के भीतर कई संयुक्त मालिक थे। यह एक मुश्किल काम था लेकिन गूजरमल घबराए नहीं थे। चूंकि उन्होंने अपनी टाउनशिप के लिए इलाके की पहचान कर ली थी, वो ज़मीन खरीदने में सहूलियत के लिए आसपास रहना चाहते थे। उन्हें अपने लिए किराये के एक घर की ज़रूरत थी। जब वो एक कायदे के घर के बारे में पूछताछ कर रहे थे, उन्हें एक ऐसे घर के बारे में जानकारी मिली जो इलाके के मानद मजिस्ट्रेट के भाई का था। वह घर के एक हिस्से में रहता था और दूसरे हिस्से को किराये पर

देना चाहता था। गूजरमल की दिलचस्पी बढ़ गई क्योंकि उन्हें मानद मजिस्ट्रेट के भाई से परिचित होने का महत्व समझ आ गया था। उन्होंने घर दिखाने के लिए कहा और बिना मोलभाव किए वो किराये पर तुरंत राज़ी हो गए। तुरंत फैसला लेने की यह सोच शुभ साबित हुई जब गूजरमल ने घर में आने के बाद मकान मालिक के साथ अच्छा तालमेल बना लिया। उनका परिचय मकान मालिक के भाई यानी मानद मजिस्ट्रेट से भी कराया गया, जिसने गूजरमल को ज़मीन खरीदने की पेचीदगियों के बारे में समझाया।

नई जानकारी से लैस होकर, गूजरमल ने दो चीज़ों पर साथ-साथ काम शुरू किया। पहला था स्थानीय मुंशियों या दलालों की तलाश करना जो कमीशन लेकर ज़मीन के सौदे करवाते थे। ज़मीन के हर प्लॉट के लिए मुंशी को एक मोटा कमीशन मिलता था। साथ-साथ, गूजरमल ने खुद ज़मीन के मालिकों से मिलना शुरू किया।

गूजरमल की सुबह की शुरुआत एक घंटे की तेज़ सैर और फिर शारीरिक व्यायाम से होती थी। नहा-धोकर, अपनी पूजा और नाश्ता करके, वो आगे के लंबे दिन के लिए तैयार हो जाते थे। उनके पास पहले से ही ज़मीन मालिकों की सूची थी और हर सुबह वो तय करते थे कि आज वो किनसे मिलेंगे।

किस्मत की बात थी कि गर्मी और मॉनसून अभी दूर थे। गर्मियों में सफर करना और भी ज़्यादा मुश्किल होता। मौसम ना ज़्यादा सर्द था और ना ज़्यादा गर्म, और इस वजह से गूजरमल जहां तक मुमकिन हो, गाड़ी चलाते ले जाते थे। हाइवे के अलावा, इलाके में बहुत सारी अंदरूनी सड़कें भी थीं। गूजरमल ने कार में एक साइकिल रखी थी। जब वो उस जगह तक पहुंच जाते, जहां तक कार जा सकती थी, तो उसके बाद वो कार रोकते, अपनी साइकिल निकालते और उस पर सवार होकर आगे बढ़ जाते।

मौसम भले ही अच्छा रहा हो, लेकिन इलाका धूल भरा था। तेज़ हवा भले ही सुखद लगती थी, लेकिन चारों तरफ धूल भी उड़ाती चलती थी। गूजरमल को इसका अंदाज़ा था और उन्होंने गहरे रंग के अचकन पहने होते थे और सफेद चूड़ीदार से परहेज़ करते थे। वो सिर पर चमकीले साफे अभी भी पहनते थे। वो चाहते थे कि जब वो ज़मीन के मालिकों से मिलें, तो उनके सामने आत्मविश्वास और अच्छे बर्ताव के साथ पेश आएं। जब औपचारिक पोशाक में गूजरमल आत्मविश्वास के साथ अपनी साइकिल पर सवार होते थे, तो उनका व्यक्तित्व प्रभावशाली लगता था।

आसपास खबर फैल गई थी कि पटियाला से आया एक नौजवान इलाके में ज़मीन खरीद रहा था। जब गूजरमल ज़मीन के किसी मालिक के घर की तरफ

बढ़ते, तो वो देखते थे कि घर के बाहर चारपाई पर पुरुष बैठे थे, जैसे कि वे लोग उनका इंतज़ार कर रहे हों। साइकिल से उतरकर, हाथ जोड़कर और सिर झुकाकर वो उन पुरुषों का अभिवादन करते। अपनी आंख के कोनों से, वो देखते कि महिलाएं, अपने सिर पर पल्लू रखे, दरवाज़े या खिड़की के पीछे से झांक रही थीं। हर कोई छह फीट लंबे नौजवान के बारे में जानना चाहता था, जिसका व्यक्तित्व एक पहलवान का था लेकिन था वो एक व्यापारी।

गूजरमल पुरुषों के साथ बैठते और उन्हें अपने बारे में और इलाके में औद्योगिक शहर के अपने विज़न के बारे में बताना शुरू करते। गांव वालों को उनका संदेश साधारण था। उन्होंने समझाया कि इलाके में कई कारखाने और मिलें लगाने की उनकी योजना से स्थानीय लोगों के लिए रोज़गार के ढेरों रास्ते निकलेंगे। वो उन्हें सभी मज़दूरों के लिए पक्के घर, निवासियों के लिए बगीचे और उद्यान, और मज़दूरों के परिवारों के लिए स्कूल, कॉलेज और मंदिरों की अपनी योजनाओं के बारे में बताते।

ब्रिटिश भारत में भी ज़्यादातर किसानों को खेती से बहुत ऊंची आमदनी नहीं होती थी। ज़मीन की छोटी जोत की वजह से खेती से होने वाली उपज ज़्यादातर किसानों के लिए बस पेट भरने का साधन थी। गांव वालों ने जो बातें सुनीं, उन्हें वे पसंद आईं लेकिन उनके मन में अपनी ज़मीन बेचने को लेकर शंकाएं भी थीं। गांव के बड़े-बूढ़े अक्सर बेगमाबाद के आसपास के इलाकों में औद्योगिक गतिविधियों की कमी की शिकायत करते थे। उन्होंने देखा था कि किस तरह ज़्यादा औद्योगिक इलाकों के गांवों को फायदे होते थे जब वहां कारखाने लग जाते थे। युवा पीढ़ी के मन में संदेह था क्योंकि उनके पास जायदाद के नाम पर सिर्फ ज़मीन थी। गूजरमल ने बुजुर्गों और युवाओं दोनों से बात की और, समय के साथ गांव वाले गूजरमल के विज़न पर भरोसा करने लगे। ज़मीन के सौदे धीरे-धीरे लेकिन लगातार होते रहे और जल्द ही गूजरमल 100 बीघा, लगभग 40 एकड़ ज़मीन के मालिक बन गए। उनके मकान मालिक के भाई की मदद से रजिस्ट्री की प्रक्रिया भी नियमानुसार हुई।

जब ज़मीन खरीदने और रजिस्ट्री की प्रक्रिया चल ही रही थी, गूजरमल ने चीनी मिल की योजनाओं पर काम शुरू कर दिया था और मंजूरी के लिए उन्हें स्थानीय अधिकारियों के पास जमा करा दिया था। मंजूरी की प्रक्रिया आसान थी और थकाऊ नहीं थी। ब्रिटिश सरकार उद्योग लगाने को बढ़ावा देती थी। ज़मीन खरीदने के लिए मंजूरी की ज़रूरत होती थी लेकिन उसके बाद उद्योग लगाने के लिए सरकार की तरफ से कोई लाइसेंस लेने की ज़रूरत नहीं होती थी। साथ ही,

ना कोई मूल्य नियंत्रण था और ना उत्पादन क्षमता की कोई सीमा तय थी। गूजरमल ने ज़मीन पहले ही खरीद ली थी, और एक बार जब कारखाने की योजनाएं मंजूर हो जाएं, तब चीनी मिल लगाई जा सकती थी।

गूजरमल के लिए अगला कदम मिल और अन्य संरचनाओं के निर्माण से पहले इलाके को साफ़ करना और फिर समतल करना था। मज़दूरों की व्यवस्था करना कोई समस्या नहीं थी क्योंकि गूजरमल ने उन सभी को आस-पास के गांवों से लाकर काम पर लगा दिया। अधिकारियों से योजनाओं को मंजूरी मिलने के बाद, गूजरमल ने इंग्लैंड से प्लांट मशीनरी मंगवाई। उन्हें यकीन था कि जब तक मशीनरी आएगी, मिल तैयार हो जाएगी। उन्होंने निर्माण के लिए भवन निर्माण सामग्री की नियमित आपूर्ति सुनिश्चित करने के लिए एक ईंट भट्ठा भी लगाया।

ब्रिटिश शासन में व्यापार के लिए भले ही प्रतिबंध बहुत कम थे, मुख्य बाधा थी परिवहन की। बड़े शहरों के बीच सड़क नेटवर्क विकसित था लेकिन अंदरूनी इलाकों में कुछेक सड़कें ही पक्की थीं। इसलिए, गूजरमल को एक जगह से दूसरी जगह सामान भेजने में सबसे ज़्यादा मुश्किलें झेलनी पड़ीं। ईंट भट्ठा लगाना एक तरीका था जिससे वो भवन निर्माण सामग्री की लगातार आपूर्ति सुनिश्चित कर सकते थे।

पूरा इलाका चहल-पहल से भर गया था। ईंट भट्ठे से उठने वाला धुआं आसमान से ज़मीन पर हो रही गतिविधियों को देखता रहता। अगर कोई इस इलाके को काफी ऊंचाई से देखता, तो ज़मीन पर उसे चींटियों की सक्रिय बस्ती जैसा कुछ दिखता, जहां मर्द-औरतें सभी इधर-उधर भागते नज़र आते। सच्चाई यह थी कि हर मज़दूर एक टीम का हिस्सा था जिसकी देखरेख एक सुपरवाइज़र करता था। गूजरमल के पास बड़े पैमाने पर मज़दूरों के साथ काम करने का अनुभव था जब उन्होंने पटियाला में मिलें और कारखाने लगाए थे। वो सारी जानकारी अब इस नौजवान के काम आ रही थी।

आखिरकार, इलाके से सारा जंगल साफ़ कर दिया गया। अगला काम था ज़मीन को बराबर करना और कारखाने के लिए प्लिंथ की जगह तय करना। उसके पहले वास्तविक निर्माण शुरू नहीं हो सकता था।

भले ही इसके बारे में ज़्यादा बात नहीं होती, प्लिंथ किसी इमारत का एक अहम हिस्सा होता है। यह ग्राउंड फ्लोर तक इमारत का वैसा हिस्सा होता है जो ज़मीन से ऊपर होता है। एक आम आदमी को लग सकता है कि प्लिंथ रेंगने वाले जीव-जंतुओं को दूर रखता है — ऊंचे प्लिंथ से रेंगने वाले जीव और सांप इमारत

में आसानी से नहीं आ पाते। निर्माण के दृष्टिकोण से प्लिंथ की अहमियत और भी कई वजहों से है। जब बारिश होती है, ज़मीन के मुलायम हिस्सों से होते हुए ज़मीन के नीचे जाने के पहले, बारिश का पानी मिट्टी की सबसे ऊपरी परत पर बहता रहता है। अगर पानी निचली मंज़िल के नीचे के स्तर पर बहता है, तो इमारत का ढांचा वास्तव में डूब जाता है, जिससे दीवारों में दरार आ जाती है। प्लिंथ इमारत का वैसा हिस्सा है जो इसे टिकाऊ बनाता है, और प्लिंथ के अंदर की कठोर मिट्टी और पत्थर इसे स्थिरता देती है।

गूजरमल पिछले मॉनसून के दौरान इस इलाके में रहे नहीं थे इसलिए उन्हें पानी के बहाव की जानकारी नहीं थी। लेकिन उन्हें प्लिंथ की अहमियत का पता था क्योंकि आने वाले हर ढांचे में एक ही माप का इस्तेमाल होना था। उन्होंने रेलवे लाइन को देखकर प्लिंथ लेवल की दिक्क़त दूर कर दी। उन्हें यकीन था कि रेल की पटरियां तभी बिछाई गई होंगी जब रेलवे के इंजीनियरों ने ध्यानपूर्वक इलाके की भौगोलिक संरचना (Topography) का अध्ययन कर लिया होगा। उन्होंने रेल की पटरियों के लेवल को निशानी के तौर पर इस्तेमाल किया और उसी के हिसाब से निर्माण शुरू करने को कहा।

इमारत गूजरमल की देखरेख में बनी। वो उसी घर में रहे लेकिन लगभग सोलह घंटे उसके बाहर बिताते। पटियाला में मिलों के निर्माण की देखरेख के बाद, गूजरमल एक तरफ दोस्ताना बर्ताव और दूसरी तरफ अनुशासन के साथ मज़दूरों से काम कराने की कला जानते थे। उन्हें महसूस हुआ कि देखते ही देखते चीनी मिल के लिए प्लस्तर की प्रक्रिया शुरू हो गई थी।

मिल ऐसे इलाके के बीच में एक भव्य निर्माण की तरह दिखती थी जो एक वक्त सिर्फ जंगल था। इमारत चार मंज़िला थी। एक चिमनी ऊंची थी और आसमान में 100 फीट ऊपर गई थी। मिल में बड़ी-बड़ी खिड़कियां थीं जिनसे रोशनी अंदर आती थी। छत ढलान वाली थी और रोशनदानों से लैस थी जिससे मिल के भीतर और ज़्यादा रोशनी लाई जा सके। आसपास के गांवों के लोग सिर्फ तैयार हो रही इमारत को देखने के लिए आते थे। गूजरमल अपनी मिल से पैदा हो रही दिलचस्पी से खुश थे और उन्हें उम्मीद थी कि यह नौ महीने की समय-सीमा से पहले तैयार हो जाएगी।

लेकिन कुदरत कुछ और ही चाहती थी और गूजरमल को इस बार आग नहीं, बल्कि पानी ने दिक्क़त में डाल दिया। मॉनसून उसी समय आया जब प्लस्तर लगभग पूरा हो चुका था। पूरी मिल में पानी भर गया। गूजरमल हैरान थे क्योंकि

उन्होंने रेल की पटरियों के हिसाब से प्लिंथ लेवल तय करने में काफी सावधानी बरती थी। उन्हें चिंता हुई कि उन्होंने गलत माप ले लिया था। उन्हें अपने मज़दूरों के सामने नीचा देखने की भी चिंता थी। उन्हें इस बात की चिंता थी कि उनकी साख खराब हो रही थी। यह सबको मालूम था कि उन्होंने प्लिंथ का लेवल सेट करने में काफी सावधानी बरती थी। यहां तक कि कुछ लोगों ने उन्हें मामूली बातों पर ज़्यादा दिमाग लगाने वाला कहा था तो कुछ ने उनकी हंसी उड़ाई थी। एक बारिश ने उनकी सारी कोशिशों पर पानी फेर दिया था। ना सिर्फ मिल में पानी भर गया था बल्कि जो घर वो अपने लिए बना रहे थे, उसे भी नुकसान पहुंचा था। जब वो घुटने तक पानी में खड़े होकर, चिंता और नाखुशी के साथ, अपनी मिल को डूबा हुआ देख रहे थे, एक मज़दूर चारों तरफ पानी के छींटे उड़ाता हुआ, दौड़ता हुआ उनके पास आया।

'सर, सीकरी में पानी को रोका जा रहा है। कुछ गांव वालों ने पानी को बहने से रोकने के लिए एक कच्चा बांध बनाया है। इसी वजह से सारा पानी यहां जमा हो रहा है,' मज़दूर ने जल्दी-जल्दी कहा।

सीकरी के गांव वाले बन रही मिल की वजह से नाखुश थे क्योंकि जो लोग पहले बड़े किसानों के खेतों में काम करते थे, उन्होंने अब निर्माण स्थल पर काम शुरू कर दिया था। इन मज़दूरों को बेहतर पगार मिल रही थी और अब वे फिर से खेतों में मज़दूरी करने नहीं जाना चाहते थे। सीकरी के धनी ज़मींदारों ने मोदी मिल को एक खतरे की तरह देखा और वे इसके चालू होने के पहले ही इसे बंद करना चाहते थे। बारिश उनके लिए एक शानदार मौका बनकर आई थी। गांव मोदी मिल वाले इलाके की तुलना में थोड़े निचले स्तर पर था और इस वजह से जब भी बारिश होती थी, पानी मिल वाले इलाके से होकर सीकरी गांव और फिर और नीचे जाकर एक नाले में बदल जाता था। गांव वाले जानते थे कि अगर उन्होंने इस पानी को रोक दिया और उसे और नीचे नहीं जाने दिया, तो मिल के इलाके में बाढ़ आ जाएगी। और यही हुआ था। रातों-रात एक छोटा बांध बनाया गया था और पानी का बहाव रुक गया था। जैसे-जैसे बारिश होती रही और पानी जमा होता रहा, मिल का पूरा इलाका बाढ़ की चपेट में आ गया। सीकरी के धनी ज़मींदारों का मानना था कि पानी की वजह से मिल को भारी नुकसान पहुंचेगा और गूजरमल के पास परियोजना को रद्द करने के अलावा कोई चारा नहीं बचेगा। गूजरमल को राहत भी मिली और गुस्सा भी आया। उन्हें राहत मिली कि उनकी मिल के माप सही थे और जल-जमाव की समस्या मानव निर्मित थी। उन्हें सीकरी के गांव वालों पर गुस्सा आ

रहा था। एक साधारण मानव निर्मित बांध ने साल भर की मेहनत लगभग बेकार कर दी थी। बांध ने शहर बनाने के गूजरमल के विज़न को ही खतरे में डाल दिया था। चीनी मिल शहर के लिए शुरुआती बिंदु थी, और गूजरमल गुस्से से उबल रहे थे कि गांव वालों का एक समूह उनके और उनके सपने के बीच में आने की ताक़त हासिल कर रहा था।

अब तक गूजरमल ने जो एक सबक सीखा था, वह था अपने गुस्से पर काबू रखना। उन्होंने मज़दूर को अपने साथ सीकरी गांव चलने को कहा। उन्होंने वहां गांव के बुजुर्गों से बात की और पानी को बहने देने के लिए बांध को तोड़ने का अनुरोध किया। गांव वालों ने गूजरमल के अनुरोध को कमजोरी समझा। उन्होंने मानने के बजाय वहां चौकीदार लगाकर बांध पर सुरक्षा बढ़ा दी।

गूजरमल के सामने दुविधा आ खड़ी हुई। अगर वो गांव वालों के साथ खुले आम टकराए, तो इससे लंबी अवधि में उन्हें नुकसान पहुंचेगा। वहीं, दूसरी तरफ, अगर उन्होंने कदम नहीं उठाया, तो ना सिर्फ एक योग्य व्यापारी के रूप में उनकी प्रतिष्ठा को नुकसान पहुंचेगा, बल्कि उनका सपना उड़ान भी नहीं भर सकेगा। जब वो शांत मन के साथ अपने अगले कदम के बारे में सोच रहे थे, उन्हें याद आया कि उनकी मां अक्सर उनसे कहती थीं — 'बेटा, कमज़ोर मत बनना। मज़बूत बनना। लेकिन निष्पक्ष रहना।'

उनके दिमाग में एक विचार आने लगा और जितना उन्होंने इस बारे में सोचा, उतना ही उन्हें यह विचार पसंद आया। एक बार तय करने के बाद उन्होंने इसे अमल में लाने का फैसला किया। गूजरमल ने इस योजना के लिए अपने सिर्फ दो लोगों को भरोसे में लिया। उन्होंने इस जानकारी के आधार पर अपनी रणनीति बनाई कि बेगमाबाद के आसपास का इलाका मारिया जनजाति के लुटेरों से प्रभावित था। पीड़ितों को इन लुटेरों का ऐसा डर था कि कोई भी ग्रामीण अंधेरा होने के बाद बाहर निकलना पसंद नहीं करता था। इसका फायदा गूजरमल ने उठाया। उन्होंने अपने दो साथियों — रवि और सुभाष के साथ योजना पर विस्तार से चर्चा की और रात होने का इंतज़ार करने लगे। इस योजना में बंदूक का इस्तेमाल करना भी शामिल था।

गूजरमल के पास एक रिवॉल्वर थी और उन्होंने उसका इस्तेमाल करने की योजना बनाई।

***

शाम होते-होते बारिश के बादल दिखना फिर शुरू हो गए। गूजरमल यह देखकर खुश थे। उन्हें अपनी योजना को लागू करने के लिए अंधेरी रात की ज़रूरत थी। काले बादलों के बावजूद बारिश नहीं हुई। इसके बजाय, तेज़ हवा चलने लगी और आंधी आने की आशंका बन गई।

तीनों व्यक्तियों — गूजरमल, रवि और सुभाष — ने गहरे रंग के कपड़े पहने थे ताकि रात के अंधेरे में वे घुल-मिल जाएं। गूजरमल के कुर्ते की जेब में पिस्टल रखी थी। इलाके में अंधेरा छाया था क्योंकि चांद बादलों के पीछे था। गांव वाले और मज़दूर सभी रात में आराम करने चले गए थे। तीनों लोगों का समूह बांध की तरफ खामोशी से बढ़ने लगा। जब वे वहां पहुंचे, तो झाड़ियों के पीछे छिपकर चौकीदार का इंतज़ार करने लगे। उन्हें ज़्यादा इंतज़ार करना नहीं पड़ा। दूर हल्की सी रोशनी नज़र आने लगी। वहां चौकीदार था जो बांध पर गश्त लगा रहा था और बीड़ी पी रहा था।

तीनों व्यक्ति सब्र के साथ झाड़ियों के पीछे इंतज़ार करते रहे। उन्होंने देखा कि चौकीदार बांध के सिरे के पास आ रहा था। अपनी गश्त फिर से शुरू करने के लिए मुड़ने के पहले, चौकीदार पल भर के लिए रुका, उसने अपनी बीड़ी का एक गहरा कश लिया और फिर उसे झाड़ियों में फेंक दिया। बीड़ी रवि से कुछ इंच दूर गिरी और वो बचने की कोशिश में पीछे हटा। गूजरमल ने रवि को पकड़ लिया और उसे बिलकुल चुप रहने का इशारा किया।

चौकीदार ने अपनी पीठ मोड़ी और कुछ कदम पीछे किए जब वह बांध पर गश्त लगा रहा था। जब चौकीदार कुछ गज दूर चला गया, गूजरमल ने अपनी योजना को अंजाम देना शुरू किया।

दो चीज़ें एक साथ हुईं। रवि उठा और खुद को झाड़ियों में छिपाते हुए चौकीदार की तरफ दौड़ा। वह जानबूझकर तेज़ आवाज़ करने के लिए झाड़ियों से टकराते हुए दौड़ रहा था। जब चौकीदार इस आवाज़ को सुनकर रुका, गूजरमल ने हवा में दो बार फायरिंग की। दागी गई गोलियों की आवाज़ तेज़ और साफ़ थी। जब रवि ने गोलियों की आवाज़ सुनी, वह और ज़ोर से पैर पटकते हुए पूरी ताक़त से चीखने लगा। 'बचाओ, बचाओ! मुझे मार डाला!' रवि झाड़ियों से टकराते हुए पूरी ताक़त से रोने की आवाज़ निकालने लगा।

आवाज़ के स्रोत का पता लगाने की कोशिश कर रहा चौकीदार गोलियां दागे जाने की आवाज़ सुनकर स्तब्ध रह गया। और जब उसने मदद के लिए रवि के चिल्लाने की आवाज़ सुनी तब वह पूरी रफ्तार से भागा, लेकिन उल्टी दिशा में।

चौकीदार को यकीन था कि यहां खतरनाक मारिया लुटेरों का गिरोह था और वह उस कबीले के किसी भी सदस्य के पास जाना नहीं चाहता था।

जैसे ही चौकीदार अपनी जान बचाने के लिए भागा, गूजरमल, रवि और सुभाष काम में लग गए। उन्होंने मिट्टी के बांध को जगह-जगह से तोड़ दिया ताकि पानी बहने के लिए नालियां बन जाएं। मिनटों के भीतर उन्होंने देखा कि पानी उन नालियों से तेज़ी से बहने लगा था। अब रात का उनका काम खत्म हो चुका था और वे तीनों चुपचाप मिल के इलाके की तरफ लौट चले। जब तक तीनों व्यक्ति चीनी मिल तक पहुंचे, इमारत के भीतर पानी का स्तर पहले ही घट चुका था। गूजरमल ने रवि और सुभाष को इस बात को गुप्त रखने की कसम फिर से खिलाई और तीनों व्यक्ति अपने-अपने रास्ते चल दिए।

अगली सुबह खबर आई कि सीकरी के गांव वाले उनके बांध के तोड़े जाने से नाराज़ थे। निर्माण स्थल पर हर कोई हैरान था और सोच रहा था कि बांध कैसे टूट गया। गूजरमल, मन ही मन मुस्कुरा रहे थे और उन्होंने अपने मज़दूरों से कहा कि वो जाकर गांव वालों से दोबारा बात करेंगे। वो सीकरी गांव गए और गांव वालों को चीनी मिल के इलाके से उनके गांव होते हुए पानी के बहाव के लिए एक ढंग की नहर बनाने के लिए नगद सहायता का प्रस्ताव दिया। उन्होंने उनकी ज़मीन को आकर्षक कीमत पर खरीदने का भी प्रस्ताव दिया। गांव वालों के पास कोई सबूत नहीं था कि बांध में टूट के लिए गूजरमल जिम्मेदार थे। नगद का प्रस्ताव आकर्षक था। गूजरमल मिलनसार लेकिन प्रभावशाली व्यक्तित्व के धनी थे, और वो अपने आकर्षण का पूरा उपयोग करते थे। गांव वाले जानते थे कि उन्हें उनके ही खेल में हरा दिया गया था और उन्होंने गूजरमल के प्रस्ताव को मानना ही बेहतर समझा।

***

एक दिन से भी कम में, मिल का इलाका फिर से गतिविधियों का केंद्र बन गया था। हालांकि मज़दूरों के पास इसका सबूत नहीं था, फिर भी उन्हें यकीन था कि उनके बॉस गूजरमल ही इस तुरंत समाधान के पीछे थे। स्थानीय स्तर पर बातचीत में लुटेरों और लोगों को गोली मारे जाने की कहानियां ज़ोर पकड़ने लगी थीं। गूजरमल को यकीन था कि इसकी शुरुआत चौकीदार ने की होगी, और हर नए कहानीकार के साथ इसमें नए रंग जुड़ते चले गए। मज़दूर उत्साहित महसूस कर रहे थे क्योंकि उन्हें लग रहा था कि उन्होंने मुकाबला जीत लिया था। और इसलिए गूजरमल ने खूंखार लुटेरों और बहादुर चौकीदार की कहानियों को रोकने के लिए कुछ नहीं किया।

अब तक पटियाला में भी चीनी मिल बनने की खबर पहुंच चुकी थी। इस खबर से मुल्तानीमल हैरान भी थे और खुश भी। हालांकि उन्हें अपने बड़े बेटे पर पूरा विश्वास था, फिर भी मुल्तानीमल हैरान थे कि गूजरमल इतनी जल्दी पैसा इकट्ठा करने, ज़मीन खरीदने और कारखाने का निर्माण करने में सफल हो गए थे। बहुत खुश होकर, उन्होंने अपने बेटे से मिलने का फैसला किया।

गूजरमल ने अपने पिता का स्वागत किया और बड़े गर्व के साथ काम दिखाते हुए उन्हें साइट घुमाने लगे। जैसे-जैसे मुल्तानीमल घूमते गए, उन्होंने महसूस किया कि चीनी मिल सफल और लाभदायक होने वाली थी। चतुर-व्यवसायी प्रवृत्ति वाले मुल्तानीमल को अपने बेटे पर गर्व भी महसूस हो रहा था और उन्होंने मिल में सभी के सामने यह घोषणा कर दी कि वो मोदी शुगर मिल्स लिमिटेड में 2 लाख रुपए के शेयर खरीद रहे थे। गूजरमल खुश थे क्योंकि उनकी पूंजी तुरंत 20 प्रतिशत बढ़ गई थी और उन्होंने स्थापित क्षमता को 600 से बढ़ाकर 800 टन कर दिया।

बेगमाबाद में काम तेज़ गति से चलता रहा। इस बीच, दयावती और गूजरमल अपने पहले बच्चे के जन्म का इंतज़ार कर रहे थे। कारखाने का काम शुरू होने के बाद दयावती बेगमाबाद आ गई थीं। चूंकि बेगमाबाद दरअसल एक गांव था, वहां की चिकित्सा सुविधाएं काफी पिछड़ी थीं। गूजरमल पहले ही अपने कई बच्चों को खो चुके थे और इसलिए वो अपनी दूसरी पत्नी की पहली गर्भावस्था को लेकर काफी चिंतित रहा करते थे। उन्होंने दयावती को पटियाला भेजने का फैसला किया क्योंकि न केवल वहां चिकित्सा सुविधाएं बेहतर थीं, बल्कि पत्नी की देखभाल के लिए गूजरमल के माता-पिता और पूरा परिवार वहां था।

एक दिन, कारखाना पूरा होने के कुछ हफ़्ते पहले, गूजरमल को खबर मिली कि दयावती की तबीयत गंभीर थी। गर्भावस्था कुछ गंभीर स्वास्थ्य समस्याएं पैदा कर रही थी। वह डॉक्टर से बात करने में कामयाब रहे और बीमारी के लक्षण अच्छे नहीं थे। कई बच्चों को पहले खो चुके गूजरमल को फिक्र हुई। वो सब कुछ छोड़कर पटियाला चल पड़े।

जैसे ही वह पटियाला में अपने पारिवारिक घर में दाखिल हुए, उन्होंने अपने पिता को बरामदे में बैठे देखा। मुल्तानीमल अपने बेटे को देखकर हैरान रह गए क्योंकि गूजरमल ने अपने आने की कोई पूर्व सूचना नहीं भेजी थी।

'तुम यहां क्या कर रहे हो, बेटे?' मुल्तानीमल ने पूछा जब गूजरमल अपने पिता के पैर छूने के लिए झुके।

'मैंने सुना है कि दयावती अस्वस्थ है। मैं चिंतित था और इसलिए मैं यहां भाग आया,' गूजरमल ने चारों ओर देखते हुए उत्तर दिया। 'वह कहां है? वह कैसी है? क्या वह ठीक है? क्या बच्चा ठीक है? ' गूजरमल ने हड़बड़ाते हुए पूछा।

मुल्तानीमल वापस कुर्सी में धंस गए और खोजी निगाहों से अपने बेटे की ओर देखने लगे। 'क्या तुम भगवान हो?' उन्होंने अपने बेटे से पूछा।

गूजरमल सवाल का मतलब नहीं समझ सके और उन्होंने अपने पिता की ओर आश्चर्य से देखा।

'क्या तुम्हें अपनी पत्नी, बेटे की सेहत के लिए हम पर भरोसा नहीं है? क्या तुम्हें लगता है कि हम उसकी देखभाल नहीं कर रहे हैं?' मुल्तानीमल ने आगे पूछा।

गूजरमल को जवाब नहीं सूझ रहा था। 'आप... आप ऐसा क्यों सोचते हैं पिताजी?' वो बुदबुदाए। 'निश्चित रूप से मैं आप पर और यहां सभी पर भरोसा करता हूं। आप मेरी पत्नी का ख्याल क्यों नहीं रखेंगे?'

'तो, अगर तुम्हें लगता है कि हम उसकी देखभाल करने में सक्षम हैं, तो तुम सब कुछ छोड़कर यहां क्यों भाग आए हो?' मुल्तानीमल ने पूछा। 'तुम जानते हो कि निवेशकों ने नए कारखाने के लिए बहुत पैसा लगाया है। मैंने भी पैसा लगाया है। क्या तुम्हें उस पर ध्यान नहीं देना चाहिए, बेटा? यहां ऐसे लोग हैं जो तुम्हारे ना रहने पर भी तुम्हारी पत्नी की देखभाल कर सकते हैं। लेकिन जब तक तुम यहां हो, कारखाने की इमारत की देखभाल कौन कर रहा है?'

गूजरमल समझ गए कि उनके पिता उन्हें क्या बताना चाह रहे थे। उन्होंने महसूस किया कि निवेशकों के हितों को सुनिश्चित करने की जिम्मेदारी उनकी थी। यह एक बहुत बड़ी जिम्मेदारी थी।

'हम सब यहां हैं, बेटा, और अगर तुम्हारी ज़रूरत होगी तो तुम्हें बता देंगे। लेकिन भगवान में विश्वास रखो और सब ठीक होगा, ' मुल्तानीमल ने कहा। 'अब वापस जाओ और सुनिश्चित करो कि कारखाना समय पर चालू हो।'

गूजरमल अपनी पत्नी से मिले बिना ही, तुरंत निकल गए। वो अपने साथ एक सबक लेकर गए थे जिसे वो कभी नहीं भूलने वाले थे — काम उनकी पहली प्राथमिकता थी और जिन निवेशकों ने गूजरमल पर अपने पैसे के लिए भरोसा किया, उन्हें परिवार से भी ज़्यादा अहमियत दी जानी थी। जब उन्हें अपनी बेटी के जन्म और दयावती के अच्छे स्वास्थ्य की खबर मिली, तो उन्हें राहत मिली। पिता

बनकर वो खुश थे लेकिन वो चाहते थे कि बेटा पैदा हो। बेटा पैदा न कर पाने की पहले की शंकाएं और असफलता की भावना उनके दिमाग में बहुत पीछे चली गई थी लेकिन दूर नहीं हुई थी। लेकिन वो बेटे की कमी की चिंता में ज़्यादा समय नहीं लगा सकते थे क्योंकि उनकी चीनी मिल पूरी होने वाली थी।

गूजरमल के अपने पिता का घर छोड़ने के लगभग एक साल बाद, 15 सितंबर 1933 को मोदी चीनी मिल का उद्घाटन किया गया था। यह एक तरह का रिकॉर्ड था कि गूजरमल ने एक साल में ज़मीन की पहचान कर ली थी, फंड हासिल कर लिया था, ज़मीन खरीद ली थी, मशीनरी मंगवा ली थी और मिल बनवा ली थी। लोग एक-एक करके उन्हें बधाई देने के लिए आ रहे थे, और नौजवान गूजरमल का मन चीनी मिल को औद्योगिक टाउनशिप बनाने के अपने सपने की दिशा में पहले कदम के तौर पर देख रहा था।

6

एक औद्योगिक साम्राज्य की शुरुआत

मोदी चीनी मिल्स सितंबर 1933 के मध्य में चालू होने के लिए तैयार थी। गन्ना-पेराई का मौसम अक्टूबर के अंत — नवंबर के मध्य में ही शुरू हुआ। गूजरमल नहीं चाहते थे कि मिल और मज़दूर दो महीने बेकार पड़े रहें। उन्होंने मिल को चालू करवाया था और मज़दूरों को तनख्वाह पर रखा था। वो नहीं चाहते थे कि मज़दूरों को बिना काम किए मज़दूरी पाने की आदत पड़ जाए। इसलिए उन्होंने देसी खांड (गुड़ पाउडर) और गुड़ का इस्तेमाल करके चीनी निर्माण शुरू करने का फैसला किया। मशीनरी और रिफाइनिंग प्रोसेस की जांच करने और अपने कर्मचारियों को व्यस्त रखने के अलावा, गूजरमल उन नए विदेशी विशेषज्ञों को भी परखना चाहते थे जिन्हें उन्होंने नियुक्त किया था।

जब चीनी मिल बनने की प्रक्रिया में थी, गूजरमल ने प्रतिभाशाली रसायनशास्त्रियों और पैनमैनों की तलाश शुरू कर दी थी। पैनमैन एक विशेषज्ञ होता है जो चीनी बनाए जाने की पूरी प्रक्रिया पर नज़र रखता है। वैक्यूम पैन के संचालन से लेकर सिरप उबालने तक की प्रक्रिया में यह सुनिश्चित करना उसका काम होता है कि पैन के गर्म भाप को सिरप उबालने के लिए निकालने का काम यानी लाइव स्टीम वॉल्व सही समय पर खोला गया है; तापमान और दबाव गेज की निगरानी से लेकर उबाल के सही दबाव को बनाए रखना, अंत में भाप से पैन

को साफ करने तक — पैनमैन को सभी प्रक्रियाओं की निगरानी करनी होती है। एक चीनी मिल में एक रसायनशास्त्री की काफी ज़रूरत है क्योंकि रिफाइनिंग अनिवार्य रूप से एक रासायनिक प्रक्रिया है।

गूजरमल को यह जानकर हैरानी हुई थी कि ऐसे काम करने वाले लोग स्थानीय स्तर पर नहीं थे। सरकार की तरफ से चीनी के लिए आयात शुल्क बढ़ाने के ऐलान के बाद, कई अवसरवादी व्यापारियों ने इसे चीनी मिलों की स्थापना के अवसर के रूप में देखा था। नतीजतन, दो साल से भी कम समय में देश में तीस से अधिक चीनी मिलें तैयार हो गई थीं और प्रतिभाशाली तकनीकी विशेषज्ञ मिलना मुश्किल हो गया था क्योंकि अधिकांश पहले से ही कहीं ना कहीं काम कर रहे थे। स्थानीय प्रतिभाओं की कमी से निराश होने या दोयम दर्जे के लोगों को रखने की बजाय, गूजरमल ने प्रतिभा की खोज का दायरा भारत से बाहर की ओर बढ़ाया। जल्द ही उनके पास चीनी मिल में एक डच केमिस्ट और जावा के दो पैनमैन थे। लेकिन ये विदेशी विशेषज्ञ सस्ते में नहीं आए थे। गूजरमल को काफी ज़्यादा सैलरी देनी पड़ी और विदेशी विशेषज्ञों के साथ एक लीगल कॉन्ट्रैक्ट भी साइन करना पड़ा। उन्होंने पूरी तरह से सुसज्जित घर, दो फुल टाइम नौकर और गर्मियों के दौरान एक पहाड़ी रिसॉर्ट में दो महीने रहने की भी मांग रखी। यूरोप मंदी के दौर में था और वहां रोज़गार के बहुत ज़्यादा मौके नहीं थे और विदेशियों की ये मांगें हद से ज़्यादा थीं। लेकिन, गूजरमल के पास एक्सपर्ट्स की मांगें मानने के अलावा कोई चारा नहीं था क्योंकि वो अपनी चीनी मिल के लिए सबसे अच्छे लोग चाहते थे।

चीनी मिल के उद्घाटन के डेढ़ महीने बाद 31 अक्टूबर को कारखाने में 35,000 मन (1 मन = 40 किलोग्राम) खांड की डिलीवरी की गई थी। इसे पिघलाया गया और फिर चीनी बनाने के लिए आगे का काम किया गया। गूजरमल इस बात से खुश थे कि मशीनरी और प्रक्रियाएं काम कर रही थीं और इसलिए उन्होंने इससे होने वाले नुकसान को नज़रअंदाज़ कर दिया। कच्चे माल के रूप में, गन्ने के रस की तुलना में खांड ज़्यादा महंगा था। लेकिन गूजरमल ने इसकी परवाह नहीं की क्योंकि उनकी मिल पूरी तरह चालू हो गई थी।

गन्ने की कटाई का मौसम नवंबर 1933 की शुरुआत में शुरू हुआ और मोदी शुगर मिल्स अपनी पूरी क्षमता से काम कर रही थी। किसी भी बिज़नेस का पहला सीज़न एक पायलट फेज़ होता है जहां आदमी और मशीनरी के साथ-साथ सभी प्रणालियों और प्रक्रियाओं का चालू हालत में परीक्षण किया जाता है। मोदी चीनी मिल, उसके लोगों और उसकी प्रक्रियाओं का भी परीक्षण हुआ।

गूजरमल ने पाया कि मशीनरी तो ठीक चल रही थी, लेकिन लोग ढंग से काम नहीं कर रहे थे। उन्होंने यह भी पाया कि चीनी का उत्पादन उनकी गणना से बहुत कम था। गूजरमल ने मिल की कार्यप्रणाली का गहन अध्ययन किया। उन्हें जो पता चला, वह उन्हें पसंद नहीं आया। डच केमिस्ट मज़दूरों की समस्या के मुख्य कारणों में से एक था। डच केमिस्ट का नज़रिया अपने काम के लिए ढुलमुल था। ऐसा शायद इसलिए था क्योंकि वह एक गोरा आदमी था और सोचता था कि वह 'स्थानीय लोगों' से ऊपर था, या यह हो सकता है कि वह उस कड़ी मेहनत का आदी नहीं था जो मोदी के सभी कारखानों में नियम था। उसके व्यवहार का दूसरे कर्मचारियों पर खासा असर हुआ था। वे भी, अपने काम में शॉर्टकट अपनाने लगे और फोरमैन को बताए बिना कई दिनों की छुट्टी लेने लगे। गूजरमल ने यह भी पाया कि देखरेख की कमी के कारण बड़ी मात्रा में बनाई गई चीनी पैन में छोड़ी जा रही थी और पैन को पानी से साफ करने के दौरान उसे बहा दिया जा रहा था। चीनी सचमुच नाली में बहाई जा रही थी।

गूजरमल जानते थे कि वो डच केमिस्ट सहित कुछ लोगों को बर्खास्त कर सकते थे। लेकिन, वो यह भी जानते थे कि वो डच केमिस्ट को जाने नहीं दे सकते थे क्योंकि चीनी मिल को एक अनुभवी केमिस्ट की ज़रूरत थी। रात के खाने के समय उन्होंने दयावती के साथ इस मामले पर चर्चा की। दयावती ने बेगमाबाद में मोदी आवास की कमान संभाल ली थी।

दयावती ने अपने माता-पिता के घर में बिताए समय का इस्तेमाल कुछ और पढ़ाई करने के लिए किया था। गूजरमल ने पाया था कि व्यापार में अप्रशिक्षित होते हुए भी दयावती काफी तेज दिमाग की थीं। वो किसी भी स्थिति की बारीकियों को जल्दी समझ लेती थीं और पूछे जाने पर अपनी राय देने से नहीं डरती थीं। गूजरमल को जिस बात से सबसे ज़्यादा खुशी हुई, वह यह थी कि दयावती ने ब्रिज के खेल को सीखने में गहरी दिलचस्पी ली थी। ताश के इस खेल को दिमागी खेल माना जाता है। इसमें तर्क और विवेक को विज्ञान, गणित और समस्या-समाधान के साथ जोड़ना पड़ता है। गूजरमल ने अपनी पत्नी को ब्रिज का खेल सिखाया था और हर शाम वे दोनों साथ-साथ खेलते थे। उन्हें दयावती के तर्क और सलाह की कीमत का अहसास हो गया था।

दयावती ने जब चीनी मिल की समस्याओं के बारे में सुना तो कुछ देर तक सोचा। फिर उन्होंने गूजरमल को देखा और एक वैकल्पिक योजना सुझाई। उन्होंने कहा, 'किसी को नौकरी से निकाल देना आसान है। लेकिन इससे समस्या का

समाधान नहीं मिलता है ना? यह आपके लिए और अधिक मुश्किलें पैदा करेगा क्योंकि आपके पास कारखाने में कोई केमिस्ट नहीं होगा।' गूजरमल ने सहमति में सर हिलाया। दयावती ने अपनी बात आगे बढ़ाते हुए कहा, 'तो, आप इसके बजाय सभी के मानने के लिए एक बेहतर उदाहरण क्यों नहीं पेश करते। उस डच को भी मानना होगा।'

'तुम क्या सुझाव दे रही हो?' गूजरमल ने पूछा।

'दो सप्ताह के लिए कारखाने में चले जाइए। कारखाने में ही रहिए। घर वापस नहीं आइएगा। कर्मचारियों को देखने दीजिए कि आप पूरे दिन हर समय वहां हैं,' उन्होंने सुझाव दिया।

गूजरमल जोर से हंस पड़े। 'मेरी पत्नी मुझे मेरे ही घर से बाहर निकाल रही है!' उन्होंने कहा और ऊपर देखा, जैसे भगवान से कह रहे हों। लेकिन, उन्हें दयावती के सुझाव में दम नज़र आया। 'मैं अपना बिस्तर ऑफिस में ही लगा सकता हूं,' उन्होंने सोचते हुए कहा। 'और मैं मज़दूरों के साथ खाना खा सकता हूं।'

'नहीं, नहीं, नहीं!' दयावती ने तुरंत कहा। 'मैं आपको हर दिन खाना भेजूंगी। गर्मागर्म नाश्ता, जैसा आप पसंद करते हैं और फिर दोपहर का खाना और फिर रात का खाना। आपको मिल में सिर्फ चाय बनवाने की ज़रूरत हो सकती है,' उन्होंने कहा। 'इस तरह आप हर समय हर किसी पर नज़र रख पाएंगे और सबसे बड़ी बात यह है कि वे देखेंगे कि आप उन पर नज़र रख रहे हैं।'

गूजरमल ने इस बारे में सोचा और उन्हें यह आइडिया पसंद आया। उन्हें यह बात पसंद आई कि उन्हें अपने लोगों से मिल रही कुछ रिपोर्टों पर भरोसा करने के बजाय समस्या सामने ही देखने को मिलेगी।

मालिक को फैक्ट्री में आते देख मज़दूर हैरान रह गए। एक बिस्तर लगाने के लिए उनके ऑफिस को फिर से व्यवस्थित किया गया था। गूजरमल सुपरवाइज़रों की निगरानी करने लगे और कर्मचारियों से भी बातचीत करने लगे। इसमें दो हफ्ते का समय लगा, लेकिन उसके बाद लोगों की ऊर्जा और काम करने के स्तर में अंतर साफ़ दिखाई देने लगा। चीनी का उत्पादन भी बढ़ गया। दो हफ्ते के बाद, जब उन्हें भरोसा हो गया कि सभी कर्मचारी अपनी बुरी आदतों को छोड़ चुके थे, तो वो घर वापस लौट गए।

किसी नई चीनी मिल के शुरू होने के पहले सीज़न में मुनाफा कमा पाना असामान्य बात है, लेकिन मोदी चीनी मिल ने इस ट्रेंड को पलट दिया। छोटा ही

सही, गूजरमल ने पहले सीज़न के अंत में लाभ कमाया। अपने इलाके की दूसरी चीनी मिलों के बीच ऐसा करने वाले शायद वो अकेले थे, लेकिन मिल मज़दूरों के मुद्दे पर उन्हें भी बाकी चीनी मिलों की तरह समस्या का सामना करना पड़ रहा था।

***

बेगमाबाद की विभिन्न मिलों और फैक्ट्रियों के सभी मज़दूरों ने खेतिहर मज़दूरी की बजाय नई नौकरियों का रूख किया था। अमीर ज़मींदारों ने देखा कि दिन ब दिन उनके मज़दूर घटते जा रहे थे। ज़मींदारों ने अपने खेतिहर मज़दूरों को रोकने की कोशिश की, लेकिन मज़दूरों ने दिलचस्पी नहीं दिखाई। पहली वजह थी, कारखानों से ज़्यादा पैसा मिलता था, और दूसरी वजह थी मज़दूरों को चिलचिलाती धूप या कड़ाके की ठंड में बाहर काम नहीं करना पड़ता था। ज़मींदार प्रभावशाली व शक्तिशाली लोग थे और उनमें से कुछ ने मिलकर मिलों के खिलाफ याचिका दायर की। गूजरमल ने ज़मींदारों से बातचीत शुरू करने का बीड़ा उठाया। उन्होंने उन्हें समझाया कि मिलें वास्तव में अमीर ज़मींदारों की मदद करती थीं।

'आप यह कैसे कह सकते हैं, गूजरमल जी?' एक बूढ़े जमींदार ने चारपाई पर बैठे-बैठे हुक्का खींचते हुए पूछा। 'आपका कारखाना हमारे सारे मज़दूर ले रहा है। हम इससे कैसे फायदे में हो सकते हैं?' दूसरे जमींदारों ने सहमति में सिर हिलाए।

गूजरमल ने जवाबी सवाल किया, 'क्या आप नहीं जानते कि ज़मीन की कीमत पहले से कितनी बढ़ चुकी है? अगर मैं पिछले साल की तरह ही ज़मीन खरीदना चाहता हूं, तो मुझे पहले के मुकाबले ज़्यादा भुगतान करना होगा।' गूजरमल ने समझाया कि क्षेत्र के औद्योगीकरण के साथ, न केवल ज़मीन की कीमत बढ़ती रहेगी, बल्कि राष्ट्रीय राजमार्गों जैसी अच्छी सड़कों से भी बेहतर जुड़ाव होगा।

बातचीत के दौरान कुछ ज़मींदारों ने गूजरमल की बात से सहमति जताते हुए सिर हिलाया क्योंकि उन्हें उनकी बात में दम लग रहा था। लेकिन, बाकी अभी भी आश्वस्त नहीं थे।

'ठीक है, कीमतें बढ़ सकती हैं, लेकिन हमारी ज़मीन पर कौन काम करेगा?' गर्म चाय की चुस्की लेते हुए एक स्थूलकाय ज़मींदार ने पूछा।

बड़ी और घनी दाढ़ी वाले एक और ज़मींदार ने जोड़ा, 'आपको अपनी मिलों में काम करने के लिए लोगों की ज़रूरत है और हमें खेत पर मज़दूरों की भी ज़रूरत है।'

गूजरमल ने उन्हें सुना और उनकी समस्या को समझा। उन्होंने कहा, 'समाधान यह है कि हमारे क्षेत्र के बाहर से और लोग आएं और यहां काम करना शुरू करें। मेरी योजना एक टाउनशिप बनाने की है और यह केवल मेरे कर्मचारियों के लिए नहीं होगी जो वहां रहेंगे। जैसे-जैसे इलाका विकसित होगा, यह नज़दीक व दूर के ज़्यादा से ज़्यादा लोगों को आकर्षित करेगा। हम साथ मिलकर बाहरी लोगों के लिए रोज़गार के अवसर देंगे — आप अपने खेतों में और मैं अपनी मिलों में', उन्होंने आगे कहा।

जब उन्होंने अधिकांश ज़मींदारों को सिर हिलाते देखा, उन्होंने अपनी बात को जारी रखा। 'कितनी बार हमने सोचा है कि यह कच्ची सड़क अच्छी बन जाए? मिलों के चलने से, सरकार के पास डामर वाली सड़क यानी पक्की सड़क बनाने के अलावा कोई विकल्प नहीं होगा। आप अपनी उपज को बाज़ार में तेज़ी से और आसानी से ले जाने में भी काबिल होंगे।' उनकी बात अब मज़दूरों के बच्चों की देखभाल के साथ-साथ शैक्षणिक संस्थान खोलने की तरफ मुड़ गई। गूजरमल ने वादा किया, 'तब आपके बच्चे और पोते-पोतियां भी शिक्षा के अच्छे मौकों का फायदा ले सकेंगे।'

गूजरमल ने ज़मींदारों के अलग-अलग समूहों के साथ ऐसी कई बैठक कीं। उन्होंने इस काम के लिए पहले पेराई सत्र के बाद के समय का इस्तेमाल किया। धीरे-धीरे विरोध की आवाज़ धीमी पड़ने लगी थी। नया साल शुरू होने से पहले ज़मींदारों का प्रतिरोध ठंडा पड़ गया था।

***

1932 में गूजरमल के पटियाला छोड़ने के बाद, मुल्तानीमल का कारोबार मंदा पड़ने लगा था। हालांकि, उनके बाकी बेटे उनकी मदद कर रहे थे, लेकिन उनमें से किसी के पास भी गूजरमल जैसा दिमाग नहीं था। मुल्तानीमल चाहते थे कि गूजरमल चीनी मिल बंद कर वापस पटियाला आ जाएं। उन्होंने महाराजा से बात की थी और निर्वासन का आदेश रद्द करवाया था। हालांकि, गूजरमल इस बात पर अड़े थे कि वो एक औद्योगिक टाउनशिप बनाने के अपने रास्ते पर चलते रहेंगे। वो अभी भी निर्वासित होने के अपमान से उबर नहीं पाए थे। इसके अलावा, अपनी टाउनशिप बनाने की उनकी गहरी इच्छा अभी भी प्रबल थी।

गूजरमल का इरादा पक्का था कि उन्हें अपनी टाउनशिप बनानी थी — एक तरह की जागीर; एक ऐसा शहर जहां वो सभी लोगों के साथ गरिमापूर्ण व्यवहार करेंगे और वहां रहने वालों के फायदे के लिए काम करेंगे। पटियाला के

राजपरिवार की अय्याशी भरी ज़िंदगी के दिखावे से गूजरमल का मोहभंग हो गया था। वो शासक की सनक और मनमानी के शासन से भी सहज नहीं थे। रियासत के निवासी के रूप में, उन्होंने यह दर्द महसूस किया था कि राजघरानों की प्राथमिक चिंता जनता के लिए नहीं थी। वो चाहते थे कि उनकी अपनी टाउनशिप में आम आदमी को यह भरोसा हो कि टाउनशिप और उसके नेता वहां के निवासियों की ज़िंदगी को परेशानी से बचाने के लिए काम करेंगे। इसलिए, वो अपने सपने को छोड़ने को तैयार नहीं थे और उन्होंने अपने पिता से भी ऐसा ही कहा।

बेगमाबाद में, गूजरमल ने चीनी मिल के दूसरे सीज़न की तैयारियां शुरू कर दीं। एक फलती-फूलती टाउनशिप बसाने का उनका सपना आकार लेने लगा था। चीनी मिल तैयार होने के बाद, गूजरमल ने मज़दूरों और उनके परिवारों के लिए आवासीय परिसरों का निर्माण शुरू किया। ये पक्के घर थे, जो कंपनी के स्वामित्व में थे और मज़दूरों को मामूली दरों पर किराये पर दिए गए थे। पार्कों के लिए जगह भी छोड़ी गई थी और फूलों की झाड़ियां और पत्तेदार पेड़ लगने शुरू हो गए थे। गूजरमल इसके साथ ही जल्द से जल्द एक स्कूल बनाना चाहते थे क्योंकि वे चाहते थे कि मज़दूरों के बच्चों को अच्छी शिक्षा मिले। दयावती ने इलाके में मंदिरों के निर्माण कार्य को देखने का काम किया। एक पारंपरिक परिवार से आने वाली दयावती काफी धार्मिक महिला थीं। गूजरमल और वो अपने घर पर हर दिन भजन सत्र का आयोजन करते थे।

गूजरमल को विकसित की गई छोटी-सी बस्ती और उसमें रहने वाले लोगों के साथ अपनापन महसूस होने लगा था। मज़दूर और उनके परिवार गूजरमल को अपने हितैषी के रूप में देखने लगे। सुबह की सैर के लिए गूजरमल ने बस्ती के एक छोर से दूसरे छोर तक रेलवे लाइन के साथ-साथ चलना शुरू कर दिया था। हर दिन, जब वह अपनी सैर के दौरान चारों ओर देखते थे, तो गर्व महसूस किए बिना नहीं रह पाते थे। 'यह मेरा शहर है, ये मेरे लोग हैं, और यह मेरा कर्तव्य है कि मैं उनके जीवन को आरामदायक बनाऊं,' उनके दिमाग में हर दिन आने वाले विचार थे। वो जिस मिशन को हासिल करने के लिए निकले थे, वह अपनी पहली बाधा पार कर चुका था। यह केवल थोड़े समय की बात थी जब उनका विज़न पूरी तरह हासिल होगा — ऐसा गूजरमल का दृढ़ विश्वास था।

1934 का गन्ने का सीज़न अपने साथ कई समस्याएं लेकर आया। कुछ समस्याएं इंसान की पैदा की हुई थीं तो कुछ कुदरत की। गुड़ बनाने के लिए गन्ने का इस्तेमाल करने की भारतीय किसानों के बीच एक लंबी परंपरा रही थी। 1934 में भी उपजाए गए कुल गन्ने के 55 प्रतिशत से अधिक का इस्तेमाल गुड़ बनाने के

लिए किया जाता था। पहले के समय में, किसानों के पास ऐसा करने के अलावा कोई विकल्प नहीं था। ऐसा इसलिए था क्योंकि रिफाइंड चीनी का बड़े पैमाने पर आयात किया जाता था और घरेलू स्तर पर रिफाइंड चीनी का उत्पादन करने के लिए चीनी मिलें नहीं थीं। लेकिन, अब जब तीस से अधिक चीनी मिलें थीं, और नई मिलें स्थापित की जा रही थीं, तो किसानों के पास वास्तव में रिफाइंड चीनी बनाने के लिए मिलों को अपनी उपज बेचने का विकल्प था। लेकिन पुरानी और लगी-लगाई आदतों से छुटकारा पाना मुश्किल था। और इसलिए किसान स्वदेशी रूप से गुड़ बनाते रहे।

खांड और गुड़ के उत्पादन के लिए अपनी गन्ने की फसल का उपयोग करने की इच्छा रखने के लिए किसान को पूरी तरह से दोषी नहीं ठहराया जा सकता था। इनका उत्पादन या तो किसान खुद कर सकता था या फिर उसके आसपास की सुविधाओं का इस्तेमाल करके कोई और। कटे हुए गन्ने को गुड़ बनाने के लिए कहीं ले जाना नहीं पड़ता था। इसके विपरीत, किसान के लिए कटे हुए गन्ने को चीनी मिलों तक ले जाना आसान नहीं था। उन्हें बैलगाड़ियों पर इन्हें लादना होता था (1934 में किसानों के लिए किसी तरह के ट्रैक्टर या छोटे ट्रक उपलब्ध नहीं थे) और फिर मिलों तक ले जाना होता था। इलाके में सड़कों का नेटवर्क विकसित नहीं था और कच्ची सड़कें गड्ढों से भरी थीं। दूसरी ओर, मिलें गन्ने की कटाई के बिना काम नहीं कर सकती थीं।

सिर्फ एक साल में इस समस्या का समाधान नहीं हो सकता था। गूजरमल ने कृषि उपज की आवाजाही को आसान बनाने के लिए सड़क नेटवर्क पर अपना कुछ ध्यान केंद्रित करने के लिए सरकार से अपील का काम शुरू किया। इसमें समय लगा, लेकिन बाद के सालों में समस्या का समाधान हो गया।

1934 में, सड़क नेटवर्क के मसले के अलावा, गूजरमल को एक और मुश्किल का सामना करना पड़ा। उनकी मिल के कुछ मज़दूर निचली जाति के थे, जिन्हें तब हरिजन कहा जाता था। भारतीय जाति व्यवस्था में, हरिजनों को अछूत माना जाता था। गूजरमल के कुछ साथी इस बात से सहज नहीं थे कि मिल में ऊंची जाति के मज़दूर हरिजनों के साथ घुल-मिल रहे थे। मिल से हरिजन मज़दूरों को निकालने के लिए गूजरमल पर दबाव डाला गया। गूजरमल काफी धार्मिक प्रवृत्ति के थे और हर दिन मंदिर जाते थे, लेकिन वो जाति व्यवस्था में यकीन नहीं करते थे। उनके लिए एक मज़दूर जो मेहनती, ईमानदार और उत्पादक था वह महत्वपूर्ण था। उनके खुद के हिसाब से ऐसा मज़दूर उच्च जाति के एक आलसी, अनुत्पादक

कामगार से ज़्यादा बेहतर था। इसलिए, उन्होंने इस सुझाव को खारिज कर दिया और वास्तव में, कुछ हरिजन कामगारों को मिल में काम करने के लिए प्रोत्साहन के तौर पर नकद पैसे और कम किराये पर घर देने का ऑफर रखा। बेशक इन कामों ने उन्हें हरिजनों के बीच लोकप्रिय बना दिया, लेकिन कई दूसरे मिल मालिक इससे खुश नहीं थे।

वर्ष 1934 गूजरमल के लिए इम्तिहान वाला साल था। इस साल उपरोक्त मानव निर्मित समस्याओं के अलावा, प्रकृति ने भी अपनी तरफ से परेशानियां बढ़ा दीं। मॉनसून विफल रहा और गन्ने की फसल प्रभावित हुई। बेगमाबाद के आसपास का जो क्षेत्र गन्ना उगाने के लिए इस्तेमाल किया जाता था, वह भी ऐसा क्षेत्र था जो असफल मॉनसून से प्रभावित था। नतीजा यह हुआ कि मोदी चीनी मिल्स को हरदोई, शाहजहांपुर और बरेली जैसे दूर-दराज के इलाकों से गन्ना मंगवाना पड़ा। इससे कच्चे माल की लागत बढ़ गई और दूसरा साल मोदी चीनी मिल के लिए अच्छा नहीं रहा।

पटियाला में भी मुल्तानीमल के कारोबार के लिए यह साल अच्छा नहीं रहा। सही देखरेख और मार्गदर्शन की कमी से कारखानों में नुकसान हुआ था। यहां तक कि सेना को राशन और दूसरे सामान सप्लाई करने वाले बिज़नेस में भी घाटा हुआ था। मैनेजिंग एजेंसी सिस्टम से कमीशन अच्छा मिला था, लेकिन इसका इस्तेमाल दूसरे बिज़नेस में घाटे की भरपाई के लिए किया जा रहा था। मुल्तानीमल को अपने बड़े बेटे की कमी महसूस हो रही थी। उन्होंने बेगमाबाद में अपने बेटे को सब कुछ छोड़ने, मोदी चीनी मिल को बंद करने और पटियाला में फिर से कारोबार संभालने के लिए संदेश भेजा।

पिछले साल गूजरमल ने पटियाला लौटने से मना कर दिया था। दूसरे सीज़न के बाद, 1935 की शुरुआत में, उन्होंने फिर से मना कर दिया। उन्होंने अपने पिता से कहा कि अब वो न केवल अपने लिए बल्कि दूसरे हज़ारों कामगारों और उनके परिवारों के लिए भी ज़िम्मेदार हैं। 'मैं अपने शेयरधारकों की बात भी नहीं कर रहा हूं, पिताजी। जिन लोगों ने मुझ पर भरोसा किया और अपना पैसा मेरी कंपनी में लगाया। मैंने पिछले दो साल एक मिल, हाउसिंग कॉम्प्लेक्स स्थापित करने में बिताए हैं और आपको बगीचों को भी देखना चाहिए, जो काफी अच्छी तरह से विकसित हो चुके हैं। मेरे पास अब बहुत से ऐसे लोग हैं जो मिल पर ही निर्भर हैं। उन सभी को खतरे में डालना मेरे लिए बेहद मुश्किल होगा,' गूजरमल ने

आगे कहा। उन्होंने तय किया कि एक बार मिल जब बिना किसी मुश्किल के चलने लगेगी, वो पटियाला में अधिक समय बिताएंगे।

***

गन्ने की पेराई का तीसरा सीज़न दयावती और गूजरमल के लिए खुशी लेकर आया क्योंकि उन्हें दूसरी बेटी हुई। विमलाकुमारी का जन्म मई 1935 में हुआ। गूजरमल अभी भी बेटे की कमी से दुखी थे, लेकिन शुक्रगुज़ार थे कि उनके कम से कम दो बच्चे थे।

मोदी चीनी मिल शुरू होने के दो साल बाद भी उन्हें 1934 की असफल फसल का डर सता रहा था। सौभाग्य से, 1935 में गन्ने की फसल ठीक हुई और चीनी मिल पूरी क्षमता से काम कर रही थी। लेकिन, उस साल एक नई समस्या ने सिर उठाया। चीनी मिल में उत्पादन मानक से काफी कम था। गूजरमल ने कितनी भी कोशिश की, उत्पादन नहीं बढ़ सका।

एक बार फिर गूजरमल ने सपनों का रुख किया। अपनी ज़िंदगी की शुरुआत में, उन्होंने अपने रात के सपनों में जो कुछ देखा था, उसका पालन किया था। इसे दूसरे दृष्टिकोण से देखें : वो अपनी समस्याओं के समाधान खोजने के लिए नींद में यकीन करते थे।

उन्होंने इसे मिल की कम होती उत्पादकता के मुद्दे को सुलझाने के लिए लागू किया। सोने से पहले, वो ध्यान करते और उन्हें परेशान करने वाली बात पर ध्यान केंद्रित करते। एक रात जब वे ध्यान के बाद सो रहे थे, गूजरमल ने एक सपना देखा जिसमें उन्होंने एक महात्मा — एक बूढ़े संत को देखा। बुजुर्ग महात्मा की लहराती हुई सफेद दाढ़ी थी। ऐसा लग रहा था कि गूजरमल की समस्या के बारे में वह जानते थे। बूढ़े संत ने गूजरमल को अच्छे नतीजे के लिए गन्ने के रस में चूने का दूध मिलाने को कहा। इतना कहकर वह महात्मा गायब हो गए।

गूजरमल चौंक कर उठे। भले ही नींद जल्दी टूट गई थी, गूजरमल बिल्कुल तरोताज़ा और साफ़ दिमाग के साथ नींद से जागे। उन्होंने तुरंत डच केमिस्ट को बुलाया और उसे रिफाइनिंग प्रोसेस के दौरान गन्ने के रस में चूने का दूध मिलाने को कहा। चूने का दूध पानी में मिला हुआ कैल्शियम हाइड्रॉक्साइड होता है।

डच केमिस्ट यह सुनकर बुरी तरह चौंक उठा। 'चूने का दूध? गन्ने के रस में? क्यों सर? मैं यह कैसे कर सकता हूं? रस खराब हो जाएगा,' उसने जल्दी-जल्दी पूछ

डाला। और फिर वह हंस पड़ा। 'ओह, मैं अब समझा, आप मज़ाक कर रहे हैं, सर!' डच केमिस्ट ने चेहरे पर मुस्कान के साथ कहा। 'लेकिन आप एक बेहतर समय चुन सकते थे। जब मुझे आपसे मिलने के लिए बुलाया गया तो मैं सो रहा था।'

गूजरमल ने डच केमिस्ट की ओर शांति से देखा और कहा, 'अगर तुम्हें लगता है कि यह मज़ाक है, तो रहने दो। मैं तुम्हारे असिस्टेंट से कह दूंगा।'

डच केमिस्ट को नहीं पता था कि उसका बॉस उसके साथ कोई मज़ाक कर रहा था या नहीं। लेकिन उसने किसी को गन्ने के रस में चूने का दूध मिलाने के बारे में नहीं सुना था। वह देसराज नरूला (डच केमिस्ट के अधीन काम करने वाले) का इंतज़ार करने लगा जिसे गूजरमल ने बुला लिया था। नरूला को भी यही निर्देश दिया गया था। गूजरमल से पूछताछ करने वाले डच केमिस्ट के उलट, नरूला ने बस हाथ जोड़कर कहा, 'जैसा आप कहें, मोदी साहब।'

अगले दिन जब देसराज नरूला रिफाइनिंग प्रोसेस में चूने का दूध मिला रहे थे, तो गूजरमल डच केमिस्ट का हिसाब-किताब कर रहे थे। जिस तरह से उनके डच केमिस्ट ने उनके निर्देशों का मज़ाक उड़ाया था, गूजरमल को वह पसंद नहीं आया था। भले ही उन्हें इस बात का अंदाज़ा नहीं था कि चूने का दूध मिलाने से उत्पादकता बढ़ेगी या नहीं, गूजरमल नहीं चाहते थे कि उनके आसपास ऐसे लोग हों जो उनका मज़ाक उड़ाएं। डच केमिस्ट को उसी दिन बोरिया बिस्तर बांधने के लिए कह दिया गया।

गूजरमल के सपने की खबर तेज़ी से पूरे मज़दूर वर्ग में फैल गई। कर्मचारी भी सपने में अपने मालिक को मिले निर्देश के नतीजे का बेसब्री से इंतज़ार कर रहे थे। कारखाने में दिन बिताने के बाद गूजरमल घर चले गए। देसराज नरूला और कामगार रुके रहे और देर तक काम किया क्योंकि वे नतीजे जानना चाहते थे।

आधी रात का समय था और गूजरमल अपने घर के मुख्य दरवाज़े पर ज़ोर से दिए जा रहे दस्तक को सुनकर जाग गए। यह सुनिश्चित करने के लिए कि दयावती और उनकी बेटियां परेशान न हों, गूजरमल ने जल्दी से अपने कंधों पर चादर डाली और दरवाज़े की तरफ चले गए। उत्साहित देसराज वहीं खड़ा था, जो खुशी के मारे सीधा खड़ा नहीं हो पा रहा था। जैसे ही दरवाज़ा खुला और गूजरमल बाहर निकले, देसराज अपने मालिक के पैर छूने के लिए झुका।

'मोदी साहब, आप महान हैं,' देसराज चिल्लाया। 'यह काम कर गया! हमने आज एक हज़ार बोरी से अधिक चीनी का उत्पादन किया, साहब!'

गूजरमल एक ही समय में हैरान भी थे और खुश भी। 'एक हजार बोरी! यह बहुत बढ़िया बात है। हमने अब तक एक दिन में चार सौ बोरी का भी उत्पादन नहीं किया है ना?' उन्होंने देसराज से पूछा, जिसने ना में ज़ोर से सिर हिलाया। गन्ने के रस में चूने का दूध मिलाने से काम बन गया। मिल की उत्पादकता 150 प्रतिशत से अधिक बढ़ गई। तीसरा सीज़न बेकार होने की गूजरमल की चिंता खत्म हो गई।

बाद में गूजरमल ने स्थानीय प्रयोगशालाओं से उत्पादकता में वृद्धि के वैज्ञानिक कारण का विश्लेषण करने को कहा। यह पाया गया कि कुछ समय तक रखने पर गन्ने का रस खट्टा और अम्लीय हो जाता है। इसके चलते रस में सुक्रोज नामक तत्व मोलासेस में बदल जाता है जिससे जूस कम मीठा हो जाता है। चूने के दूध ने सुक्रोज में किसी भी तरह के बदलाव को रोक दिया। इस प्रकार जूस की समान मात्रा से उत्पादित चीनी की मात्रा में काफी बढ़ोतरी हुई। आज, गन्ने के रस में कैल्शियम हाइड्रॉक्साइड मिलाना इसके पीएच करेक्शन की प्रक्रिया का एक अभिन्न अंग है। 1930 के दशक में, यह एक नई वैज्ञानिक खोज थी।

***

7

नौकरशाही के तरीके

सफल तीसरे सीज़न के पूरा होने के बाद, गूजरमल ने छुट्टी लेने और अपने परिवार को कश्मीर ले जाने का फैसला किया। रास्ते में परिवार पटियाला में रुक गया। पारिवारिक घर में गूजरमल को संदेश मिला कि महाराजा उनसे मिलना चाहते थे, महाराजा ने पहले ही निर्वासन आदेश को रद्द कर दिया था, लेकिन गूजरमल के मन में अपने अपमान की टीस खत्म नहीं हुई थी। उनके मन के एक हिस्से ने उन्हें मना करने के लिए कहा क्योंकि महाराजा ने उन्हें पटियाला से निर्वासित कर उनका अपमान किया था। उनके मन के दूसरे हिस्से ने उन्हें मुलाकात के लिए जाने को प्रोत्साहित किया, क्योंकि इस बार, वो अपनी टाउनशिप के बारे में बोल सकते थे। एक छोटी सी ही सही, वो अपनी छोटी जागीर के शासक थे।

महाराजा के कानों में मोदी चीनी मिल और नए टाउनशिप की सफलता की खबर पहुंच चुकी थी। दरबार में महाराज गूजरमल से गर्मजोशी के साथ मिले। जब दोनों बात कर रहे थे, गूजरमल ने महसूस किया कि उनके साथ व्यवहार में छोटा सा ही सही, लेकिन निश्चित तौर पर बदलाव आया था। वो हैरान रह गए जब महाराजा ने पूछा कि क्या गूजरमल एक मामले में उनकी मदद कर सकते थे। भूपिंदर सिंह ने कहा कि यह एक बेहद नाजुक मामला था और उनका मानना था कि गूजरमल उनकी मदद करने के लिए सही आदमी होंगे। गूजरमल की हैरानी उत्सुकता में बदल गई और उन्होंने समस्या जाने बिना ही हामी भर दी।

महाराजा ने बताया कि क्षेत्र के एक प्रसिद्ध उद्योगपति हरि कृष्ण लाल पर रियासत का बहुत पैसा बकाया था। हरि कृष्ण भटिंडा के रहने वाले थे और रियासत में अलग-अलग जगहों पर उनके कई कारखाने थे। उन्होंने अपने कारखानों और ज़मीन के एवज में कई बैंकों से बड़ी मात्रा में पैसे उधार लिए थे। स्टेट बैंक ऑफ पटियाला ने भी हरि कृष्ण को उनकी एक फैक्ट्री की ज़मानत पर एक बड़ी रकम उधार दी थी। हरि कृष्ण का खाता एनपीए (नॉन-परफॉर्मिंग एसेट) में बदल गया था क्योंकि वो उधार ली गई पूंजी और ब्याज़ का भुगतान करने में असमर्थ भी थे और अनिच्छुक भी। महाराजा के मुख्यमंत्री के साथ-साथ वित्त मंत्री ने हरि कृष्ण से भुगतान करवाने की कोशिश की थी, लेकिन असफल रहे थे। चूंकि यह स्टेट बैंक ऑफ पटियाला का मामला था, इसलिए यह महाराजा के लिए शर्मनाक बात थी। उन्हें आशंका थी कि अगर हरि कृष्ण को बिना किसी परिणाम के छोड़ दिया गया, तो बाकी कर्ज़दार भी अपना कर्ज़ चुकाना बंद कर सकते थे। रियासत के लिए यह पैसा वसूल करने के लिए ही महाराजा ने गूजरमल से मदद मांगी थी।

गूजरमल ने सारी बात सुनी, एक-दो मिनट सोचा और फिर कहा, 'महाराजा साहब, मैं इसे संभाल लूंगा। चिंता मत कीजिए।' महाराजा ने तुरंत सौ सशस्त्र सैनिकों की पेशकश की जो गूजरमल की मदद कर सकते थे।

'हथियारों से लैस इन लोगों का मैं क्या करूंगा? मुझे उनकी ज़रूरत नहीं है,' गूजरमल ने कहा।

महाराजा को हैरानी हुई और उन्होंने फिर पूछा, 'गूजरमल, क्या तुम्हें यकीन है कि तुम्हें कोई पुलिस गार्ड नहीं चाहिए? अगर तुम्हारे पास हथियारबंद लोग नहीं होंगे तो तुम उससे वसूली कैसे करवा पाओगे?'

'चिंता मत कीजिए, महाराजा साहब,' गूजरमल ने शांत लहज़े में जवाब दिया। 'कृपया मुझे कुछ हफ्तों का समय दीजिए। आपके पास आपका पैसा होगा।'

भले ही महाराजा के मन में कुछ शंकाएं थीं, लेकिन उनके पास कुछ हफ्ते इंतज़ार करने के सिवा कोई और रास्ता नहीं था।

गूजरमल ने घर जाकर अपने परिवार से कहा कि वह उनके साथ कश्मीर नहीं जा पाएंगे। इसके बजाय, वो भटिंडा चले गए। बैंक और महाराजा के लिए हरि कृष्ण से उधार ली गई राशि को वापस पाना मुश्किल होने का एक कारण यह भी था कि भटिंडा कारखाने का प्रबंधन एक अंग्रेज द्वारा किया जाता था। अंग्रेज ब्रिटिश सरकार के कई राजनीतिक एजेंटों में से एक था और सरकार का महत्वपूर्ण

गतिविधियों पर नियंत्रण था। महाराजा के लिए भी, ब्रिटिश राजनीतिक एजेंट के खिलाफ जाना मुश्किल था, जिसका सार्वजनिक जीवन में दबदबा और असर था। बिना अंग्रेज अफसर की अनुमति के कोई भी कारखाने में घुसने का साहस नहीं कर सकता था। लेकिन, गूजरमल की कारखाने में जाने की कोई योजना नहीं थी। उनकी योजना बिल्कुल अलग थी। भटिंडा पहुंचकर गूजरमल ने ब्रिटिश मैनेजर और उसके सचिव तारा चंद को गेस्ट हाउस में उनके साथ चाय पीने के लिए बुलावा भेजा। गूजरमल की ख्याति पटियाला रियासत में फैल चुकी थी और ब्रिटिश मैनेजर उस शख्स से मिलने के लिए उत्सुक था, जिसने रियासत से निकाले जाने के बाद एक औद्योगिक शहर बसाना शुरू कर दिया था।

ब्रिटिश मैनेजर और तारा चंद का गूजरमल और उनके दो विश्वासपात्रों ने गर्मजोशी से स्वागत किया। दोनों मेहमानों के लिए शानदार चाय की व्यवस्था की गई थी। गूजरमल ने पानी के अलावा कुछ भी लेने से इनकार कर दिया क्योंकि उन्होंने कहा कि उनका पेट खराब था। गूजरमल ब्रिटिश मैनेजर को बता ही रहे थे कि उन्होंने बेगमाबाद में चीनी मिल के लिए ज़मीन कैसे हासिल की, उन्होंने अचानक अपना पेट पकड़ लिया और दर्द से कराहने लगा। 'मेरा पेट ख़राब है। मुझे यहां से थोड़े देर के लिए निकलने की ज़रूरत है,' उन्होंने ब्रिटिश मैनेजर से माफ़ी मांगते हुए कहा। 'लेकिन, आप चाय और नाश्ते का आनंद लीजिए। मैं जल्द ही वापस आऊंगा।' कमरे से बाहर निकलते हुए उन्होंने अपने विश्वासपात्रों को सिर हिलाकर इशारा किया। उन्होंने भी सिर हिलाया क्योंकि वे जानते थे कि चल रहे नाटक में उन्हें क्या भूमिका निभानी थी।।

गूजरमल गेस्ट हाउस के पिछले दरवाज़े से निकलकर सीधे हरि कृष्ण की फैक्ट्री में चले गए। फैक्ट्री के लोगों को पता था कि उनका अंग्रेज मैनेजर और सेक्रेटरी गूजरमल से मिलने गए थे। इसके अलावा, गूजरमल का एक प्रभावशाली व्यक्तित्व था। रेशमी कपड़े, सिर पर रंग-बिरंगा साफा और पॉलिश किए हुए जूतों के साथ, गूजरमल का व्यक्तित्व ऐसा था जिसे अनदेखा नहीं किया जा सकता था। जैसे ही वे आत्मविश्वास और पूरे अधिकार के साथ अंदर आए, कार्यालय के लोगों ने अपने चैंबर्स में उनका स्वागत किया। वहां पहुंचने पर उन्होंने तिजोरी की चाबी मांगी। 1930 के दशक में, किसी बिज़नेस का पैसा बैंक में नहीं रखा जाता था, क्योंकि लेन-देन आज की तरह आसान नहीं था। ज़्यादातर बिज़नेस करने वाले अपना लगभग सारा पैसा तिजोरी में रखते थे। जिस किसी के पास तिजोरी का या इस तरह से पैसों पर नियंत्रण रहता था, उसका ही वास्तव में कारखाने पर नियंत्रण होता था।

खजांची, अपने सामने आत्मविश्वास से भरे, लंबे कद के आदमी को देखकर उसके व्यक्तित्व से अभिभूत हो गया और उसे किसी भी तरह की जालसाज़ी या गलत काम का संदेह नहीं हुआ। यह सोचकर कि ब्रिटिश मैनेजर चाबियां चाहता था और गूजरमल को उन्हें लेने के लिए भेजा था, उसने चाबियां दे दीं। गूजरमल ने तब चाबियों के डुप्लिकेट सेट के बारे में पूछा तो उन्हें बताया गया कि ब्रिटिश मैनेजर किसी पर भरोसा नहीं करता था इसलिए तिजोरी के लिए चाबियों का केवल एक सेट था। जब गूजरमल को यकीन हो गया कि तिजोरी पर उनका पूरा नियंत्रण था, तो वो वापस गेस्ट हाउस चले आए।

ब्रिटिश मैनेजर और तारा चंद वहां चाय-नाश्ते का मज़ा उठा रहे थे और उन्हें इस बात का आभास नहीं था कि गूजरमल को बाहर गए काफी वक्त हो गया। विश्वासपात्रों को पूरी योजना की जानकारी थी, और गेस्ट हाउस लौटकर, अपने हाथ के इशारे से और सिर हिलाकर, गूजरमल ने उन्हें बताया कि वो सफल हो गए थे। उनकी योजना के अनुसार, गूजरमल की वापसी के तुरंत बाद, विश्वासपात्र और बाकी लोग कमरे से बाहर चले गए। गूजरमल को ब्रिटिश मैनेजर और तारा चंद के साथ अकेला छोड़ दिया। एक बार उन दोनों आदमियों के साथ अकेले होने पर गूजरमल ने उन्हें बताया कि जब वे चाय-नाश्ते का आनंद ले रहे थे तब उन्होंने क्या हासिल कर लिया।

ब्रिटिश प्रबंधक और तारा चंद एकदम डर गए। उनके चेहरे का रंग उड़ गया क्योंकि वे लज्जित और भयभीत दोनों थे। मैनेजर और उसके सेक्रेटरी को पता था कि अगर एक बार गूजरमल के हाथों इतनी आसानी से ठगे जाने की कहानी लोगों को पता चली, तो वे उपहास का पात्र बन जाएंगे। इसके अलावा, वे महाराजा के गुस्से से भी डरे हुए थे। तिजोरी की चाबियों के साथ, अब महाराजा कारखाने के मालिक थे और रियासत के साथ उनकी पहले की गुस्ताखियों के लिए उन्हें सज़ा दे सकते थे। इसके अलावा, उन दोनों को अपना खुद का वित्तीय नुकसान भी नज़र आने लगा क्योंकि उन्हें अपनी नौकरी का जाना तय लग रहा था और उनके निष्कासन के तरीके को देखते हुए, उनके लिए दूसरी नौकरी आसानी से खोज पाना मुश्किल हो सकता था।

गूजरमल ये सब जानते थे और उन्होंने दोनों को एक सौदे की पेशकश की। उन्होंने उन दोनों से कहा कि वे अपनी नौकरी बनाए रख सकते थे बशर्ते वे कुछ कागज़ों पर दस्तखत कर दें। ब्रिटिश मैनेजर ने तारा चंद को देखा और सिर हिलाया। दोनों राज़ी हो गए। जैसे ही गूजरमल का मिशन पूरा हुआ, वो पटियाला लौट आए।

महाराजा को विश्वास नहीं हो रहा था कि गूजरमल इतने कम समय में और बिना किसी विवाद के सफल हो गए। गूजरमल को पुरस्कृत करने के लिए, महाराजा ने उन्हें कब्जे में आए कारखाने के लिए आधिकारिक रिसीवर नियुक्त कर दिया। आधिकारिक रिसीवर एक प्रतिष्ठित पद था और इस पर नियुक्त व्यक्ति संपत्ति की नीलामी के लिए जिम्मेदार होता था। आधिकारिक रिसीवर के पद से न केवल सम्मान बल्कि वित्तीय प्रोत्साहन भी मिलता था क्योंकि अधिकारी को उसके काम के लिए पैसे दिए जाते थे।

महाराजा ने माना था कि एक बार गूजरमल ने कारखाने पर कब्जा कर लिया तो उनकी परेशानी खत्म हो गई। उन्होंने हरि कृष्ण लाल के गुस्से की कोई परवाह नहीं की थी। लेकिन जब उस उद्योगपति ने अपने कारखाने में हुई गड़बड़ी के बारे में सुना तो वह आग बबूला हो गया। हरि कृष्ण ने ब्रिटिश सरकार से शिकायत की कि महाराजा ने धोखे से उनकी फैक्ट्री पर कब्जा कर लिया था। 1935 में, भारत में ब्रिटिश वायसराय के साथ महाराजा के संबंध तनावपूर्ण हो गए थे। महाराजा ने गूजरमल को फिर से जल्दबाज़ी में बुलाया, क्योंकि उन्हें डर था कि वायसराय उनके खिलाफ कोई कार्रवाई कर सकते थे।

गूजरमल फिर से महाराजा से मिले और जो कुछ हुआ, उसे सुना। 'चिंता मत कीजिए, महाराजा साहब,' गूजरमल ने शांत स्वर में कहा। 'मैं हूं ना और आपको कोई नुकसान नहीं होगा।' भले ही यह साफ़ नहीं था कि गूजरमल इस मामले को कैसे संभालेंगे, महाराजा के पास इसे उनके उपर छोड़ने के अलावा कोई विकल्प नहीं था।

जब ब्रिटिश सरकार ने जांच शुरू की, तो गूजरमल और महाराजा के खिलाफ बलपूर्वक और चोरी-चुपके से कारखाने पर कब्जा करने का आरोप लगाया गया। गूजरमल ने इस आरोप का ज़ोरदार खंडन किया। 'मैंने कोई धोखाधड़ी नहीं की है। आप मुझ पर और मेरे चरित्र पर सवाल उठा रहे हैं और मैं इसका कड़ा विरोध करता हूं', गूजरमल ने अपनी तेज़ आवाज़ में कहा।

विरोधी पक्ष का लगातार यही कहना था कि ब्रिटिश मैनेजर के साथ धोखाधड़ी हुई थी।

'क्या आपने ब्रिटिश मैनेजर और तारा चंद से पूछा है?' गूजरमल ने आत्मविश्वास से सवाल किया।

'हमें किसी से कुछ पूछने की ज़रूरत नहीं है', हरि कृष्ण ने बड़ी बेरुखी से गूजरमल की बात को बीच में काटते हुए जवाब दिया। 'तुमने मुझे धोखा दिया है और मुझे मेरा कारखाना वापस चाहिए।'

गूजरमल ने एक पल के लिए उस छोटे से कमरे और उसमें मौजूद लोगों पर एक नज़र डाली। फिर उन्होंने अपने सहायक से कहा कि वह अपने बैग में से कुछ कागज़ात उन्हें दे। गूजरमल ने कागज़ों को हाथ में लेने के बाद एक-एक करके सारे कागज़ देखे। फिर उन्होंने कोर्ट के अधिकारियों को कागज़ात सौंप दिए।

अधिकारियों ने लगभग गूजरमल से कागज़ात छीन लिए और उन्हें देखना-खंगालना शुरू कर दिया। जब वे उनकी जांच कर रहे थे, उन्होंने महसूस किया कि महाराजा और गूजरमल के खिलाफ कोई मामला नहीं बन सकता।

अफसर उन दस्तावेज़ों को ही देख रहे थे जिन पर गेस्ट हाउस में गूजरमल ने अंग्रेज मैनेजर और ताराचंद से दस्तखत करवाए थे। जब गूजरमल भटिंडा गए थे, तो वो पहले से ही कारखाने के कानूनी हस्तांतरण वाले दस्तावेज़ अपने साथ ले गए थे। इन हस्तांतरण वाले कागज़ों पर ब्रिटिश मैनेजर और तारा चंद ने दस्तखत किए थे। चूंकि ये हस्ताक्षरित और मुहरबंद दस्तावेज़ थे, ब्रिटिश सरकार महाराजा के खिलाफ कोई मामला नहीं बना सकती थी। उन्हें सभी आरोपों से बरी कर दिया गया।

महाराजा काफी खुश थे। वो इस मामले को लेकर काफी आशंकित थे। उन्होंने महसूस किया कि वो गूजरमल पर पूरा भरोसा कर सकते थे और राज्य के दूसरे मामलों में भी उनसे सलाह लेने लगे। भटिंडा में गूजरमल के काम ने महाराजा की नज़र में उन्हें काफी ऊपर कर दिया और ज़िंदगी से जुड़े कुछ सबक भी सिखाए। एक महत्वपूर्ण सबक था अफसरों के कामकाज की गहरी समझ।

***

भटिंडा का कारखाना ब्रिटिश मैनेजर की निगरानी में अच्छी तरह से चल रहा था, जिसकी देखरेख अब गूजरमल कर रहे थे। स्टेट बैंक ऑफ पटियाला से लिए गए कर्ज़ की कुछ राशि अभी भी बकाया थी। उस राशि की वसूली के लिए गूजरमल की योजना में ज़मीन के कुछ टुकड़ों की नीलामी शामिल थी जो कारखाने की संपत्ति का हिस्सा थीं, लेकिन इस्तेमाल नहीं की गई थीं। इसके अनुसार उन्होंने ज़मीन का ब्योरा देते हुए नीलामी का सार्वजनिक नोटिस जारी किया। गूजरमल को पता नहीं था, लेकिन इलाके के डिप्टी कमिश्नर की नज़र कुछ समय से उस ज़मीन पर थी। डिप्टी कमिश्नर ने पब्लिक नोटिस देखते ही गूजरमल से निजी मुलाकात

के लिए समय मांगा। हालचाल के बाद अफसर सीधे मुद्दे पर आ गया। उसने सुझाव दिया कि गूजरमल नीलामी को रद्द कर दें और इसके बजाय उन्हें बाज़ार की कीमत से कम पर ज़मीन बेच दें। उसने यह भी कहा कि इस प्रकार बचाई गई रकम का एक हिस्सा वह गूजरमल को देगा।

गूजरमल हैरान रह गए कि उनके सामने ऐसा प्रस्ताव रखा जा रहा था। 'मैं महाराजा के प्रति उत्तरदायी हूं,' गूजरमल ने शांत स्वर में जवाब दिया। 'उन्होंने मुझे आधिकारिक रिसीवर बना दिया है, जबकि मैं हाई-स्कूल पास भी नहीं हूं। मैं महाराजा के हित को ठेस पहुंचाने के लिए कभी कुछ नहीं करूंगा।' हालांकि उनका लहज़ा शांत था, लेकिन वो भीतर ही भीतर उबल रहे थे क्योंकि इस बात से उनकी संवेदनाओं को ठेस पहुंची थी कि लोग सोचते थे कि वो भ्रष्ट थे।

गूजरमल काफी हद तक खुद को गढ़ने वाले शख्स थे। पिता की दौलत और कारोबार को छोड़कर उन्होंने बेगमाबाद में शून्य से शुरुआत की थी। पिछले कुछ वर्षों में उन्हें सफलता मिली थी, जो उनकी कड़ी मेहनत और फोकस का नतीजा था। उनका यह भी मानना था कि एक बार ठान लेने के बाद वो कुछ भी हासिल कर सकते थे। ऐसा सोचते हुए गूजरमल अपने आस-पास के सहायक लोगों की अहमियत को ध्यान में नहीं रख पाते थे। सरकारी अफसर भी ऐसे ही सहायक लोग थे। गूजरमल ने सोचा कि सरकारी अफसरों को 'बाबू' कहा जाना सही था क्योंकि वे उद्यमशीलता की कमी दिखाते थे और सिर्फ किताबी नियम-कायदे से चलते थे। लेकिन गूजरमल व्यापारिक दुनिया में अफसरों के महत्व को नहीं समझ पाए थे। यह सबक वो अब सीखने वाले थे।

गूजरमल ने सोचा कि डिप्टी कमिश्नर के साथ मामला खत्म हो गया था। मामला वाकई में गूजरमल के लिए खत्म हो गया था। लेकिन डिप्टी कमिश्नर ने खुद को अपमानित महसूस किया था। बीसवीं सदी की शुरुआत में सरकार में डिप्टी कमिश्नर एक बड़ा अधिकारी होता था और काफी ताक़त और रसूख रखता था। बड़े और ताक़तवर सरकारी अधिकारी अपने आस-पास के लोगों द्वारा शालीन व्यवहार के आदी थे। यहां तक कि इन नौकरशाहों के किसी सुझाव को भी बाकी लोग आदेश के रूप में लेते थे। डिप्टी कमिश्नर नाराज़ था कि गूजरमल ने उसके सुझाव को दरकिनार करने का दुस्साहस किया था। उसने गूजरमल को सबक सिखाने के लिए मौके का इंतज़ार करने का फैसला किया।

और यह मौका आने में ज़्यादा समय नहीं लगा। यह तब हुआ जब रियासत के राजस्व मंत्री डिप्टी कमिश्नर के कार्यालय में मिलने पहुंचे। चूंकि उस समय गर्म

मौसम था, इसलिए पंखे के सामने बर्फ़ की सिल्लियां रखकर कमरों को ठंडा किया जाता था। डिप्टी कमिश्नर को पता था कि गूजरमल भटिंडा आए हुए थे और कारखाने में थे। उसने अपने क्लर्क को कारखाने में एक नोट के साथ भेजा जिसमें गूजरमल से बर्फ़ की एक सिल्ली मांगी गई थी। उसने बर्फ़ के लिए कोई पैसा नहीं भेजा था। फिर भी, गूजरमल ने खुद से ही बर्फ़ के लिए पैसे दिए, इसे बिक्री रजिस्टर में दर्ज किया, चालान या गेट पास काटा और फिर बर्फ़ डिप्टी कमिश्नर को भेज दिया। जब क्लर्क बर्फ़ की सिल्ली लेकर गया तो डिप्टी कमिश्नर ने उससे पूछा कि क्या उसने इसके लिए पैसे दिए। 'नहीं साहब, मोदी साहब ने पैसे नहीं मांगे। उन्होंने मुझे मुफ्त में दे दिया,' क्लर्क ने जवाब दिया। बर्फ़ की सिल्ली के लिए जारी किए गए गेट पास में भी बिना कीमत के बर्फ़ भेजे जाने को दिखाया गया। डिप्टी कमिश्नर ने गेट पास को अपनी निजी फाइल में और इस घटना को अपनी याददाश्त में दर्ज कर लिया।

कुछ समय बाद डिप्टी कमिश्नर को एक और मौका मिला। गूजरमल ने भटिंडा जाने की योजना बनाई और उसी के मुताबिक ट्रेन का टिकट खरीदा। यात्रा के दिन मुल्तानीमल ने अपने बेटे के साथ जाने का फैसला किया। इसलिए, उनके पिता के लिए एक और टिकट खरीदा गया। समस्या यह थी कि गूजरमल ने फर्स्ट क्लास का टिकट खरीदा था जबकि मुल्तानीमल सिर्फ सेकंड क्लास में चलते थे। इस प्रकार फर्स्ट क्लास के डिब्बे का टिकट होते हुए भी गूजरमल को अपने पिता के साथ सेकंड क्लास के डिब्बे में बैठना पड़ा। डिप्टी कमिश्नर की किस्मत उस दिन काफी अच्छी थी क्योंकि वह भी उसी ट्रेन में भटिंडा जा रहा था। गूजरमल को सेकंड क्लास में सफर करते देख उसे ताज्जुब हुआ क्योंकि वह जानता था कि आधिकारिक रिसीवर को महाराजा ने फर्स्ट क्लास में सफर करने की अनुमति दी हुई थी। वह सेकंड क्लास के डिब्बे में गूजरमल और उसके पिता की तस्वीर लेने में कामयाब रहा।

इसके तुरंत बाद, डिप्टी कमिश्नर ने महाराजा के पास एक औपचारिक शिकायत दर्ज कराई। उसने गूजरमल पर कारखाने के बर्फ़ की सिल्ली मुफ्त में देने का आरोप लगाया, जिससे कारखाने और महाराजा को वित्तीय नुकसान हुआ। उसने गूजरमल पर यह आरोप भी लगाया कि उन्होंने फर्स्ट क्लास की यात्रा के लिए महाराजा से पैसे लिए, लेकिन यात्रा सेकंड क्लास में की और बचा किराया अपने पास रख लिया। शिकायत के साथ सेकंड क्लास के डिब्बे में गूजरमल की तस्वीर और 'मुफ्त' बर्फ़ की सिल्ली का गेट पास लगा हुआ था। महाराजा ने सुनवाई के लिए तुरंत गूजरमल को तलब किया।

जब गूजरमल ने आरोपों के बारे में सुना तो वो नाखुश हो गए। वो इस बात से भी नाखुश थे कि महाराजा ने आरोपों पर यकीन कर लिया था। उन्होंने बिक्री रजिस्टर मंगवाया और वह प्रविष्टि दिखाई जिसमें उन्होंने बर्फ़ की सिल्ली के लिए भुगतान किया था। उन्होंने इसके साथ ही फर्स्ट क्लास के लिए खरीदे गए रेल टिकट को भी पेश किया और दरबार को समझाया कि उन्होंने सेकंड क्लास में यात्रा क्यों की। मामला तो खत्म हो गया लेकिन इसने गूजरमल के मुंह का स्वाद कसैला कर दिया था। उन्होंने महसूस किया कि नौकरशाहों पर भरोसा नहीं किया जा सकता था और उन्हें आगे जाकर उनसे सावधान रहना होगा। महाराजा इस घटना के बाद गूजरमल को मनाना चाहते थे और उन्होंने गूजरमल को भटिंडा में कारखाने को रियायती दर पर चलाने का कॉन्ट्रैक्ट देने की पेशकश की।

गूजरमल का भटिंडा से मन भर गया था और वो शहर या कारखाने को लेकर ज़्यादा कुछ नहीं करना चाहते थे। उन्होंने अपने चचेरे भाई हरनाम मोदी को कॉन्ट्रैक्ट दिला दिया और खुद को वहां से दूर कर लिया। बेगमाबाद में उन्हें और भी बहुत से काम करने थे।

***

8

मोदी के व्यापारिक साम्राज्य का विस्तार

बेगमाबाद में, गूजरमल और मोदी चीनी मिल्स ने चौथे सीज़न की गन्ना पेराई की तैयारी कर ली। पहले तीन सीज़न अलग-अलग घटनाओं की वजह से महत्वपूर्ण साबित हुए थे। पहले सीज़न में मामूली मुनाफा हुआ, जबकि दूसरे में नुकसान। तीसरे सीज़न में गन्ने के रस में चूने का दूध मिलाने से चीनी के उत्पादन में बढ़ोतरी देखी गई थी। इस बढ़ी हुई उत्पादकता ने, दरअसल, 1936 में चीनी मिल मालिकों के सामने एक समस्या खड़ी कर दी थी।

जब से सरकार ने चीनी पर आयात शुल्क बढ़ाया था, तब से तीन साल से भी कम समय में चीनी उत्पादन में 60 प्रतिशत से अधिक की वृद्धि हो गई थी। दूसरे मिल मालिकों ने भी चूने का दूध मिलाने के गूजरमल के उदाहरण को अपनाना शुरू कर दिया था। नतीजतन, सभी चीनी मिलों की उत्पादकता बढ़ गई थी। इसके अलावा, मिलों की संख्या भी 130 से अधिक हो गई थी। 1936 तक बाज़ार में चीनी की आपूर्ति उसकी मांग से कहीं ज़्यादा हो गई थी। ऐसे में चीनी के दाम गिरने लगे। गूजरमल नहीं चाहते थे कि एक और साल घाटे में जाए। उनके पास अपनी इंडस्ट्रियल टाउनशिप के लिए और भी योजनाएं थीं, और अगर उनकी पहली फैक्ट्री घाटे में चलती रही तो वे योजनाएं अमल में नहीं आ सकती थीं। जैसा कि उनके साथ हमेशा होता था, गिरती हुई मांग की वजह से गिरती हुई

कीमतों की समस्या के साथ भी एक रात उन्होंने अपने सपने का सहारा लिया। अगले दिन जब वो उठे तो उनके दिमाग में समस्या का हल एकदम साफ़ था। उन्होंने चीनी मिल मालिकों की बैठक बुलाई और सुझाव दिया कि वे लोग एक सिंडिकेट बनाएं।

सिंडिकेट कारोबारों का एक अस्थायी गठजोड़ है जो एक साझा उद्देश्य के लिए मिलकर काम करता है। इस चीनी सिंडिकेट में, सभी मिल मालिक इस बात पर राज़ी हुए कि मिलकर कीमतों पर सहमति बनाने के बाद ही चीनी बेची जाएगी। 1936 में उत्पादों को बेचने के लिए कार्टेल बनाना गैर-कानूनी नहीं था। ब्रिटिश सरकार कीमतों पर किसी तरह का कोई नियंत्रण नहीं करती थी और न ही व्यापार में प्रतिस्पर्धा रोकने की किसी कोशिश के लिए सज़ा देती थी। मिल मालिकों ने इसका फायदा उठाया और बाज़ार में बेचने के लिए चीनी की कीमत तय कर दी। इसके साथ ही, उन्होंने अपनी मिलों से निकलने वाली चीनी की मात्रा को नियंत्रित किया, ताकि बाज़ार में चीनी की ज़रूरत से ज़्यादा सप्लाई ना हो। सिंडिकेट वाले आइडिया ने काम किया और मिलों को भारी मुनाफा हुआ। इस सीज़न के लिए गूजरमल का संकट खत्म हो गया था।

गन्ने की पेराई का अगला सीज़न शुरू होने तक भारत में चीनी उद्योग परिपक्व और स्थिर हो चुका था। चीनी का सिंडिकेशन आम आदमी को रास नहीं आया और किसानों को तो कतई नहीं। यह माना जाता था कि चीनी के आयात को नियंत्रित करने की सरकार की नीति से केवल मिल मालिकों को ही लाभ हुआ था। किसानों की समस्याओं के समाधान के लिए गन्ना उत्पादक क्षेत्रों में गन्ना विकास सहकारी समितियां बनाई गईं। क्षेत्र विशेष के किसानों को एक सहकारी समिति का हिस्सा बनने के लिए इकट्ठा किया गया। सहकारी समिति अपने क्षेत्र में आने वाली मिलों को ही गन्ना बेच सकती थी। मिलों में गन्ना आपूर्ति को सहकारी समिति के अधिकारी नियंत्रित करते थे। समझदार फैक्ट्री मालिकों ने तुरंत इन सहकारी समितियों के महत्व को समझ लिया। उन्होंने महसूस किया कि मिल मालिकों को उनकी उपज खरीदने के लिए किसानों के बजाय सहकारी समितियों से सौदा करना होगा। सहकारी समितियों से अच्छे संबंध बनाने के लिए मिल मालिकों ने उन्हें एक प्रतिशत कमीशन देना शुरू किया। सहकारी समितियां इस व्यवस्था से खुश थीं और इस प्रकार इकट्ठा किए गए पैसे का इस्तेमाल इन क्षेत्रों में सड़क नेटवर्क की मरम्मत और विस्तार के लिए किया गया। किसानों को भी सहकारी समितियों का हिस्सा होने से फायदा हुआ क्योंकि उन्हें उनकी उपज के लिए निश्चित पैसे मिलने का आश्वासन मिला।

अपने क्षेत्र की सहकारी समितियों से सौदा करने का जिम्मा गूजरमल ने उठाया। उन्होंने सुनिश्चित किया कि पास के खेतों से उनकी मिल तक सड़क नेटवर्क में सुधार हो। एक तरफ उनके मन में किसानों की भलाई थी, दूसरी तरफ गूजरमल टाउनशिप बनाने की तैयारी भी कर रहे थे, जिसमें जल्द ही और मिलें आने वाली थीं। टाउनशिप बनाने का काम आगे बढ़ रहा था। यह रेलवे लाइन के समांतर ही एक ग्रिड लाइन में बनाई गई थी। मुख्य सड़क टाउनशिप की केंद्रीय ग्रिड लाइन थी। मुख्य सड़क के एक तरफ रिहायशी इकाइयां थीं और दूसरी तरफ फैक्ट्री थी। नए कारखानों की योजना भी आवासीय क्षेत्रों के दूसरी तरफ ही बनाई जा रही थी। गूजरमल ने आवासीय इकाइयों के साथ, दुकानों के रूप में एक व्यावसायिक क्षेत्र की भी योजना बनाई थी। मुख्य सड़क के दोनों ओर दुकानों के लिए जगह बनाई गई थी।

1938 में, गूजरमल ने मिल के कामगारों के लिए बनाए गए आवासीय परिसरों के लिए एक वाटर सप्लाई सिस्टम की व्यवस्था की। साथ ही ज़्यादा डॉक्टरों को नियुक्त करके कामगारों के लिए चिकित्सा सुविधाओं का विस्तार किया गया। अब तक दूसरे छोटे खुदरा व्यवसाय टाउनशिप में फलने-फूलने लगे थे। मिल में 5,000 से अधिक कर्मचारी काम कर रहे थे और इसका मतलब था कि बस्ती में बड़ी संख्या में लोग रह रहे थे। इन लोगों को रोज़मर्रा के काम के लिए चीज़ों की ज़रूरत थी। वहां रहने वाले लोगों के लिए उत्पाद बेचने वाली दूसरी दुकानों को बनाने की अनुमति दी गई थी। लोगों की मांग पर, चिकित्सा सुविधाएं, जो कर्मचारियों और उनके परिवारों के लिए मुफ्त थीं, बाहरी लोगों के लिए भी खोल दी गईं। इस प्रकार गूजरमल ने अपनी टाउनशिप में भी परोपकारी गतिविधियों को जारी रखा।

अपनी आंखों के सामने टाउनशिप को बढ़ता देख, गूजरमल को संतोष की गहरी अनुभूति होती। ये उनके सपने को हासिल करने की तरफ शुरुआती कदम थे। जब उन्होंने पटियाला छोड़ा था तो वो अय्याशी भरी जीवन शैली, एक शख्स की सनक पर आधारित मनमाने शासन और शासक के अहंकार को पीछे छोड़ना चाहते थे। उन्होंने अपना जीवन पटियाला में बिताया था। अनजाने में ही सही, वो पटियाला के कुछ मूल्यों को अपने साथ बेगमाबाद ले आए थे। गूजरमल में अपनी टाउनशिप पर मालिकाना हक की भावना पहले ही घर कर चुकी थी। उन्होंने सभी कामगारों और उनके परिवारों को 'अपने' लोगों के रूप में देखा — ठीक वैसे ही जैसे महाराजा ने अपनी रियासत के लोगों के साथ किया होगा। गूजरमल ने अपने कामगारों से बिना शर्त वफादारी की भी चाह रखी — उनके प्रति वफादारी और काम के प्रति वफादारी। उनके लिए काम करने वाले हर एक शख्स को अपने

काम को परिवार से पहले रखना होता था। और गूजरमल ने अपनी टाउनशिप और अपने काम, यहां तक कि अपने परिवार को भी, कड़े अनुशासन से चलाया।

परोपकार हमेशा से उनके चरित्र का हिस्सा रहा था और अब उन्होंने इसे संस्थागत रूप दे दिया। फैक्ट्री, और आने वाली हर फैक्ट्री, को अपने मुनाफे का 10 फीसदी परोपकारी ट्रस्ट को देना पड़ता था। यह 10 प्रतिशत सिख समुदाय में प्रचलित दसवंध के सिद्धांत से आया था। दसवंध या दसौंध का शाब्दिक अर्थ है 'दसवां हिस्सा' और समुदाय के साझा संसाधनों के लिए फसल या लाभ का 10 प्रतिशत दान करने की प्रथा से संबंधित है। इसे दान या परोपकार भी कहा जाता है। गूजरमल दसवंध की प्रथा से प्रभावित हुए थे और उन्होंने इसे अपने वर्तमान और भविष्य के सभी कारोबारों का हिस्सा बना लिया था। मुनाफे का 10 प्रतिशत लोगों की भलाई के लिए बुनियादी ढांचे के निर्माण और दवाखाना, विद्यालय, धर्मशाला, मंदिर, उद्यान जैसी सेवाओं में लगा दिया।

इस तरह, टाउनशिप अच्छी तरह से आकार ले रही थी। मगर एक समस्या बनी रही। चीनी मिल गन्ना पेराई के दौरान ही चलती थी। इस प्रकार, कामगारों को पूरे साल के लिए काम नहीं मिलता था। गूजरमल जानते थे कि केवल एक मौसमी मिल से एक कुशल औद्योगिक शहर बनाने का उनका सपना पूरा नहीं होगा। एक संपन्न औद्योगिक शहर बनाने के लिए उन्हें और अधिक कारखानों और मिलों की ज़रूरत थी। इसलिए, उन्होंने अगले व्यावसायिक मौके की तलाश शुरू कर दी।

***

गूजरमल 1929 से वनस्पति निर्माण का कारखाना लगाने के इच्छुक थे। उन्होंने इसे पटियाला में स्थापित करने की कोशिश की थी, लेकिन प्रशासन ने उन्हें अनुमति नहीं दी थी। फिर, कलकत्ता में उनका पहला आइडिया एक वनस्पति कारखाना लगाने का था, लेकिन सरकार के चीनी पर आयात शुल्क बढ़ाए जाने के बाद उनका विचार बदल गया था। इसलिए स्वाभाविक था कि उनके दिमाग में एक बार फिर वनस्पति निर्माण का ख्याल आया। यह एक ऐसा उत्पाद था जिसका निर्माण साल भर किया जा सकता था और वनस्पति उत्पादन के लिए समय भी सही था।

मेसर्स लीवर ब्रदर्स (अब यूनिलीवर) डालडा ब्रांड नाम से भारत में वनस्पति की सबसे बड़ा विक्रेता थी। उन दिनों दादा एंड कंपनी नाम की एक डच कंपनी थी जो हॉलैंड से उत्पाद आयात करती थी। उन्होंने 1900 की शुरुआत में आयात करना शुरू कर दिया था क्योंकि उन्होंने भारत में बढ़ते बाज़ार को देखा था। शुद्ध

घी महंगा था और इसे रोज़ाना इस्तेमाल के लिए खरीदने में आम लोगों को दिक्कत होती थी। वनस्पति — हाइड्रोजेनेटेड वसा — को इस तरह बनाया जाता था कि वह देखने और महसूस करने में शुद्ध घी जैसा लगे। लीवर ब्रदर्स आयातित उत्पाद को बेचने लगा और अपने मालिकाना हक को दर्शाने के लिए अक्षर L को दादा में जोड़ दिया, जिससे बन गया नया नाम डालडा। लीवर ने मार्केटिंग के लिए एक हिम्मत भरा कदम उठाया और अपने उत्पाद का विज्ञापन डालडा — वनस्पति घी के रूप में किया। उत्पाद के साथ 'घी' शब्द जोड़ना काम कर गया और यह लीवर ब्रदर्स के लिए पैसा बनाने वाला उत्पाद बन गया। उन्होंने भारत में डालडा बनाने के लिए सिवड़ी (बंबई) में एक कारखाना भी लगाया था।

गूजरमल ने आखिरकार बेगमाबाद में अपना वनस्पति कारखाना लगाने का फैसला किया। उन्होंने यूरोप से मशीनें मंगवाईं और चल रहे विश्व युद्ध के बावजूद मशीनें समय पर पहुंच गईं। जून 1939 में मोदी वनस्पति मैन्युफैक्चरिंग कंपनी के कारखाने का उद्‌घाटन हुआ। हालांकि, गूजरमल अपने नए कारखाने से खुश थे, लेकिन वो मई 1939 में अपने तीसरे बच्चे के जन्म पर इतने खुश नहीं थे। दयावती और गूजरमल की तीसरी संतान फिर से एक बेटी थी, जिसका नाम राजेश्वरी रखा गया। पारंपरिक और रूढ़िवादी हिंदू होने के नाते गूजरमल अपनी विरासत को आगे बढ़ाने के लिए एक बेटा चाहते थे। नए कारखाने के उद्‌घाटन ने इन घरेलू मामलों से उनका ध्यान हटा दिया।

वनस्पति कारखाने ने उत्पादन करना शुरू कर दिया और उत्पाद कोटोजेम ब्रांड के तहत देश भर में बेचा जाने लगा। उत्पाद को उपभोक्ताओं ने अपनाना शुरू कर दिया था और कारखाना पूरी क्षमता से चल रहा था। बंबई की दो बड़ी कंपनियां थीं जो कोटोजेम और गूजरमल मोदी की सफलता से खुश नहीं थीं।

कोटोजेम से खतरा महसूस करने वाली पहली कंपनी लीवर ब्रदर्स ही थी। जब तक गूजरमल ने कोटोजेम को राष्ट्रीय स्तर पर बेचना शुरू नहीं किया था, तब तक डालडा राष्ट्रीय स्तर पर उपलब्ध एकमात्र वनस्पति हुआ करता था। लीवर ब्रदर्स नहीं चाहते थे कि किसी नए प्रतिस्पर्धी के कारण उनकी बाज़ार हिस्सेदारी कम हो। कंपनी एक योजना लेकर गूजरमल के पास आई। लीवर ब्रदर्स चाहती थी कि गूजरमल भारतीय बाज़ार में कोटोजेम ब्रांड से अपनी वनस्पति बेचना बंद कर दें। इसके बजाय वह चाहती थी कि गूजरमल उनकी सिवड़ी फैक्ट्री के सप्लायर बन जाएं। योजना यह थी कि लीवर ब्रदर्स अपने उत्पाद डालडा को बनाने का काम मोदी वनस्पति मैन्युफैक्चरिंग कंपनी को दे देंगे। यानी मोदी का कारखाना वनस्पति

बनाना जारी रखेगा, लेकिन बेचेगा सिर्फ लीवर ब्रदर्स को। लीवर ब्रदर्स के वरिष्ठ अधिकारी ने कहा, 'मिस्टर मोदी, हम इसे आपके लिए फायदेमंद बनाएंगे। अगर आप हमारे लिए वनस्पति का उत्पादन करते हैं तो अपने ब्रांड नाम के साथ बेचने के मुकाबले कहीं अधिक पैसा कमाएंगे।'

गूजरमल ने अधिकारी की ओर देखा और इनकार में अपना सिर हिलाया। 'शायद आपको पता नहीं है, लेकिन मैं यहां एक इंडस्ट्रियल टाउनशिप बसा रहा हूं। यहां बने उत्पाद मेरे ब्रांड के तहत पूरे भारत में बिकेंगे। यह मेरा सपना है और कोई भी रकम मेरे सपने से बड़ी नहीं है', गूजरमल ने समझाते हुए कहा।

लीवर ब्रदर्स के अधिकारी हैरान रह गए। उन्होंने यह उम्मीद नहीं की थी कि एक भारतीय उनके उस प्रस्ताव को मना कर देगा, जिसे वे एक बेहद उम्दा प्रस्ताव मानते थे। इनकार सुनने के आदी नहीं होने की वजह से वे नाराज़ हो गए। 'अगर आपको लगता है कि आप बाज़ार में हमारे साथ प्रतिस्पर्धा कर सकते हैं, तो फिर से सोच लीजिए मिस्टर मोदी', गुस्से में वरिष्ठ अधिकारी ने कहा। 'हम आपको बाज़ार से बाहर कर देंगे। आपको पछतावा होगा कि आपने हमारे प्रस्ताव को मानने से मना कर दिया। आपको न केवल अपना वनस्पति कारखाना बंद करना होगा, बल्कि आपको अपनी चीनी मिल को भी बेचने के लिए मजबूर होना पड़ेगा।'

'जो भी हो,' गूजरमल ने शांति से उत्तर दिया, 'भगवान मेरे साथ है और मैं जानता हूं कि वह मुझे कोई नुकसान नहीं होने देगा। आप पूरी कोशिश कर लीजिए, सर।' उन्होंने अधिकारियों को अलविदा कहा। वो जानते थे कि उन्हें अब बाज़ार में लड़ाई के लिए तैयार रहना होगा।

लीवर ब्रदर्स ने कोटोजेम के खिलाफ पहला कदम उठाया प्राइस वॉर शुरू करके। उन्होंने मेरठ, गाजियाबाद, हापुड़ और बेगमाबाद के आसपास के दूसरे इलाकों के वितरकों को बेहद रियायती दर पर डालडा बेचना शुरू कर दिया। लीवर ब्रदर्स का मानना था कि गूजरमल इन बाज़ारों में कोटोजेम नहीं बेच पाएंगे। लीवर अधिकारियों के दौरे के बाद से ही गूजरमल प्राइस वॉर के लिए तैयार थे। वो यह भी जानते थे कि कोटोजेम की तुलना में लीवर ब्रदर्स ने इन बाज़ारों में दस गुना ज़्यादा मात्रा में बिक्री की थी। दूसरी ओर, कोटोजेम की बिक्री डालडा की तुलना में काफी कम थी, और अगर गूजरमल ने कीमतों को घटाया तो भी नुकसान बहुत कम होगा। उन्होंने हिसाब लगाया कि भारी छूट के कारण लीवर ब्रदर्स को

जो नुकसान होगा, वह कोटोजेम को होने वाले नुकसान का दस गुना होगा। उन्होंने खुद को और अपने लोगों को प्राइस वॉर के लिए तैयार कर लिया।

गूजरमल ने लीवर ब्रदर्स से निपटने के लिए दोतरफा रणनीति पर काम किया। पहले तो उन्होंने बेगमाबाद के आसपास के बाज़ारों में सप्लाई 30 प्रतिशत कम कर दी और बाकी के इलाकों में इसे बढ़ा दिया। इसके बाद, आस-पास के इलाकों में, जहां डालडा को छूट पर बेचा जा रहा था, वहां न केवल छूट डालडा के बराबर रखी गई, बल्कि वितरकों को बड़ी मात्रा में खरीदारी करने पर 5 प्रतिशत अतिरिक्त छूट भी दी गई। उनका हिसाब-किताब आसान था। अगर लीवर ब्रदर्स छूट भी की बराबरी कर भी लेगी तो उसका घाटा और भी बढ़ जाएगा। और, अगर लीवर ब्रदर्स डालडा की कीमत कोटोजेम की कीमत के बराबर नहीं रख पाती, तो गूजरमल का उत्पाद बिकने लगेगा।

उनकी योजना सफल रही। कोटोजेम इन बाज़ारों में बिकती रही। दूसरी ओर, लीवर ब्रदर्स को कीमतों में भारी छूट के कारण बड़ा नुकसान हुआ। एक साल से भी कम समय में, लीवर ब्रदर्स घाटे को बर्दाश्त नहीं कर सकी और वापस सामान्य मूल्य पर आ गई। कोटोजेम ने भी छूट देना बंद कर दिया, जिससे मार्जिन बढ़ गया और मोदी वनस्पति का मुनाफा तेज़ी से बढ़ गया।

लीवर ब्रदर्स का मामला जहां बाज़ार में सुलझ गया, वहीं दूसरी कंपनी उनका मामला अदालत में ले गई। टाटा के पास कोटोजेम के नाम से ही घी का एक ब्रांड था और उन्होंने गूजरमल पर कॉपीराइट उल्लंघन का आरोप लगाया। गूजरमल ने टाटा को समझाया कि उन्होंने कोटोजेम नाम इस वजह से चुना था कि वनस्पति के निर्माण में कपास के बीज के तेल का इस्तेमाल होता था। इसलिए, उन्होंने 'कॉटन' शब्द को चुना और अपना ब्रांड नाम बनाया। टाटा ग्रुप उनकी बात से सहमत नहीं हुआ और उन्होंने गूजरमल को अदालत में ले जाने की धमकी दी। गूजरमल को अपने इस तर्क पर भरोसा था और उन्होंने टाटा को कहा कि वे जो चाहे, कर सकते थे। मामला अदालत में गया और बंबई की निचली अदालत ने इसे खारिज कर दिया। टाटा अड़े रहे और मामले को बंबई हाई कोर्ट में ले गए। हाईकोर्ट में भी मामला गूजरमल के पक्ष में गया।

लीवर ब्रदर्स और टाटा की परेशानियों से आज़ाद होकर गूजरमल ने वनस्पति कारखाने पर ध्यान केंद्रित किया। विश्व युद्ध के कारण हाइड्रोजिनेटेड तेल का आयात कम हो गया था क्योंकि सप्लाई पर असर हुआ था। भारतीय बाज़ार में मांग बढ़ रही थी। इसलिए बाज़ार की मांग को पूरा करने के लिए कारखाने तेज़ी

से वनस्पति का उत्पादन नहीं कर सकते थे। चीनी मिल के उलट, जिसने कुछ मुश्किल साल देखे थे, वनस्पति कारखाने ने अपने पहले साल से ही मुनाफा कमाना शुरू कर दिया था।

***

साम्राज्य की बढ़ती संपत्ति मोदी परिवार की जीवन शैली में दिखती नहीं थी। गूजरमल और दयावती अच्छी तरह से रहते थे, लेकिन उनमें आडंबर नहीं था। जो लोग उन्हें नहीं जानते थे और जब वे उनसे मिलते थे तो वे यह तो महसूस करते थे कि गूजरमल गरीब नहीं थे, लेकिन उनकी पोशाक या उनके खान-पान से उनकी बड़ी जायदाद का अंदाज़ा नहीं लगाया जा सकता था। कभी-कभी इससे अजीब हालात पैदा हो जाते थे। एक मौसेरे भाई की शादी पर ऐसा ही एक वाकया हुआ।

मौसेरे भाई की शादी कलकत्ता की एक लड़की से हो रही थी। भले ही मोदी परिवार एक मारवाड़ी परिवार था, लेकिन उनमें पंजाबी संस्कृति का असर काफी ज़्यादा था क्योंकि गूजरमल पटियाला में पले-बढ़े थे। उन्होंने लंबा कुर्ता, चूड़ीदार और जूतियां पहन रखी थीं — बिल्कुल पंजाब के लोगों की तरह। आपस में और दूसरों के साथ भी उनकी बातचीत में थोड़ी देहाती झलक थी।

जब बारात कलकत्ता पहुंची और दुल्हन के पिता ने गूजरमल और उनके भाइयों से बातचीत की तो वह थोड़ा परेशान हो गया। उसने मोदी परिवार को देहाती समझा। दुल्हन के पिता ने यह भी समझा कि गूजरमल और उनके भाई समृद्ध नहीं थे। चूंकि मोदी परिवार बारात का हिस्सा था, इसलिए दुल्हन के परिवार के पास उनकी देखभाल करने और उन्हें अच्छा आतिथ्य देने के अलावा कोई विकल्प नहीं था, लेकिन उनकी बातचीत से यह साफ़ हो गया कि उन्हें लगने लगा था कि मोदी परिवार धन और हैसियत में उनसे नीचे थे।

कलकत्ता एक संपन्न शहर था और वहां ब्रिटिश संस्कृति का काफी प्रभाव था। कलकत्ता के लोग अपने को सुसंस्कृत और बेहतर समझते थे। दुल्हन का मारवाड़ी परिवार रईस भी था। वे लोग सोच रहे थे कि मोदी परिवार गरीब और देहाती था। गूजरमल को यह मसला समझ में आ गया था लेकिन उन्होंने चुप रहना बेहतर समझा। उन्होंने सोचा कि मोदी परिवार के पटियाला और बेगमाबाद वापस जाने के बाद कलकत्ता परिवार के साथ कोई बातचीत नहीं होगी; इसलिए उन्होंने सोचा कि वो दुल्हन के परिवार द्वारा किए जा रहे दोयम दर्जे के बर्ताव को नज़रअंदाज़ कर सकते थे।

कलकत्ता से बरात की रवानगी के दिन की सुबह थी। एक रस्म बाकी थी। यह दुल्हन के पिता द्वारा दूल्हे को एक अंतिम शगुन — सफर के लिए धन या उपहार देने की रस्म थी। दुल्हन के पिता ने दूल्हे को शगुन के तौर पर एक लाख रुपये दिए। जैसे ही उसने नोटों की मोटी गड्डी दूल्हे को सौंपी, दुल्हन के पिता ने गूजरमल को धूर्तता भरी नज़रों से देखा। 'देखो, मैं तुम्हारे मौसेरे भाई को एक लाख रुपये दे रहा हूं', उसने गूजरमल की ओर इशारा करते हुए कहा ताकि वो करीब आकर देख पाएं।

यह ऐसा लग रहा था जैसे दुल्हन का पिता गूजरमल से कह रहा हो कि आओ और देखो कि 1 लाख रुपए कैसे दिखते हैं। मंशा बिलकुल साफ़ थी। दुल्हन के पिता का मानना था कि गूजरमल ने इतनी रकम पहले नहीं देखी थी और इसलिए उन्हें देखने के लिए पास बुला रहा था। गूजरमल चुपचाप दुल्हन के पिता और अपने मौसेरे भाई के पास गए। उन्होंने दुल्हन के पिता को देखकर बस सिर हिलाया और दूल्हे को इशारा किया कि नोट की गड्डी उन्हें सौंप दे। जब उनके मौसेरे भाई ने नोटों का बंडल उन्हें थमाया, गूजरमल ने पैसे की तरफ देखा भी नहीं। इसके बजाय, उन्होंने बारात में शामिल अपने एक मुनीम को बुलाया।

गूजरमल ने मुनीम को निर्देश दिया, 'यह लो। क्या तुम्हें वह धर्मशाला दिख रही है?' उन्होंने मुनीम से सड़क के दूसरे छोर की ओर इशारा करते हुए पूछा। वहां यात्री धर्मशाला की इमारत खड़ी थी। मुनीम ने हां में सिर हिलाया।

'ये पैसे उन्हें दे दो और कहना कि हमने उनके लिए भेजा है। हम एक शुभ अवसर पर कलकत्ता आए हैं। ऐसे समय में हमें ज़रूरतमंदों को दान देना चाहिए। जाओ और उन्हें बताना कि यह मोदी परिवार की भेंट है,' गूजरमल ने अपनी बात जारी रखी।

जब दुल्हन का पिता स्तब्ध होकर यह सब देख रहा था, गूजरमल ने अपने एक और मुनीम को बुलाया, जो तेज़ी से भागता हुआ आया। 'मुनीम जी, यह सुनिश्चित कीजिए कि मेरे मौसेरे भाई को घर पहुंचने से पहले दो लाख रुपये मिल जाएं। एक लाख जो मैंने धर्मशाला भेजा और एक लाख उसकी ज़िंदगी की नई पारी शुरू करने के लिए मेरी तरफ से शगुन के तौर पर,' गूजरमल ने तेज़ आवाज़ में कहा।

दुल्हन का परिवार केवल तमाशा देख रहा था लेकिन समझ नहीं पा रहा था कि क्या हुआ। दुल्हन के पिता को संदेश साफ़-साफ़ मिल गया था। संदेश था: 'हमारे बाहरी रूप पर मत जाओ और हमारे साथ बुरा व्यवहार मत करो।'

मौसेरे भाई को दिए गए 2 लाख रुपये से गूजरमल की संपत्ति में कोई फर्क नहीं पड़ा। वनस्पति कारखाना भारी मुनाफा कमा रहा था। वनस्पति कारखाने ने गूजरमल की तीसरी फैक्ट्री को भी आकार लेने में मदद की। तेल की गाद वनस्पति निर्माण प्रक्रिया के अपशिष्ट उत्पादों में से एक था। गाद कार्बोलिक साबुन बनाने में इस्तेमाल होने वाला कच्चा माल था। गूजरमल ने 1940 में अपनी तीसरी फैक्ट्री, मोदी सोप वर्क्स की स्थापना की और मोदी नंबर 1 ब्रांड के नाम से कपड़े धोने का साबुन बेचना शुरू किया।

वर्ष 1940 गूजरमल के लिए भाग्यशाली साबित हुआ क्योंकि अगस्त में उनके पहले बेटे का जन्म हुआ। दयावती और गूजरमल खुशियों के सागर में गोते लगा रहे थे और उनका मानना था कि भगवान कृष्ण ने उन्हें आशीर्वाद दिया था क्योंकि जन्माष्टमी के त्योहार के एक दिन बाद बेटे का जन्म हुआ था। नवजात बच्चे का नाम कृष्ण कुमार रखा गया। मोदी परिवार को आखिरकार एक वारिस मिल ही गया। गूजरमल, अड़तीस साल की उम्र में, आखिरकार बीस साल से अधिक समय से अपने कंधों पर उठाए हुए अदृश्य बोझ को हटाने में सफल हुए थे। यह बोझ था किसी बेटे का बाप नहीं बन पाना।

***

मोदी नं. 1 जल्द ही कपड़े धोने के लिए सबसे अधिक बिकने वाले कार्बोलिक साबुनों में से एक बन गया। गूजरमल अब नहाने के साबुन की फैक्ट्री लगाना चाहते थे लेकिन उनकी समस्या यह थी कि नहाने के साबुन को बनाने का तरीका और उसमें लगने वाली सामग्री कपड़े धोने के साबुन से अलग थी। और इस बारे में गूजरमल को कोई खास जानकारी नहीं थी। उन्होंने शुरू में सोचा था कि वो नहाने का साबुन बनाने वाले किसी निर्माता से इस बारे में जान लेंगे, लेकिन एक कुशल और सफल उद्योगपति के रूप में गूजरमल की प्रतिष्ठा बढ़ने लगी थी और नहाने के साबुन का कोई भी निर्माता साबुन बनाने की प्रक्रिया और इसमें लगने वाले सामान की जानकारी गूजरमल को देने के लिए तैयार नहीं था। उन्हें गूजरमल जैसे बड़े व्यापारी के उनका प्रतिस्पर्धी बनने का डर था।

गूजरमल इन परेशानियों को अपनी महत्वाकांक्षी योजना के आड़े नहीं आने देना चाहते थे। बनारस में उनका एक मित्र था जो नहाने का साबुन बनाता था। गूजरमल गंगा किनारे बसे शहर जा पहुंचे लेकिन उनके दोस्त ने भी गूजरमल को अपने कारखाने से दूर रखने के लिए बहाने बनाने शुरू कर दिए। बिना विचलित हुए गूजरमल कलकत्ता गए, उन्हें उम्मीद थी कि उनके दोस्त बाजोरिया

की मदद से वो नहाने का साबुन बनाने वाले किसी कारखाने तक पहुंच सकते थे लेकिन बाजोरिया की कोशिश सफल नहीं रही। अब गूजरमल को समझ नहीं आ रहा था कि क्या किया जाए। लेकिन वो अपने सपने को छोड़ने के लिए तैयार नहीं थे। उन्होंने नहाने के साबुन की फैक्ट्री तक पहुंचने के लिए कुछ अलग करने की सोची।

उन्होंने एक कार ली और कलकत्ता के औद्योगिक क्षेत्र में घूमना शुरू कर दिया। गर्मी के दिन थे और तापमान अधिक था। 1940 में वातानुकूलित गाड़ियां नहीं हुआ करती थीं। पसीने से तरबतर गूजरमल नहाने का साबुन बनाने की एक फैक्ट्री के सामने रुके और अंदर जाकर पानी मांगा। सौभाग्य से मालिक, सुंदर लाल, कारखाने में थे और उन्होंने गूजरमल का स्वागत किया और उन्हें एक गिलास पानी दिया। मालिक के कार्यालय में बैठकर दोनों व्यापारी बात करने लगे। गूजरमल ने अपना परिचय बेगमाबाद के निवासी के रूप में दिया, जहां उनके चीनी, वनस्पति और कार्बोलिक साबुन के कारखाने थे।

'वाह, यह जानकर अच्छा लगा। हम यहां भी साबुन बनाते हैं, लेकिन हम नहाने का साबुन बनाते हैं,' सुंदर लाल ने कहा।

'नहाने वाला साबुन? सचमुच?' गूजरमल ने मासूमियत से कहा। 'क्या हम भारत में नहाने का साबुन बनाते हैं? मैंने सोचा था कि नहाने का साबुन केवल आयात किया जाता है।'

'नहीं, नहीं... हम यहां नहाने का साबुन बनाते हैं। आइए, मैं आपको दिखाता हूं,' सुंदर लाल ने गर्व से कहा।

'यह बढ़िया रहेगा। मुझे नहीं पता था कि भारत में नहाने का साबुन बनाना संभव है,' गूजरमल ने नाटक करना जारी रखा।

सुंदर लाल ने अपनी फैक्ट्री के केमिकल एक्सपर्ट दास गुप्ता को बुलाया और उससे कहा कि वह गूजरमल को नहाने के साबुन की फैक्ट्री दिखा दे।

जब गूजरमल और दास गुप्ता कारखाने में घूमने लगे, गूजरमल ने प्रक्रियाओं को उत्सुकता से देखा और कई सवाल पूछे। दास गुप्ता ने सोचा कि गूजरमल उसके बॉस के अच्छे मित्र थे और उसने पूरा ब्यौरा बताते हुए जवाब दिए। गूजरमल एक ऐसी जगह पर रुके जहां बड़े-बड़े बर्तनों में तेल उबाला जा रहा था। उन्होंने देखा कि खौलते हुए तेल में कुछ सफेद पदार्थ डाला जा रहा था।

'आप यहां क्या डाल रहे हैं?' गूजरमल ने पूछा।

'यह टैलो है। हम साबुन के मिश्रण में टैलो मिला रहे हैं,' दास गुप्ता ने जवाब दिया।

गूजरमल ने यहां जानबूझकर पूछा कि 'टैलो क्या है?' हालांकि वो इसके बारे में जानते थे लेकिन केवल अपनी जानकारी पक्की करना चाहते थे।

दास गुप्ता ने उत्तर दिया, 'यह एक वसायुक्त पदार्थ है, जो जानवरों की चर्बी से बनता है।'

'क्या टैलो का इस्तेमाल केवल आप लोग करते हैं?' गूजरमल ने आगे कहा।

'नहीं, नहाने का साबुन बनाने वाली सभी फैक्ट्री ऐसा करती हैं,' दास गुप्ता ने जवाब दिया।

यह सुनकर गूजरमल बुरी तरह चौंक गए। 'ले... ले... लेकिन नहाने के सभी साबुनों के विज्ञापन में कहा जाता है कि उनमें जानवरों की चर्बी का इस्तेमाल नहीं होता है। और टैलो क्या गाय की चर्बी नहीं होती? हिंदुओं के इस्तेमाल किए जाने वाले साबुनों में आप गाय की चर्बी कैसे डाल सकते हैं? मैं भी साबुन का इस्तेमाल करता हूं। मुझे इसका उपयोग बंद करना होगा,' गूजरमल हड़बड़ी में कहते रहे। फिर उन्होंने दास गुप्ता से पूछा कि क्या बिना टैलो के साबुन बनाया जा सकता था।

'तकनीकी तौर पर बनाया जा सकता है लेकिन बिना किसी चर्बी, या किसी वसायुक्त पदार्थ के, साबुन नरम रहेगा और उसे कोई आकार देना हमारे लिए संभव नहीं होगा। हम जानते हैं कि हम किसी को नहीं बताते हैं कि हम गाय की चर्बी मिला रहे हैं। इसलिए हम अपने कारखानों में किसी को घुसने नहीं देते। आप हमारे मालिक के मित्र हैं। इसलिए, मैं आपको यह बता रहा हूं,' दास गुप्ता ने समझाया। 'यानी, आप बिना टैलो के नहाने वाला साबुन नहीं बना सकते।'

'मैं बनाऊंगा,' गूजरमल ने ज़ोर देकर कहा।

दास गुप्ता जानता था कि गूजरमल का वनस्पति कारखाना था। 'तो, अगर आप चर्बी नहीं डालेंगे, तो क्या आप वनस्पति डालेंगे?' उसने हंसते हुए गूजरमल से पूछा।

'हां, मैं वनस्पति डालूंगा,' गूजरमल ने पूरे विश्वास के साथ जवाब दिया।

'लेकिन फिर साबुन कितना महंगा होगा!' दास गुप्ता ने कहा।

'हां, यह महंगा होगा, इसमें कोई शक नहीं,' गूजरमल ने जवाब दिया। 'लेकिन हमारी भावनाएं पैसे से ज़्यादा कीमती हैं। मैं सभी हिंदुओं को कैसे धोखा दे सकता हूं और उन्हें एक ऐसा उत्पाद कैसे दे सकता हूं जो मांसाहारी हो?'

दास गुप्ता गूजरमल के जोश से प्रभावित हो गया था। जब गूजरमल ने उससे पूछा कि क्या वह अपनी वर्तमान नौकरी छोड़कर नहाने के साबुन की फैक्ट्री लगाने में मदद करने पर विचार करेंगे, तो दास गुप्ता ने तुरंत हामी भर दी। इस तरह, मुख्य रसायनशास्त्री के तौर पर दास गुप्ता के साथ, गूजरमल ने अपने कार्बोलिक साबुन कारखाने का विस्तार किया और प्रीफेक्ट नामक नहाने के साबुन का उत्पादन शुरू कर दिया।

एक और उत्पाद का मतलब था एक और कारखाना, मतलब ज़्यादा मज़दूर और उनके परिवार का रहने के लिए बेगमाबाद में आना। टाउनशिप हर साल बढ़ती जा रही थी। ज़्यादा मज़दूरों का मतलब था उनके रहने के लिए ज़्यादा घर बनाने की ज़रूरत। गूजरमल चाहते थे कि उनके सभी मज़दूर सम्मान का जीवन जिएं। मूलभूत सुविधाओं से युक्त पक्के मकान में रहना भी इसमें शामिल था। वो अपने कारखानों में काम करने के लिए आने वाले सभी लोगों के प्रति अपनी जिम्मेदारी महसूस करते थे। उन्होंने टाउनशिप में एक स्कूल और अस्पताल बनाया था और मनोरंजन के लिए कुछ पार्क भी बनाए थे। एक बड़ा मंदिर भी बनाया गया था। मज़दूर और उनके परिवार भी इस प्यार और स्नेह के बदले दयावती और गूजरमल को इस टाउनशिप के सबसे महत्वपूर्ण दंपत्ति मानते थे।

गूजरमल के अब चार कारखाने हो गए थे। उनकी आमदनी और मुनाफा बढ़ गया था। उनकी जीवनशैली नहीं बदली। उनकी मां के शब्द उनके कानों में बार-बार गूंजते थे। 'बेटा, याद रखो कि तुम कमाए गए धन के संरक्षक भर हो। तुम एक ट्रस्टी हो। धन से मोह मत रखो,' रुक्मिणी देवी की आवाज़ उनके मन में गूंज उठी। वो भी खुद को केवल एक संरक्षक के रुप में देखते थे। इसलिए, भले ही व्यापारिक संपत्ति बढ़ती रही लेकिन उनकी व्यक्तिगत संपत्ति नहीं बढ़ी। व्यवसायों के सभी शेयर एक ट्रस्ट में रखे गए थे। व्यवसाय की सभी संपत्ति — भूमि, कारखाने, अन्य भवन — ट्रस्ट के स्वामित्व में थे। यहां तक कि गूजरमल और दयावती जिस घर में रहते थे, वह भी उनका नहीं बल्कि उनकी कंपनी का था। इसके अलावा, गूजरमल ने कई परोपकारी ट्रस्ट बनाए थे जो कई तरह की धर्मार्थ गतिविधियां करते थे।

नए व्यापार के अवसर गूजरमल के दरवाज़े पर दस्तक देते रहे और उन्होंने हर दस्तक का जवाब दिया। 1941 में, कोटोजेम के लिए टिन कंटेनर बनाने के लिए एक टिन फैक्ट्री लगाई गई। इसके तुरंत बाद, उन्होंने अपने साबुन कारखानों के लिए कच्चा माल उपलब्ध कराने के लिए एक तेल मिल की स्थापना की। भले ही वो बेगमाबाद में खुश थे, उन्हें पटियाला में व्यापार की चिंता होती थी, जो उनकी अनुपस्थिति में अच्छा नहीं चल रहा था। वो चाहते हुए भी बेगमाबाद छोड़कर पटियाला जाने का समय नहीं निकाल पाते थे। उन्होंने अपने छोटे सौतेले भाई, हरमुखराय मोदी से अनुरोध किया कि वो पटियाला व्यवसाय के प्रबंधन में उनकी मदद करें।

***

अब तक दूसरा विश्व युद्ध शुरू हो चुका था और डर था कि पूरी दुनिया इसकी चपेट में आ जाएगी। यूरोप और इंग्लैंड पहले से ही हिटलर की सेना से बुरी तरह प्रभावित थे। ब्रिटिश सेना को हथियारों की ज़रूरत थी, जिसका इंतजाम उनकी सरकार कर रही थी। लेकिन सेना खाली पेट रवाना नहीं हो सकती थी, और खाने का सामान साथ रखकर ले जाना कोई आसान काम नहीं था। इस बीच ब्रिटिश सरकार ने सुना था कि जर्मनों ने सूखा भोजन ले जाने की कला में महारत हासिल कर ली थी। सैनिकों के पास सूखी सब्ज़ियों के पैकेट थे जिनका वजन ज़्यादा नहीं होता था। जब सैनिक खाना चाहते थे, तो उन्हें केवल सूखे भोजन में गर्म पानी मिलाना होता था और बस उन्हें गर्म खाना मिल जाता था।

भारत में ब्रिटिश सरकार सूखे भोजन के निर्माण की संभावनाएं खोज रही थी। भारत में ब्रिटिश सेना के वरिष्ठ जनरल ने प्रमुख उद्योगपतियों की बैठक बुलाई। बैठक में उन्होंने जर्मनी की सूखी सब्ज़ियों के आइडिया के बारे में समझाया और पूछा कि क्या कोई उद्योगपति भारत में इनका उत्पादन शुरू करने की चुनौती ले सकता था। वहां मौजूद सभी लोगों ने एक-दूसरे की तरफ देखा और ना में सिर हिलाया। किसी ने तकनीक के बारे में नहीं सुना था और किसी को विश्वास नहीं था कि वह जिम्मेदारी ले सकता था। जनरल परेशान दिख रहा था और उसने केवल इतना कहा, 'मैं बहुत निराश हूं। मैंने सोचा था कि आप सभी ने बहुत अच्छे कदम उठाए हैं। पर मैं गलत था।'

बैठक में मौजूद गूजरमल को जनरल की यह बात पसंद नहीं आई। वो खड़े हुए और बोले, 'जनरल, मैं ये सूखा भोजन बनाने की जिम्मेदारी लूंगा।'

आश्चर्य से जनरल ने गूजरमल की ओर देखा और पूछा, 'क्या आपको यकीन है कि आप यह कर पाएंगे?'

'मुझे यकीन है कि मैं इसे कर लूंगा,' गूजरमल ने दृढ़ विश्वास के साथ जवाब दिया। 'कैसे? जब यहां आपके कोई भी मित्र यह नहीं कर पा रहे हैं,' जनरल ने पूछा।

गूजरमल ने स्पष्ट रूप से उत्तर दिया, 'मुझे नहीं पता कि मैं इसे अभी कैसे करूंगा। लेकिन एक बात मैं निश्चित रूप से जानता हूं कि ऐसा कोई काम नहीं है जो पूरा नहीं किया जा सकता — आपको बस इतना करना है कि कोशिश करें और कड़ी मेहनत करें। मैं दोनों करूंगा।' जनरल खुश हुआ और उसने गूजरमल को एक महीने बाद फिर से मिलने के लिए कहा।

सूखा भोजन बनाने के लिए निर्माण प्रक्रिया क्या होगी, इसके बारे में गूजरमल को कुछ नहीं पता था। लेकिन उन्होंने इसकी चिंता नहीं की। जब भी उनके सामने कोई ऐसी समस्या आती, जिसे वे हल नहीं कर पाते, तो वो रोज़ाना सोने से पहले उस पर गंभीरता से विचार करते ऐसा ही वे इस समस्या के बारे में भी कर रहे थे। उन्होंने अपने पलंग के पास कागज़ और एक पेंसिल रखना शुरू कर दिया था। वो इस पर अपने सपनों और अपने विचारों को लिखते थे।

उन्होंने हर रात अपनी इस समस्या के बारे में सोचा और फिर एक रात उन्हें अपने सपने में ही इसका समाधान मिल गया। उन्हें सपने में कुछ ऐसा दिखा जैसे उन्हें जर्मनी की किसी फैक्ट्री के दौरे पर ले जाया जा रहा हो। उनके सपने में एक आवाज़ उन्हें बार-बार कह रही थी कि कारखाने की मशीनरी और फैक्ट्री की डिज़ाइन को ध्यान से देखें। सपना बिल्कुल साफ था। वो जग गए और उन्हें सपने में जो कुछ दिखा था, उन्होंने उसे तुरंत लिख लिया और साथ ही, जो मशीनरी देखी थी उनके हल्के-फुल्के रेखाचित्र भी बना लिए।

अगले दिन उन्होंने बढ़इयों से रेखाचित्रों के आधार पर लकड़ी के मॉडल बनाने को कहा। गूजरमल ने सपने में देखकर बनाए गए मॉडलों की जांच की, जहां ज़रूरत लगी वहां कुछ सुधार करवाए और फिर उन मॉडलों को लोहे में बनवाया। उन्होंने लोहे के मॉडलों की जांच करनी शुरू कर दी। कई टन आलू मंगाए गए, उन्हें छीला गया, काटा गया और फिर उबाला गया। इसके बाद उन्हें डिहाइड्रेट किया गया। गूजरमल ने पाया कि 100 मन आलू जब सूख जाता है तो उसका वजन केवल 10 मन रह जाता है। वो 90 फीसदी से ज़्यादा वजन कम करने में सफल रहे। अब वो जानते थे कि वो जनरल से किए गए वादे को पूरा कर सकते थे।

मई 1941 में, मोदी फूड प्रोडक्ट्स लॉन्च किया गया। डिहाइड्रेटेड सब्ज़ियों का उत्पादन हुआ और ब्रिटिश सेना के लिए उन्हें पैक किया गया। यह देखकर ब्रिटिश जनरल काफी खुश हुआ और सेना के उच्च अधिकारियों के एक प्रतिनिधिमंडल के साथ कारखाने का दौरा करने आए। मोदी फूड प्रोडक्ट्स पूरी क्षमता से काम करने लगी क्योंकि सेना से मांग बढ़ती जा रही थी। इस सफल कंपनी को मोदी शुगर मिल्स की मूल कंपनी से अलग कर दिया गया और दिसंबर 1941 में इसे शेयर बाज़ार में लिस्ट करा दिया गया। इसी समय, गूजरमल ने ब्रिटिश सेना को सूखे मेवों की आपूर्ति करने के लिए मोदी सप्लाई कॉर्पोरेशन लिमिटेड नाम का एक और कारखाना शुरू किया। ब्रिटिश सेना को राशन और दूसरी ज़रूरी सामग्रियों की आपूर्ति करना गूजरमल के लिए कोई नई बात नहीं थी क्योंकि उनके परिवार ने ब्रिटिश सरकार के लिए किए गए इसी काम से ही अपनी संपत्ति कमाई थी। उन्होंने अपनी उस विशेषज्ञता का उपयोग किया और कुछ ही समय में व्यवसाय को कई गुना बढ़ा दिया। इसके तुरंत बाद मसाला बनाने का एक कारखाना भी स्थापित किया गया।

गूजरमल ने महसूस किया कि वो फैलते जा रहे कारोबार को अकेले नहीं संभाल पा रहे थे। वो करीब चालीस साल के थे और उनका बेटा अभी भी एक बच्चा था। इसलिए गूजरमल ने अपने सौतेले भाई केदारनाथ मोदी से मदद मांगी। केदारनाथ बेगमाबाद आ गए और अपने बड़े भाई के साथ काम करने लगे। गूजरमल ने केदारनाथ को बड़े गर्व से बताया कि उनका वेजिटेबल डिहाइड्रेशन प्लांट भारत में अपनी तरह का पहला प्लांट था। यह प्रक्रिया अभी तक देश में पेटेंट नहीं की गई थी। गूजरमल ने प्रक्रिया के पेटेंट के लिए आवेदन किया और पेटेंट हासिल करने के बाद इसे सरकार को दान दे दिया ताकि सरकार इसका काम भलाई के कामों में कर सके। सरकारी अफसरों समेत हर कोई हैरान था कि गूजरमल ने अपना यह पेटेंट बिना किसी कीमत के ही दे दिया था। गूजरमल ने उन्हें बताया कि वो इसे अपनी परोपकारी गतिविधियों के हिस्से के तौर पर देखते थे क्योंकि पेटेंट का इस्तेमाल सेना के लिए खाद्य पदार्थों का उत्पादन करने के लिए किया जाएगा।

1942 तक गूजरमल ने मज़दूरों के बच्चों के लिए स्कूल, मज़दूरों और उनके परिवारों के लिए पौष्टिक शाकाहारी भोजन के लिए कई कैंटीन, धर्मार्थ अस्पतालों और मंदिरों की स्थापना की थी। उन्होंने 1942 की शुरुआत में मोदी पुत्री पाठशाला के नाम से लड़कियों के लिए एक स्कूल की भी स्थापना की थी। यह सारा काम सरकार की नज़रों में भी था। राजधानी दिल्ली के सत्ताधीश भी पेटेंट दान करने के

गूजरमल के काम पर हैरान होने के साथ-साथ खुश भी थे। सरकार ने गूजरमल के फैलते कारोबार के बारे में भी सुना था। यह तय किया गया कि दिल्ली में गूजरमल को राय बहादुर की उपाधि से सम्मानित किया जाएगा।

राय बहादुर की उपाधि एक प्रतिष्ठित उपाधि थी। यह उपाधि ब्रिटिश सरकार भारतीय लोगों को उनके काम का सम्मान करने के लिए देती थी। यह न केवल उस व्यक्ति के लिए एक बड़ी प्रतिष्ठा थी, बल्कि इसे उसके परिवार, ज़िले और राज्य के लिए एक बड़ा सम्मान माना जाता था। राय बहादुर की उपाधि के साथ एक मेडल दिया जाता था जिसमें रिबन के लिए एक लूप बना होता था, मेडल में सबसे ऊपर एक ब्रिटिश मुकुट बना होता था जिसके नीचे लॉरेल का एक पुष्पचक्र था, मेडल पर दो वृत्त बने थे जिसके अंदरूनी वृत्त पर जॉर्ज पंचम की तस्वीर थी, दोनों वृत्तों के भीतर राय बहादुर अंकित था। और मुकुट के अलावा सारी आकृतियों के बाहर था पांच-सिरों वाला एक तारा।

गूजरमल को राय बहादुर की उपाधि से सम्मानित किए जाने का समाचार फैलने लगा था और यह मोदी परिवार में बड़े जश्न का समय था। यह सम्मान और भी महत्वपूर्ण था क्योंकि गूजरमल की उम्र केवल चालीस साल थी। परिवार के लिए यह खुशी दोगुनी भी हो गई थी क्योंकि मुल्तानीमल को भी कुछ साल पहले इसी उपाधि से सम्मानित किया गया था। एक ही परिवार के दो सदस्यों को राय बहादुर सम्मान मिलना कोई आम बात नहीं थी। बेगमाबाद की पूरी टाउनशिप खुशी से झूम उठी। कर्मचारियों को लगा कि उनमें से हर किसी को सम्मान मिल गया था। शाम को घरों में दीयों की रोशनी की गई और लोग गलियों में एक-दूसरे को मिठाइयां बांट रहे थे। टाउनशिप में दयावती और गूजरमल की चौथी संतान-एक बेटी के जन्म का जश्न भी मन रहा था। बेटी का नाम उर्मिला देवी रखा गया।

गूजरमल और दयावती अब तक बेगमाबाद में अच्छी तरह जम चुके थे। पटियाला आना-जाना कम हो गया था। गूजरमल की अब तक एक तरह की दिनचर्या थी। वो जल्दी उठ जाते और बेगमाबाद में एक घंटे की सैर के लिए निकल जाते। दो क्लर्क, जिनके हाथ में एक नोटबुक और पेंसिल होती थी, गूजरमल के पीछे-पीछे चलते थे क्योंकि गूजरमल लंबे डग भरते थे। बेगमाबाद के लोगों को पता चल गया था कि अगर वे गूजरमल से बात करना चाहते थे, तो सुबह की सैर का समय ठीक था। लेकिन उन्हें यह भी पता चला कि गूजरमल को उनसे बात करके खुशी तो मिलती थी लेकिन उन्हें सख्त प्रोटोकॉल का पालन करना होता था। गूजरमल किसी शाही परिवार का हिस्सा नहीं थे लेकिन बेगमाबाद के लोग उन्हें

एक राजा की तरह मानते थे और गूजरमल भी इसे स्वीकार करने लगे थे। गूजरमल से बात करने के इच्छुक लोगों को उनके पीछे चलने वाले क्लर्कों के पास जाना पड़ता था, जो बदले में अपने मालिक से सिफारिश करते थे।

अपनी ओर से गूजरमल उन सभी लोगों की बात सुनते थे जो उनसे बात करते थे और अपने एक क्लर्क को निर्देश देते रहते थे, जो अपनी नोटबुक में उन निर्देशों को लिख लिया करता था। सैर के बाद गूजरमल बॉडी बिल्डिंग एक्सरसाइज़ करते थे। वो एक अच्छे पहलवान भी थे और अखाड़े में उतरने के लिए किसी को भी चुनौती देने से नहीं कतराते थे। मगर कुछ ही लोगों ने इस चुनौती को स्वीकार किया था। कसरत के बाद गूजरमल तेल से अपनी जमकर मालिश करवाते थे। नहाने के बाद वो प्रार्थना करते और फिर ऑफिस जाते। काम के बावजूद वो रोज़ाना ब्रिज ज़रूर खेलते थे। दयावती भी इस खेल को पसंद करती थीं। रात में खाने के बाद मोदी आवास में एक घंटे की पूजा होती थी और उम्मीद की जाती थी कि बच्चे और घर के सभी सदस्य इस पूजा में शामिल रहें।

बेगमाबाद में हो रहे परोपकार की खबर देश के दूसरे हिस्सों में भी फैल रही थी। महेंद्रगढ़, तत्कालीन कनौद में लोगों ने गूजरमल को एक पत्र लिखकर उनका ख्याल रखने को भी कहा। उन्होंने गूजरमल को याद दिलाया कि उनके परदादा ने कनौद से ही अपनी व्यापारिक यात्रा शुरू की थी। गूजरमल खुशी-खुशी तैयार हो गए और उन लोगों से पूछा कि उन्हें क्या चाहिए। इस सवाल का जवाब आने में कोई देरी नहीं हुई और लोगों ने कहा कि वे अपने ज़िले में एक हाई स्कूल चाहते थे। उस समय महेंद्रगढ़ में कई गांवों के लिए केवल एक मध्य विद्यालय था। गांव वाले चाहते थे कि उनके बच्चे कम से कम हाई स्कूल तक पढ़ें। इसके बाद 1943 में गूजरमल ने महेंद्रगढ़ में एक बड़ा स्कूल बनवाया और इसका नाम रखा यादवेंद्र मुल्तानीमल हायर सेकेंडरी स्कूल।

9

बेगमाबाद से मोदीनगर

1942 के बाद के वर्षों में गूजरमल ने एक के बाद एक कई कारखाने लगाए और टाउनशिप को बड़े आकार में विकसित किया। उन्हें अपना पहला कारखाना लगाए हुए सिर्फ नौ साल हुए थे। हालांकि वो अपनी ज़िंदगी के चौथे दशक में थे लेकिन काम के दौरान वो कहीं कम उम्र के व्यक्ति की तरह ऊर्जा से भरपूर रहते थे। गूजरमल के बनाए गए कारखाने बड़े, रोशन और हवादार होते थे ताकि कारखानों में काम करने वाले मज़दूर अच्छी तरह से काम कर सकें। हालांकि लाइसेंस और कंट्रोल जैसी कोई बंदिशें नहीं थीं, लेकिन परिवहन और संचार गूजरमल और उस दौर के बाकी उद्योगपतियों के सामने बड़ी बाधाएं थीं। सड़कों का नेटवर्क नाकाफी होने की वजह से निर्माण सामग्री को एक जगह से दूसरी जगह लाना-ले जाना एक चुनौती थी। चूंकि बेगमाबाद रेलवे लाइन के पास था, ऐसे में गूजरमल उन उद्योगपतियों के मुकाबले रसद का ज़्यादा अच्छा प्रबंधन कर पा रहे थे, जिन्होंने दूर-दराज़ के इलाकों में कारखाने लगाए थे। सप्लायर्स और वेंडर्स के साथ संपर्क भी आसान नहीं था। उस दौर में लैंडलाइन टेलीफोन तक कहीं-कहीं ही मिलते थे। लोगों के साथ संवाद और संपर्क के लिए चिट्ठियों और तार (टेलीग्राम) का इस्तेमाल किया जाता था। गूजरमल इन सब मुश्किलों से विचलित नहीं हुए और ज़्यादा से ज़्यादा कारखानों के निर्माण पर ध्यान दिया। उन्होंने अपनी मां की बातों को बहुत गंभीरता से लिया था और एक कर्मयोगी की तरह काम किया था।

एक बड़े उद्योगपति के तौर पर अपने जीवन की आपाधापी के बीच, गूजरमल दूसरों की मदद करने के लिए प्रतिबद्ध रहे। मदद और परोपकार के ये काम वो अपने ट्रस्ट के माध्यम से करते थे। गूजरमल और दयावती दोनों ही व्यक्तिगत रूप से भी परोपकार के कई काम करते थे।

1943 की गर्मियों में, एक सुबह अपनी नियमित सैर के दौरान गूजरमल ने देखा कि एक नौजवान उनके आसपास मंडरा रहा था, जैसे कि उनके पास आने की हिम्मत जुटा रहा हो।

'यह कौन है और यहां क्यों घूम रहा है?' गूजरमल ने क्लर्क की ओर मुड़कर पूछा।

क्लर्क ने अपने मालिक को बताया कि किशोर नाम का यह नौजवान पड़ोस के ही एक गांव का रहने वाला था। 'सर, यह लड़का किशोर पढ़ा-लिखा है, लेकिन उसे नौकरी नहीं मिल रही है। उसने कोशिश की लेकिन किसी भी तरह की नौकरी पाने में नाकाम रहा,' क्लर्क ने आगे कहा। किशोर मायूस हो गया था और जीने की इच्छा खो चुका था। वह आत्महत्या करना चाहता था लेकिन एक दोस्त ने उससे बात की। उसी दोस्त ने किशोर को गूजरमल के बारे में बताया और कहा कि 'मुझे विश्वास है कि अगर तुम राय बहादुर से मिल सकोगे, तो वो तुम्हें नौकरी देंगे।'

इसके बाद किशोर बेगमाबाद पहुंच गया और गूजरमल से मिलने की कोशिश करने लगा। वो गूजरमल से बात करने की हिम्मत नहीं जुटा पा रहा था और इसके चलते वह गूजरमल के आसपास घूमता रहता था। उसे उम्मीद थी कि किसी दिन गूजरमल की नज़र उस पर पड़ जाएगी। जैसे ही क्लर्क ने गूजरमल को इस नौजवान लड़के के बारे में बताना बंद किया, गूजरमल रुक गए और उस युवक को इशारे से अपने पास बुलाया। जैसे ही लड़का झिझकते हुए उनके पास पहुंचा तो गूजरमल ने महसूस किया कि वह बेहद तनावग्रस्त था। 'क्या बात है बेटा?' गूजरमल ने अपनी रौबदार आवाज़ में पूछा। किशोर ने अपनी कहानी सुनाई और यह भी स्वीकार किया कि उसने जीने की इच्छा खो दी थी। यह सुनते ही गूजरमल भड़क गए। 'अपनी जान लेने के बारे में यह क्या बकवास सोच रहे हो? क्या तुम नहीं जानते कि यह एक पाप है? मुझसे वादा करो कि तुम कभी भी इस तरह की बात नहीं करोगे,' गूजरमल ने कहा। किशोर ने वादा किया। 'बढ़िया। दोपहर में मेरे दफ्तर आओ। हम तुम्हारे लिए कुछ उपाय सोचेंगे,' गूजरमल ने बदले में यह वादा किया। इसके बाद किशोर को चीनी मिल में नौकरी दे दी गई और बाद के सालों में बेगमाबाद में उसका घर और परिवार भी बन गया।

इस बीच, गूजरमल के कामकाज का लगातार विस्तार हो रहा था। 1943 में, उन्होंने एक बिस्किट फैक्ट्री की स्थापना की, जिसके थोड़े वक्त बाद ही मोदी कन्फेक्शनरी वर्क्स की फैक्ट्री लगी, जिसमें बच्चों के लिए कैंडी बनाई जाती थी। अब तक गूजरमल के नौ अलग-अलग व्यवसाय थे, ये सभी अच्छे चल रहे थे। साल 1943 गूजरमल के लिए एक और कारण से अच्छा रहा। 31 मई 1943 को दयावती और गूजरमल का दूसरा बेटा हुआ। इस लड़के का नाम विनय कुमार रखा गया। उसी वर्ष, इस दूसरे बेटे के जन्म का उत्सव मनाने के लिए, गूजरमल ने एक धर्मार्थ ट्रस्ट की स्थापना की और उसका नाम अपने पिता के नाम पर रखा। राय बहादुर मुल्तानीमल मोदी चैरिटेबल ट्रस्ट की स्थापना 10 लाख रुपये की राशि से की गई थी। हरिद्वार में मोदी हवेली भी इस ट्रस्ट को दी गई।

गूजरमल ने अपने साबुन कारखाने की ज़रूरतों को पूरा करने के लिए 1941 में एक तेल मिल लगाई थी। अब उन्हें अपने वनस्पति कारखाने को सप्लाई के लिए एक और कारखाने की ज़रूरत थी। इसलिए, 1944 में, गूजरमल ने मोदी ऑयल मिल्स की स्थापना की और इससे सरसों और मूंगफली के तेल का उत्पादन शुरू हुआ। यह तेल मिल गूजरमल का दसवां व्यवसाय बन गया। उन्होंने महसूस किया कि उन्हें बिज़नेस संभालने के लिए और लोगों की ज़रूरत थी। वो अपने सबसे बड़े सौतेले भाई केदारनाथ को पहले ही कारोबार में ला चुके थे। अब उन्होंने केदारनाथ के छोटे भाई मदनलाल मोदी से अनुरोध किया कि वो आए और नई तेल मिल को संभाल ले।

गूजरमल ने, अपने समय के अधिकांश उद्योगपतियों की तरह, अपने कारखानों को रणनीतिक तरीके से नहीं, बल्कि बाज़ार और जनता की ज़रूरत के मुताबिक मौके देखकर लगाया। भारत एक गरीब देश था और तब यहां ज़रूरी चीज़ें बनाने का इंतजाम अच्छी तरह से विकसित नहीं था। इसके अलावा, उपभोक्ता बाज़ार भी अच्छी तरह विकसित नहीं था; अधिकांश उत्पाद कमोडिटी की तरह बेचे जाते थे। इसलिए, एक तरह से, कारखाना लगाना आसान था क्योंकि उद्योगपति जानते थे कि उनका बनाया प्रोडक्ट बाज़ार में बिक ही जाएगा। इसलिए, गूजरमल ने चीनी से लेकर वनस्पति तक, साबुन से लेकर तेल तक, बिस्कुट से लेकर टिन तक की फैक्ट्रियां लगाईं। उनके बिज़नेस में विविधता तो थी लेकिन लगता था कि उनमें कोई मेल या रणनीति नहीं थी।

रणनीति स्पष्ट और दीर्घकालिक थी। कुछ खास उत्पादों पर ध्यान केंद्रित करने के बजाय, आम तौर पर सारे उद्योगपति, और खासकर गूजरमल, लंबी

अवधि के लिए व्यवसाय स्थापित करने की रणनीति पर चल रहे थे। गूजरमल आने वाली पीढ़ियों के लिए एक विरासत बनाना चाहते थे। भारत अभी तक स्वतंत्र राष्ट्र नहीं था और इसलिए उस समय राष्ट्र निर्माण का उद्देश्य इतना गंभीर नहीं था। हालांकि एक बार जब भारत ब्रिटिश शासन से मुक्त हो गया, तो राष्ट्र-निर्माण गूजरमल के जीवन की तीन शीर्ष प्राथमिकताओं में शामिल हो गया था।

***

बेगमाबाद में अब तक दस फलते-फूलते कारखाने थे। टाउनशिप धीरे-धीरे विकसित होकर एक छोटा शहर बनता जा रहा था। गूजरमल के पास नए आवासीय परिसरों के लिए ज़मीन की कमी थी। चूंकि बेगमाबाद में मौजूदा और नए कारखानों में काम करने के लिए आने वाले कर्मचारियों की संख्या बढ़ रही थी, शहर में उनके रहने के लिए घरों की कमी होने लगी थी। ऐसे समय में गूजरमल की दूरदर्शिता काम आई। 1943 में गूजरमल ने मेरठ में सेना के जवानों के लिए एक सैनिक भवन बनाने में 25,000 रुपये खर्च किए थे। स्थानीय कमांडर ने सार्वजनिक तौर पर गूजरमल को धन्यवाद दिया था। इसके बाद से उनके बीच संबंध और भी अच्छे हो गए थे। इसलिए, जब गूजरमल को रिहायशी क्वार्टर बनाने के लिए कुछ ज़मीन चाहिए थी, तो उन्होंने अपनी चीनी मिल के ठीक सामने सड़क के उस पार की ज़मीन लेने की सोची। ज़मीन सेना की थी और वह इलाका सेना के कैंप के लिए तय किया गया था। गूजरमल ने सैन्य अधिकारी के पास जाकर सेना से सैन्य छावनी क्षेत्र खरीदने की इच्छा प्रकट की।

'लेकिन आप तो पहले से ही बेगमाबाद के अलावा और भी ज़मीनों के मालिक हैं,' कमांडर ने हंसते हुए कहा।

गूजरमल ने गंभीर स्वर में जवाब दिया, 'सर, यह बात तो सही है कि यहां की ज़मीन का बड़ा हिस्सा मेरा है, पर ज़मीन मेरे नाम पर नहीं है। यह कंपनी की है। और ज़मीन का इस्तेमाल मज़दूरों की सहूलियतों के लिए निर्माण-कार्य में होता है।' उन्होंने आगे बताया कि वो चाहते थे कि उनके कर्मचारी अच्छे घरों में सम्मान के साथ रहें। उन्होंने अब तक ऐसे ही आवासीय परिसरों का निर्माण किया था। 'लेकिन अब मेरे पास बहुत सारे व्यवसाय और कारखाने हैं और हर दिन आने वाले मज़दूरों की तादाद बढ़ती जा रही है। और मुझे उन्हें रहने की सुविधा देने के लिए अधिक हाउसिंग क्वार्टर बनाने की ज़रूरत है।'

'आप एक अच्छे आदमी हैं, गूजरमल,' कमांडर ने जवाब दिया। 'मुझे पता है कि आप ज़मीन का उपयोग मज़दूरों के फायदे के लिए करेंगे। मैं सिफारिश

करूंगा कि सेना आपको ज़मीन बेच दे।' गूजरमल खुश हुए और उन्होंने अपने कर्मचारियों के लिए एक और आवासीय परिसर पर काम शुरू कर दिया। इसके साथ-साथ उन्होंने टाउनशिप के लिए एक और डिस्पेंसरी पर भी काम शुरू किया। मोदी हाई स्कूल के शिक्षक अपने काम के लिए प्रतिबद्ध और पेशेवर थे। इसका एक कारण यह था कि गूजरमल ने शिक्षकों के लिए एक विशेष आवासीय परिसर बनाया था। अच्छे शिक्षकों के कारण बेगमाबाद और आस-पास के इलाकों से अच्छे और प्रतिभावान छात्र यहां आने लगे थे। यहां दी जा रही शिक्षा से बाहरी छात्रों को भी फायदा मिले, इसके लिए गूजरमल ने उनके रहने के लिए 1945 में एक छात्रावास भी बनवाया।

1945 में दयावती और गूजरमल की एक और बेटी हुई। उन्होंने उसका नाम प्रमिला रखा। वर्ष 1945 में दूसरा विश्व युद्ध खत्म हो गया। एक तरह इससे दुनिया में शांति आई और सैनिक अपने-अपने घर लौटने लगे, वहीं गूजरमल को अपनी दो फैक्ट्रियां बंद करनी पड़ीं। सेना को डिहाइड्रेटेड खाद्य पदार्थ उपलब्ध कराने वाले मोदी फूड प्रोडक्ट्स और सेना को सूखे मेवों की आपूर्ति करने वाले मोदी सप्लाइज़ कॉर्पोरेशन को बंद करना पड़ा क्योंकि सेना से ऑर्डर मिलने बंद हो गए थे। सेना को अब अपने सैनिकों को डिहाइड्रेटेड खाना देने की ज़रूरत नहीं थी। सरकार इन दोनों कारखानों के माध्यम से युद्ध में गूजरमल के योगदान को पहचानती थी और उन्हें सम्मानित करना चाहती थी। सरकार ने एक प्रमुख सैन्य छावनी मेरठ में एक जुलूस का आयोजन किया। यहां गूजरमल को सजे-धजे हाथी पर बैठाया गया। जहां उन्हें हाथी पर अकेले बैठने का गौरव मिला, वहीं अपर जिलाधिकारी और तहसीलदार एक दूसरे हाथी पर एक साथ बैठे। इन दोनों हाथियों के पीछे एक जुलूस था। जुलूस का नेतृत्व सेना के बैंड ने किया, जो पूरे शहर में घूमा। इसे देखने के लिए लोग अपने घरों से बाहर आ गए और कुछ तो छतों पर चढ़े हुए थे। उन्होंने परेड पर फूल बरसाए। गूजरमल और मोदी परिवार के लिए यह बहुत बड़ा सम्मान था।

गूजरमल के सार्वजनिक अभिनंदन भर से सरकार संतुष्ट नहीं थी और वो चाहती थी कि उन्हें नाइटहुड की उपाधि दी जाए। सरकार चाहती थी कि गूजरमल की उपाधि राय बहादुर से बदलकर सर हो जाए। जब गूजरमल को नाइटहुड दिए जाने पर विचार की बात मुल्तानीमल तक पहुंची, उन्होंने अपने बेटे को इसके लिए आगाह किया। 'ये अंग्रेज आज नहीं तो कल यहां से जाएंगे। बेहतर होगा कि तुम उनसे कहो कि वे तुम्हें एक भारतीय उपाधि दें,' मुल्तानीमल ने सलाह दी। गूजरमल

इन बारीकियों को समझ गए और गवर्नर से ऐसी ही गुज़ारिश की। गवर्नर ने इस बात को हमदर्दी के साथ सुना और वादा किया कि वो वायसरॉय से इस बारे में बात करेंगे।

गूजरमल पहले से राय बहादुर थे। इससे ऊंची भारतीय उपाधि थी राजा बहादुर की। वायसरॉय सैद्धांतिक रूप से सहमत हो गए लेकिन उन्होंने एक तकनीकी समस्या के बारे में बताया। राजा बहादुर की उपाधि उन भारतीयों को दी जाती थी जो बड़े ज़मींदार थे। आम तौर पर ज़मींदारों के पास किसी इलाके में कई गांवों की मिल्कियत होती थी। गूजरमल भले ही बड़े उद्योगपति थे, उनके पास किसी ज़मीन या गांव की मिल्कियत नहीं थी। सारी ज़मीन कंपनियों और ट्रस्टों की थी। गूजरमल के नाम पर तो वह घर भी नहीं था जिसमें वो रहते थे। इसलिए, तय गाइडलाइंस के तहत, वायसरॉय गूजरमल को राजा बहादुर की उपाधि देने में दिक्क़त महसूस कर रहे थे, गवर्नर और वायसरॉय वाकई में गूजरमल का अभिनंदन करना चाहते थे। गवर्नर के दिमाग में एक अनोखा विचार आया। उन्होंने प्रस्ताव दिया कि गूजरमल के बनाए टाउनशिप का नाम मोदीनगर रख दिया जाए। इस तरह से, मोदीनगर के संस्थापक के तौर पर, गूजरमल राजा बहादुर की उपाधि के लिए पात्र हो जाएंगे।

इस तरह 1945 में मोदीनगर अस्तित्व में आया। डाकघर, रेलवे स्टेशन, बस स्टेशन और पुलिस स्टेशन सभी ने अपने पते में बदलाव किए। अब ये सभी चीज़ें मोदीनगर में थीं। पूरे मोदी परिवार के लिए यह जीवन का बहुत बड़ा पल था। बेगमाबाद, यानी मोदीनगर के निवासी भी खुश थे। जिस दिन नाम बदलने की घोषणा हुई, ऐसा लगा कि जैसे शहर में दिवाली पहले आ गई हो। सभी घरों को मिट्टी के दीयों से जगमग किया गया। लोगों ने अपने सबसे अच्छे कपड़े पहने और सभी एक-दूसरे को बधाई देने उनके घर पहुंचे। गूजरमल और दयावती भी बाहर आए और अपने घर के सामने जमा लोगों को धन्यवाद दिया। मोदीनगर में पूरी रात जश्न का माहौल रहा।

ऐसे बहुत ज़्यादा उदाहरण नहीं थे जहां उद्योगपतियों के नाम पर किसी शहर का नाम रखा गया हो। जमशेदपुर और वालचंदनगर ऐसे दो दूसरे शहर थे जो उनके संस्थापकों के नाम पर थे। गूजरमल अब उद्योगपतियों की एक विशिष्ट सूची में जुड़ गए थे और उनकी प्रतिष्ठा दूर-दूर तक फैल गई।

एक बार जब बेगमाबाद का नाम आधिकारिक रूप से मोदीनगर हो गया, गवर्नर ने दोबारा वायसरॉय को प्रस्ताव दिया कि गूजरमल को राजा बहादुर की

उपाधि दी जाए। तकनीकी दिक़्क़त का हल निकाल लिया गया था। जब इसकी मंजूरी की प्रक्रिया शुरू हुई, भारतीय राजनीति में एक और हलचल हो रही थी।

1942 के भारत छोड़ो आंदोलन की कामयाबी के बाद, ब्रिटिश सरकार ने महसूस किया था कि उन्हें भारतीय सरकार को और ज़्यादा स्वायत्तता देने की ज़रूरत थी। दरअसल, भारतीय दूसरे विश्व युद्ध में ब्रिटिश फौज़ को इसी शर्त पर समर्थन देने के लिए राज़ी हुए थे कि उन्हें ज़्यादा स्वायत्तता दी जाएगी। इसलिए युद्ध खत्म होने के बाद, प्रांतीय विधानसभा के चुनाव हुए और फिर संविधान सभा के चुनाव कराए गए। 1946 में एक अंतरिम भारतीय सरकार का गठन हुआ था। इस सरकार ने एक फैसला लिया था कि भारतीयों को उपाधि देने की प्रथा रोकी जाएगी। अंतरिम सरकार इस प्रथा को ब्रिटिश और भारतीयों के बीच मालिक-नौकर के संबंध को बढ़ावा देने वाली प्रथा मानती थी।

अब इस घटनाक्रम के बाद, जो वायसरॉय के नियंत्रण से पूरी तरह बाहर था, गूजरमल को कोई ऊंची उपाधि नहीं दी जा सकती थी। जो उपाधियां पहले दी जा चुकी थीं, उन्हें बनाए रखने की इजाज़त थी। राय बहादुर गूजरमल मोदी को राजा बहादुर की उपाधि नहीं मिल सकी। लेकिन एक पूरा शहर उनके नाम पर कर दिया गया था।

गूजरमल इस घटनाक्रम से नाखुश नहीं थे। जब फैक्ट्री के कुछ वरिष्ठ सदस्य गूजरमल को राजा बहादुर की उपाधि न मिलने पर अपनी निराशा व्यक्त करने आए, तो गूजरमल ने उनकी बात को ज़्यादा अहमियत नहीं दी। 'सच पूछिए तो यह बहुत बड़ी खुशकिस्मती है,' उन्होंने मिलने आए लोगों से कहा। 'राजा बहादुर गूजरमल मोदी को आज से सौ साल बाद भुलाया जा सकता है। लेकिन मोदीनगर नक्शे पर आ गया है और हमेशा रहेगा। मेरा नाम तब तक याद रखा जाएगा जब तक मोदीनगर है।'

मोदीनगर में विकास को एक नई गति मिली क्योंकि यहां के निवासियों में अपने शहर के नए नाम के बाद नई ऊर्जा आ गई थी। सरकार ने जन स्वास्थ्य, स्वच्छता, प्रकाश व्यवस्था और दूसरे नागरिक मामलों की देखरेख के लिए एक नगर क्षेत्र समिति बनाई। शहर के संस्थापक के रूप में गूजरमल को समिति का प्रमुख बनाया गया। बाद में वो मोदीनगर की नगर क्षेत्र समिति के पहले अध्यक्ष चुने गए।

मुल्तानीमल और पूरा मोदी परिवार बहुत खुश था। उनके पारिवारिक नाम पर एक शहर का नाम होना बहुत बड़ा सम्मान था। इस सम्मान का उत्सव मनाने

के लिए, गूजरमल ने मोदी चैरिटेबल ट्रस्ट को कहा कि वह पटियाला में एक बड़ा उद्यान और साधुओं के लिए एक गेस्ट हाउस बनाए। उन्होंने ट्रस्ट से एक संस्कृत विद्यालय भी बनाने को कहा जिसमें छात्रों को मुफ्त कपड़ा और भोजन दिया जाएगा।

1932 में वाइन की एक गिलास को ठुकराने की वजह से गूजरमल के जीवन में घटनाओं का एक सिलसिला शुरू हो गया था। पटियाला रियासत से निर्वासित किए गए गूजरमल ने अपनी टाउनशिप बनाने का फैसला किया था। उन्होंने सिर्फ तेरह सालों में ऐसा कर दिखाया था। ना सिर्फ उन्होंने एक टाउनशिप बनाई थी, बल्कि अब यह उनके नाम पर भी हो गई थी।

10

कपड़े की एक मिल ने खड़ी कीं समस्याएं

1946 में गूजरमल एक कपड़ा मिल शुरू करके अपने बिज़नेस को बढ़ाना चाहते थे। यह एक बड़ी मिल बनने वाली थी और इसकी लागत 1 करोड़ रुपए से अधिक हो रही थी, जो 1946 में एक बहुत बड़ी रकम थी। चूंकि गूजरमल के शुरू किए सभी बिज़नेस अच्छा कर रहे थे और निवेशकों के लिए अच्छा रिटर्न कमा रहे थे, इसलिए उन्हें कपड़ा मिल के लिए फंड जुटाने में कोई समस्या नहीं आई। बैंक में पैसे जमा होने के बाद उनके एजेंडे में अगला आइटम था मिल के लिए ज़मीन का अधिग्रहण। गूजरमल की नज़र पड़ोसी गांव सीकरी में गुर्जरों की मिल्कियत वाली ज़मीन के एक बड़े टुकड़े पर थी। उन्होंने ज़मीन खरीदने की अनुमति के लिए आवेदन किया और ज़रूरी मंजूरी हासिल कर लीं। उन्हें जून 1946 में ज़मीन पर कब्ज़ा मिल गया।

गूजरमल को ब्रिटिश सरकार से मिली मंजूरी से गुर्जर ज़मींदार खुश नहीं थे। गूजरमल के साथ उनका पहले से ही टकराव का इतिहास रहा था, जब 1933 में उन्होंने मिल क्षेत्र से बारिश के पानी की निकासी को रोकने के लिए मिट्टी का एक बांध बनाकर मोदी चीनी मिल को बनने से रोकने की कोशिश की थी। गूजरमल की चतुराई ने मिल तो बचा ली थी, लेकिन अविश्वास अभी भी बना हुआ था। सीकरी

गांव के अमीर ज़मींदार भी मोदीनगर की मिलों में काम करने के लिए अपने मज़दूरों के चले जाने से नाखुश थे।

तेरह साल बाद, जब गूजरमल ने कपड़ा मिल स्थापित करने के लिए सीकरी में ज़मीन खरीदी, तो गांव वालों की नाराज़गी देखने को मिली। उन्होंने इसे गूजरमल के साथ अपनी लड़ाई में हार के तौर पर देखा। सच यह था कि उन्हें अपनी ज़मीन के लिए अच्छा पैसा मिला था, लेकिन वे नहीं चाहते थे कि गूजरमल इसे खरीदें। वे इसे गूजरमल के अलावा किसी और को बेचकर खुश होते। लेकिन, अनुमति मिल चुकी थी और डील हो चुकी थी। कुछ गांव वाले गूजरमल को सीकरी वाली ज़मीन पर कारखाना बनाने से रोकने के अपने प्रयास में समर्थन जुटाने के लिए इधर-उधर हाथ-पांव मारने लगे।

उनकी खुशकिस्मती थी कि वे कुछ कम्युनिस्ट नेताओं का समर्थन पाने में सफल हो गए जो उसी समय दिल्ली में इकट्ठा हुए थे। रेलवे कर्मचारियों की हड़ताल में भाग लेने के लिए कम्युनिस्ट पार्टी के नेताओं और कार्यकर्ताओं ने दिल्ली में बैठक बुलाई थी, जो सरकार के खिलाफ एक विरोध के रूप में शुरू की गई थी। ब्रिटिश सरकार की चालाकी से हड़ताल विफल हो गई। लेकिन, इससे दिल्ली में बड़े पैमाने पर जमा हुए कार्यकर्ता और नेता खुद को ठगा हुआ महसूस कर रहे थे, जो टकराव के मूड से वहां आए थे। नेताओं ने उन्हें इसके लिए ही उकसाया था और उनकी भावनाएं उफान पर थीं।

हड़ताल खत्म होने के बाद, प्रदर्शनकारियों का एक बड़ा समूह दिल्ली छोड़कर मोदीनगर, मेरठ और उसके आगे जाने वाले राजमार्ग पर निकल पड़ा। मोदीनगर दोनों शहरों, दिल्ली और मेरठ, के बीच लगभग आधी दूरी पर है और यह समूह वहीं रुक गया।

यह ऐसे लोगों का एक समूह था, जिन्हें कहा गया था कि उन्हें अराजकता फैलाने का मौका मिलेगा, लेकिन दिल्ली में यह मौका नहीं मिलने की वजह से ये लोग कहीं भी हंगामा करने की तलाश में थे। मोदीनगर उन्हें कई कारखानों और मिलों वाला एक समृद्ध शहर दिखा। समूह के नेताओं ने पूछताछ की तो उन्हें पता चला कि पूरे शहर और यहां के सारे कारोबार का मालिक मोदी परिवार था। कम्युनिस्टों के तौर पर यह समूह पूंजीवाद के विरोध में था। ये लोग पूंजीपति गूजरमल से कुछ वसूली करना चाहते थे। कुछ नेता गूजरमल के पास गए और आरोप लगाया कि वो अपने कारखानों में कामगारों का शोषण कर रहे थे। फिर उन्होंने 5,000 रुपये की मांग की और जब गूजरमल ने पैसे ऐंठने के एवज में दी

जा रही धमकियों के आगे घुटने टेकने से इनकार कर दिया, तो कम्युनिस्ट नेताओं ने मोदी मिल्स के कामगारों को मोदी भाइयों के खिलाफ भड़काने की धमकी दी। गूजरमल ने उन्हें जो मन में आए, करने को कह दिया।

समूह को टकराव के लिए एक मसला मिल गया था और वह इसमें जुट गया। उन्होंने लाउडस्पीकरों की व्यवस्था की और उन्हें कारखानों के बाहर लगा दिया। इसके बाद उन्होंने गूजरमल और उनके कारखानों के खिलाफ दुष्प्रचार करना शुरू कर दिया। लाउडस्पीकरों के ज़रिये ज़ोर-ज़ोर से यह घोषणा की जाने लगी कि गूजरमल एक पूंजीपति थे और वो अपने श्रमिकों का शोषण कर रहे थे। लाउडस्पीकरों से कहा गया कि मज़दूर खुद को संगठित करें और फैक्ट्री मालिकों पर पलटवार करें। मोदीनगर के मज़दूर, जो मोटे तौर पर मोदी परिवार के लिए काम करके खुश थे, उन्होने इस दुष्प्रचार पर ध्यान ना देने की कोशिश की और प्रदर्शनकारियों को नज़रअंदाज़ कर दिया। मज़दूरों की किसी तरह की रुचि नहीं देख कम्युनिस्ट निराश महसूस करने लगे थे। 'हम आपके अधिकारों के लिए लड़ रहे हैं। आप हमार साथ क्यों नहीं दे रहे?' चिढ़कर उन्होंने मज़दूरों से पूछा। मज़दूर गूजरमल के पास गए, जिन्होंने उन्हें सामान्य तरीके से अपना काम जारी रखने के लिए कहा। उन्होंने यह भी कहा कि वे लाउडस्पीकरों के शोर पर ध्यान नहीं दें।

गूजरमल ने धरना-प्रदर्शन कर रही भीड़ के खिलाफ डीएम ऑफिस में शिकायत दर्ज कराई। प्रक्रिया के तहत शिकायत लखनऊ में नई अंतरिम भारत सरकार को भेज दी गई। बताया जाता है कि गृह मंत्रालय के संसदीय सचिव ने जिलाधिकारी को कहा कि नई सरकार पूंजीपतियों को खुश करने और संरक्षण देने की इच्छुक नहीं थी। जिलाधिकारी को सलाह दी गई कि वे मामले को नज़रअंदाज़ करें और उद्योगपति का पक्ष लेते हुए न दिखें। जब गूजरमल को फैसले के बारे में बताया गया, तो उन्होंने महसूस किया कि वो सरकार और आंदोलनकारी कम्युनिस्टों से एक साथ नहीं लड़ सकते। उन्होंने आगे कोई कार्रवाई करने से पहले इंतज़ार करने का फैसला किया।

वो इंतज़ार कर रहे थे और आंदोलनकारियों की ताक़त बढ़ती जा रही थी। अब तक आस-पास के क्षेत्र के किसान भी उनके साथ आ गए थे, जो अपनी ज़मीन का इस्तेमाल कारखाने के लिए नहीं करना चाहते थे। समूह ने गूजरमल के खिलाफ ज़हरीला प्रचार शुरू कर दिया। समूह के एक धड़े ने यह अफवाह फैला दी कि नई सरकार ने एक नया आदेश जारी किया था जिसके तहत मिलों को अपना गन्ना बेचने वाले हर किसान को मुफ्त चीनी देनी होगी। यह मुफ्त चीनी हर किसान

द्वारा मिलों को दिए गए गन्ने से मिल में उत्पादित चीनी का दसवां हिस्सा होना था। किसानों ने अपने हिस्से की मुफ्त चीनी का दावा करने के लिए चीनी मिल तक मार्च करने का फैसला किया। कम्युनिस्टों ने उनकी मदद करने का वादा किया।

26 जून को किसानों और कम्युनिस्ट आंदोलनकारियों के एक बड़े समूह ने मोदी चीनी मिलों की ओर कूच करना शुरू कर दिया। वे मेरठ कॉलेज से कुछ छात्रों को लेकर आए थे और उन्हें मार्च में शामिल कर लिया था। मार्च करने वालों की भीड़ में उन्होंने कुछ बच्चों को भी मिला दिया। जैसे ही भीड़ मिल के पास पहुंची, आंदोलनकारियों ने छात्राओं और छोटे बच्चों को आगे खड़ा कर दिया। उनके पीछे भीड़ में आंदोलनकारी और लाठी-डंडों से लैस किसान शामिल थे।

गूजरमल प्रदर्शनकारियों का जमावड़ा देख रहे थे। उन्होंने महसूस किया था कि आंदोलनकारी मारपीट जैसा विवाद और हिंसा चाहते थे। उन्होंने मिल अधिकारियों को संदेश भेजा कि चीनी मिल के पहरेदारों और वार्डन्स से हथियार रखवा लिए जाएं। गूजरमल नहीं चाहते थे कि उनका कोई कर्मचारी किसी तरह का कोई विवाद शुरू करे। गूजरमल ने सभी कर्मचारियों, वार्डन और गार्डों को यह संदेश दिया कि वे शांत रहें और किसी भी प्रकार की शारीरिक हिंसा नहीं करें, चाहे कोई कितनी भी उकसावे वाली बात करे।

गूजरमल की यह दूरदर्शिता काम आई। जैसा कि उन्हें डर था, जब प्रदर्शनकारी मिल पर पहुंचे तो लड़कियों ने गार्डों और वार्डन को थप्पड़ मारकर उकसाया और उनकी पगड़ी भी ज़मीन पर फेंक दी। मगर गार्ड और वार्डन मज़बूती से जमे रहे और उन्होंने जवाबी कार्रवाई नहीं की क्योंकि वे गूजरमल के आदेश का पालन कर रहे थे। निराश होकर, प्रदर्शनकारियों ने मिल में घुसकर मशीनरी में तोड़फोड़ शुरू कर दी और मज़दूरों के साथ मारपीट करने लगे। इसके बाद प्रदर्शनकारी बिस्किट फैक्ट्री में चले गए। उन्होंने न केवल बिस्किट खाए, बल्कि आधे खाए हुए बिस्किट ज़मीन पर फेंककर हर तरफ गंदगी फैला दी। चीनी गोदाम को लूट लिया गया और प्रदर्शनकारी वहां से चीनी की बोरियां उठाकर ले गए। बहुत ज्यादा उकसावे के बावजूद प्रदर्शनकारी न तो मज़दूरों और न ही कारखाने के पहरेदारों को किसी तरह की हिंसा के लिए भड़का सके।

गूजरमल को प्रदर्शनकारियों से ज्यादा अपने मज़दूरों की सुरक्षा का डर था। उन्होंने सभी मिलों और कारखानों को बंद करने और ताला लगाने का आदेश दिया। जिलाधिकारी अब अपनी निगरानी वाले क्षेत्रों में हिंसा और आंदोलन की गतिविधियों को नज़रअंदाज़ नहीं कर सकते थे।

प्रदर्शनकारियों के मिल में घुसने के अगले दिन, ज़िला मजिस्ट्रेट एक वरिष्ठ पुलिस अधिकारी और सशस्त्र पुलिसकर्मियों के एक छोटे दल के साथ मोदीनगर आए। अधिकारी कारखानों में हुए नुकसान का जायजा लेना चाहते थे और हालात के बारे में जानना चाहते थे। प्रदर्शनकारियों ने निगरानी दल के बारे में सुना और पिछले दिन की घटनाओं से उत्साहित होकर फिर से उसी जगह पर पहुंचे। वरिष्ठ अधिकारी के वहां होने से अनजान प्रदर्शनकारियों ने सरकारी टीम का घेराव किया। कुछ छात्रों ने पुलिस अधिकारी, जो एक अंग्रेज था, के साथ मारपीट की। उन्होंने उसकी टोपी छीन ली और उसे ज़मीन पर फेंककर उसे पैरों से मसलने लगे। एक दूसरे प्रदर्शनकारी ने अंग्रेज अधिकारी का डंडा छीन लिया। उकसाने वाली इस गंभीर हरकत के बावजूद पुलिस अधिकारी ने गोली चलाने का आदेश देने से परहेज़ किया। नई अंतरिम भारत सरकार के आने के बाद वह कोई ऐसी कार्रवाई नहीं करना चाहते थे जो नई सरकार को पसंद न आए। उन्होंने उपद्रवी प्रदर्शनकारियों को हिरासत में ले लिया और उन्हें स्थानीय पुलिस स्टेशन ले गए, जहां उन्हें एक हवालात में रखा गया।

अब बचे हुए प्रदर्शनकारी सामूहिक रूप से थाने पहुंचे और अपने साथी आंदोलनकारियों की रिहाई की मांग करने लगे। जब पुलिस अधिकारी ने मना किया तो भीड़ ने थाने को जलाने की धमकी दी। धमकी काम कर गई और उपद्रवी तत्वों को छोड़ दिया गया। जिलाधिकारी और पुलिस अधिकारी ने महसूस किया कि मामला हाथ से निकल रहा था और वे मेरठ वापस चले गए। हालांकि उन्होंने गूजरमल से वादा किया था कि वे वापस आएंगे, लेकिन वे आए नहीं।

इस दौरान प्रदर्शनकारियों ने हंगामा करना जारी रखा। भले ही सभी मिलें बंद कर दी गई थीं, प्रदर्शनकारियों ने मिलों के सभी दरवाज़ों और फाटकों पर अपने ताले लगा दिए। छात्र स्कूल या कक्षाओं में नहीं जा सके, इसके लिए सड़कों को जाम कर दिया गया था। आंदोलनकारियों ने शहर की जलापूर्ति बंद कर दी। सभी निवासी अपने-अपने घरों के अंदर फंस गए थे क्योंकि कोई भी खतरा मोल लेना नहीं चाहता था और विरोध प्रदर्शनों में फंसने के लिए बाहर नहीं जाना चाहता था।

जब गूजरमल ने देखा कि जिलाधिकारी और पुलिस अधिकारी मेरठ भाग गए और वापस नहीं लौटे, तो उन्हें अहसास हुआ कि वो स्थानीय अधिकारियों पर निर्भर नहीं रह सकते। उन्होंने समझ लिया कि इंतज़ार का वक्त खत्म हो गया था। उन्होंने मामले को खुद देखने का फैसला किया। वो सरकार के वरिष्ठ नेताओं से मिलने के लिए लखनऊ निकल गए।

गूजरमल ने पिछले तेरह साल अपने बिज़नेस और कारखानों पर ही ध्यान लगाया था। वो बदलते राजनीतिक माहौल से वाकिफ थे और उन्होंने कांग्रेस पार्टी को आर्थिक रूप से योगदान देना शुरू कर दिया था, जो स्वतंत्रता आंदोलन में सबसे आगे थी। अब तक सरकार के साथ उनके संबंध ने उन्हें यह विश्वास दिलाया था कि नेता उद्यमियों को देश के विकास के लिए महत्वपूर्ण मानते थे। यह सच था कि भारत आज़ाद देश नहीं था लेकिन 'मालिकों' ने पूंजीवाद की फलने-फूलने दिया था। गूजरमल नई अंतरिम सरकार के इशारों को पढ़ने से चूक गए थे। आज़ादी के लिए संघर्ष कर रहे नए नेताओं की समाजवादी मनोदशा को समझने में वो भूल कर गए थे। लखनऊ की उनकी यात्रा उन्हें झकझोरने वाली घटना थी।

मोदीनगर संयुक्त प्रांत (जिसे बाद में उत्तर प्रदेश कहा गया) का हिस्सा था। 1945 में प्रांतीय विधानसभाओं के लिए नए चुनाव कराने के ब्रिटिश सरकार के आदेश के बाद, कांग्रेस को बहुमत मिला था और गोविंद बल्लभ पंत मुख्यमंत्री थे। लखनऊ में गूजरमल ने मुख्यमंत्री, गृह मंत्री रफी अहमद किदवई और उद्योग मंत्री कैलाशनाथ काटजू से मुलाकात की।

गूजरमल ने उन्हें मोदीनगर के हालात बताए। उन्होंने स्थानीय अधिकारियों के ढीले रवैये और निष्क्रियता पर अपनी निराशा जताते हुए उन्हें पूरी बात समझाई। गूजरमल ने हताशा में अपनी बाहें फैलाते हुए कहा, 'मैं नहीं समझ पा रहा हूं कि आप उन प्रदर्शनकारियों के साथ इतना अच्छा व्यवहार क्यों कर रहे हैं जिन्होंने मेरे पूरे शहर को उथल-पुथल कर दिया है। क्या आपको अहसास भी है कि फैक्ट्रियां कई दिनों से काम नहीं कर पा रही हैं?'

मंत्रालय के एक अधिकारी ने कहा, 'लेकिन गूजरमल जी, हमें सावधान रहना होता है कि हम उनके साथ कैसा व्यवहार करते हैं। हम आपका पक्ष लेते हुए नहीं दिखना चाहते हैं। आखिरकार, आप एक अमीर आदमी हैं, है कि नहीं?' उसने गूजरमल को भौहें ऊपर करके देखा।

'मैं एक अमीर आदमी हूं क्योंकि मैं कड़ी मेहनत करता हूं और कारखाने लगाता हूं। अगर आप चाहते हैं कि फैक्ट्रियां बंद हो जाएं, तो बेहतर होगा कि आप मुझे सीधे बता दें,' उन्होंने रुखेपन से कहा। 'मैं उन्हें तुरंत बंद कर दूंगा। इस हिंसा से किसी का भला नहीं हो रहा है।' गुस्से में उन्होंने कुर्सी पर अपनी पोज़िशन बदली।

हालांकि सरकार की सोच समाजवादी थी, लेकिन वह यह नहीं चाहती थी कि कारखाने बंद हों। राज्य के गृह मंत्री रफी अहमद किदवई ने मेरठ से पुलिस अधिकारी को बुलाया और उससे पूरे मामले को सुना। वो कम्युनिस्ट नेताओं द्वारा

फैलाई अराजकता से नाराज़ हुए और उन्होंने पुलिस अधिकारी को स्थिति को नियंत्रण में लाने के लिए ज़रूरी कार्रवाई करने का निर्देश दिया। उन्होंने गूजरमल को आश्वासन दिया कि सरकार कारखानों को बंद नहीं करना चाहती थी और न ही वह ब्रिटिश सरकार के सभी फैसलों को पलटना चाहती थी। किदवई ने गूजरमल से यह भी कहा कि कांग्रेस जानती थी कि गूजरमल ने उनकी पार्टी को उदारतापूर्वक चंदा दिया था और वो इस बात को भी ध्यान में रखेंगे।

आश्वासनों के साथ, गूजरमल मोदीनगर लौट आए। कानून और व्यवस्था बहाल हो गई और प्रदर्शनकारियों को शहर से बाहर खदेड़ दिया गया। दस दिनों की बंदी के बाद कारखाने फिर से खुलने से पूरे शहर और इसके निवासियों ने राहत की सांस ली।

***

लखनऊ से लौटकर गूजरमल की शख्सियत बदल गई थी। सही मायनों में। गूजरमल की आम पोशाक पारंपरिक चूड़ीदार पायजामा, सुनहरे बटन वाली रेशम की अचकन और जोधपुरी साफा हुआ करती थी। वो इसी पोशाक में लखनऊ गए थे। उनके लिए यह कोई असामान्य बात नहीं थी। जब वो सरकारी दफ्तरों में नेताओं से मिलने गए, तो उन्होंने पाया कि वहां हर कोई उन्हें इस तरह घूर रहा था, जैसे वो किसी चिड़ियाघर के जानवर हों। इसका कारण वो नहीं समझ सके। गोविंद बल्लभ पंत से मिलने के बाद ही उन्हें इसका कारण समझ में आया। पंत ने गूजरमल से कहा कि ज़मींदारों और राजघरानों के दिन लद गए। नया भारत उन्हें शक की निगाह से देखता था। पंत ने आगे बताया कि हालांकि, वो जानते थे कि गूजरमल ने खुद की मेहनत से यह मुकाम हासिल किया था और वो शाही परिवार से ताल्लुक नहीं रखते थे, लेकिन उनकी पोशाक एक अलग संदेश देती थी।

गूजरमल एक चतुर व्यवसायी थे। उन्होंने महसूस किया कि आगे जाकर उन्हें अंग्रेजों के बजाय भारतीय नेताओं से संबंध रखने होंगे। इसलिए, उन्होंने पंत की सलाह को गंभीरता से लिया और अपनी पोशाक में बदलाव करने का फैसला किया। उन्होंने रेशम की अचकन पहननी छोड़ दी और इसके बजाय सूती कुर्ते और बंडियां (हाफ जैकेट) पहननी शुरू कर दीं। साफे की जगह वो सफेद गांधी टोपी पहनने लगे।

गूजरमल लखनऊ से एक और संदेश लेकर वापस आए थे। अब उन्हें अहसास हो गया था कि ब्रिटिश सरकार के अधीन पूंजीवाद के दिन जल्द ही खत्म होने वाले थे। केंद्र और प्रांतों में बनी अंतरिम सरकारों ने व्यापार और व्यापारियों के लिए एक समाजवादी दृष्टिकोण को अपनाना शुरू कर दिया था। काटजू के साथ उनकी

बातचीत ने गूजरमल पर गहरी छाप छोड़ी। काटजू ने कथित तौर पर गूजरमल को बताया कि भारत में अमीर उद्योगपतियों के लिए आम आदमी में अविश्वास पैदा हो रहा था। आम भारतीय दयनीय स्थिति में रहते थे। जब वे उद्योगपतियों और व्यापारियों की समृद्ध और दिखावटी जीवन शैली देखते थे, तो आम आदमी में गुस्सा भरने लगता था। यह माना जाता था कि अमीर गरीबों का शोषण कर रहे थे। गूजरमल को यह भी बताया गया कि एक बार जब भारत आज़ाद हो जाएगा, तो सरकार का प्रयास होगा कि अमीरों से पैसे वसूलकर किसी तरह की समानता लाई जाए।

गूजरमल ने काटजू की बात सुनी और सत्ता में बैठे लोगों की सोच से वो थोड़े डर से गए। वो जीवन भर एक व्यापारी रहे और उनका पक्का यकीन था कि लोगों को गरीबी से बाहर निकालने का एकमात्र तरीका उन्हें अच्छी नौकरी देना था ताकि वे ठीकठाक धन कमा सकें। लेकिन गूजरमल इतने समझदार तो थे ही कि उन्होंने अपनी यह राय उस समय साझा नहीं की क्योंकि उन्हें मोदीनगर में हो रहे विवाद को सुलझाने की ज़रूरत थी। लेकिन उन्होंने काटजू को बताया कि कैसे उन्होंने मोदीनगर की स्थापना की थी और कंपनी किस तरह मज़दूरों की देखभाल करती थी। गूजरमल ने कहा, 'काटजू साहब, अगर आप मोदीनगर आएंगे, तो आप देखेंगे कि सभी अमीर बिज़नेसमैन एक जैसे नहीं होते हैं।' उन्होंने काटजू को बताया कि वो और उनका परिवार उसी इलाके में रहते थे जहां मज़दूर रहते थे। मोदी परिवार और मज़दूरों के परिवारों के बीच मेल-मुलाकात होती रहती थी। गूजरमल ने मोदीनगर के निवासियों के लिए मोदी परिवार के कल्याणकारी कार्यों की भी जानकारी उन्हें दी। गूजरमल ने काटजू से कहा, 'आपको दूसरे लोगों की बातों पर यकीन नहीं करना चाहिए, काटजू साहब। आप खुद आएं और अपनी आंखों से देखें कि मैं सच कह रहा हूं।' काटजू के जल्द ही मोदीनगर आने का वादा किए जाने के साथ ही गूजरमल मोदीनगर लौट आए।

मोदीनगर में कम्युनिस्ट प्रदर्शनकारियों के साथ मामला सुलझने के बाद, गूजरमल को अपनी कपड़ा मिल के लिए एक नई ज़मीन की तलाश करनी पड़ी। गुज्जर समुदाय और मोदी समूह के वरिष्ठ लोगों के बीच अविश्वास बढ़ गया था और गूजरमल किसी भी तरह का एक और झटका नहीं चाहते थे। अंग्रेजों से मिलने वाली आज़ादी के कारण वैसे भी लोगों की भावनाएं उफान पर थीं। गूजरमल ने सोचा कि मिल को दूसरी जगह स्थानांतरित करना समझदारी थी, जहां उन्हें स्थानीय लोगों से दुश्मनी का सामना नहीं करना पड़ेगा। बिसोखर नामक गांव के पास एक बंजर ज़मीन थी। वास्तव में, यहां सीकरी गांव की तुलना में ज़्यादा बड़ी

ज़मीन थी। चूंकि ज़मीन बंजर थी और उस पर कुछ भी नहीं उगाया जा रहा था, मंजूरी आसानी से और जल्दी मिल गईं और ग्रामीणों ने कोई विरोध भी नहीं किया। उनके पास पहले से ही पैसा आ चुका था क्योंकि इस मिल के लिए उनके शेयर पब्लिक ऑफर के तीन दिनों के भीतर बिक गए थे। उन्होंने इस मिल के लिए एक करोड़ रुपये जमा किए थे।

जब तक कपड़ा मिल पर काम शुरू हुआ, गूजरमल और दयावती को एक और बेटा हुआ। अक्टूबर 1946 में पैदा हुए इस बेटे का नाम सतीश कुमार रखा गया।

अगला वर्ष, 1947, भारत के लिए ऐतिहासिक वर्ष था। अगस्त 1947 में भारत आज़ाद हुआ और 200 से अधिक सालों के ब्रिटिश राज का खात्मा हो गया।

11

आज़ाद भारत में बिज़नेस करना सीखना

आज़ाद भारत भारतीयों के लिए नई उम्मीदें और खुशियां लेकर आया। इसने लाखों लोगों को दर्द और तकलीफ भी दी, क्योंकि देश का बंटवारा हुआ था। लाखों भारतीयों को अपनी जड़ों से उखड़ना पड़ा था और उन्हें सीमा पार जाना पड़ा था — भारत से मुसलमान पाकिस्तान चले गए और नई खींची गई सीमा से हिंदू आज़ाद भारत आ गए। अविभाजित भारत एक एकल, एकीकृत आर्थिक इकाई थी जिसकी अर्थव्यवस्था अलग-अलग इलाकों की खासियतों और एक-दूसरे पर निर्भरता पर आधारित थी। कागज़ के एक टुकड़े पर किए एक दस्तखत ने एक ही झटके से इस आर्थिक इकाई को दो गैर-बराबर हिस्सों में बांट दिया था। सबसे ज़्यादा असर खेती में महसूस किया गया।

विभाजन के कारण, कुल बुआई वाले क्षेत्र का 80 प्रतिशत से अधिक भारत में रहा और बाकी पाकिस्तान में चला गया। हालांकि पाकिस्तान को कम कृषि भूमि मिली थी, लेकिन नए देश में सिंचाई की सुविधाएं बहुत बेहतर थीं। पाकिस्तान में कृषि भूमि के एक बड़े हिस्से (45 प्रतिशत) में सिंचाई की सुविधाएं थीं और भारत में कृषि भूमि का केवल एक छोटा हिस्सा (18 प्रतिशत) सिंचित हो पाता था। इसके अलावा, भारत में सिंचाई कार्य बड़े पैमाने पर 'रक्षात्मक' प्रकृति के थे — फोकस इस बात पर था कि सूखा ना पड़े, इस बात पर नहीं कि प्रति एकड़

उपज बढ़ाई जाए। इसलिए, बंटवारे ने भारतीय किसान को वर्षा और मॉनसून की अनिश्चितताओं पर ज़्यादा निर्भर कर दिया। विभाजन से पहले भी भारत में खाद्यान्न की कमी थी। लेकिन विभाजन के बाद यह कमी और बढ़ गई। नए देश, पाकिस्तान में उत्पादित अनाज की मात्रा को हटाने के बाद भारत सालाना 7–8 लाख टन खाद्यान्न के नुकसान में था। इस कमी का मतलब था कि भारत को अगर आज़ादी के पहले जितना फसल उत्पादन करना था तो ज़्यादा बड़े इलाके में खेती करनी होगी। विभाजन के कारण कच्चे कपास और कच्चे जूट की भी गंभीर कमी हो गई थी क्योंकि ये ऐसी फसलें थीं जो पूर्वी और पश्चिमी पाकिस्तान में उगाई जाती थीं। भारत भी इन कच्चे माल की ज़रूरत की अनदेखी नहीं कर सकता था। इससे उपलब्ध भूमि पर प्रतिस्पर्धी दबाव बना। आगे जाकर उद्योगों के लिए ज़मीन हासिल करना आसान नहीं रहा। सरकार ने भी कृषि विकास पर ध्यान केंद्रित किया था। नतीजतन औद्योगिक विकास की योजनाएं प्रभावित हुईं।

इसलिए दिल्ली में नई सरकार ने देश के आर्थिक विकास के लिए एक योजना बनाई। सरकार ने ऐलान किया कि वह सार्वजनिक और निजी उद्यमशीलता दोनों को बढ़ावा देगी।

इस बीच 1947 की शुरुआत में, गूजरमल ने एक पेंट और वार्निश फैक्ट्री लगाई थी। यह भारतीय बाज़ार में एक बड़ा कदम था क्योंकि पेंट और वार्निश स्थानीय स्तर पर बड़े पैमाने पर बनाए नहीं जाते थे और ज़्यादातर पेंट का आयात किया जाता था। शालीमार पेंट्स ने 1900 के दशक की शुरुआत में एक पेंट फैक्ट्री की स्थापना की थी, लेकिन आज़ादी तक बहुत बड़ी फैक्ट्रियां ज़्यादा नहीं थीं।

गूजरमल ने अपनी कपड़ा मिल का काम भी तेज़ कर दिया था। उन्हें कारखाने के लिए समय पर अपनी मशीनें लाने में समस्या का सामना करना पड़ा। विभाजन के कारण 1947 की शुरुआत में ही ऑर्डर किए जाने के बाद भी डिलीवरी प्रभावित हुई थी। आधी मशीनें आ चुकी थीं, लेकिन बाकी बची आधी मशीनों के बिना कपड़ा मिल चालू नहीं हो सकती थी।

मशीनरी की डिलीवरी में देरी के साथ-साथ गूजरमल के सामने एक और मुश्किल आई। विभाजन ने चारों ओर आर्थिक मुश्किलें पैदा कर दी थीं और औसत भारतीय इससे जूझ रहा था। आर्थिक दबावों से गुज़रते समय, लोग अपने निवेश को खत्म करने या पैसा निकालने की ओर ध्यान देने लगते हैं। यही हाल मोदी कपड़ा मिल के शेयरधारकों का था। कई निवेशक बड़ी संख्या में शेयरों को बाज़ार में बेचने लगे क्योंकि उन्हें नकदी की ज़रूरत थी। इस वजह से शेयर की कीमत

लगभग आधी हो गई। जारी किए जाने के वक्त शेयर की फेस वैल्यू 5 रुपए थी और बंटवारे के बाद वही शेयर 2.50 रुपए पर कारोबार करने लगा था। गूजरमल जानते थे कि अगर शेयर की कीमत गिरती रहेगी तो बाकी शेयरधारकों का मनोबल भी गिरेगा। इसके अलावा, टूटे हौसले के साथ, नए निवेशकों को खोजना भी मुश्किल होगा। इसलिए उन्होंने अपनी टीम को खुले बाज़ार से मोदी टेक्सटाइल्स के शेयर खरीदने का निर्देश दिया। उन्होंने शेयर की कीमत 5 रुपये पर वापस लाने के लिए बड़ी तादाद में शेयर खरीदे। उन्हें अपने खुद के शेयरों को वापस खरीदने के लिए एक बड़ी राशि खर्च करनी पड़ी, लेकिन इससे बाज़ार में मोदी टेक्सटाइल्स मिल को लेकर एक उम्मीद बंधी। यह रणनीति कई दूसरे व्यापारियों के उलट थी, जिन्होंने निवेशकों के द्वारा उनके शेयरों को बेचने के बाद अपने कारोबार को बंद होने दिया था। लोगों को यह कहते सुना गया कि अगर गूजरमल मोदी खुद शेयर वापस खरीद रहे थे तो इसका मतलब था कि उन्हें कारोबार पर भरोसा था। धीरे-धीरे मोदी टेक्सटाइल्स मिल्स में निवेशक वापस आने लगे।

मोदीनगर अब तक काफी चहल-पहल वाला शहर बन चुका था। गूजरमल किसी शाही परिवार से ताल्लुक नहीं रखते थे, लेकिन उन्होंने मोदीनगर को अपनी निजी रियासत के रूप में देखा। उन्होंने इसे पूरे अधिकार के साथ चलाया — लगभग एक अच्छे शासक की तरह। पटियाला में बिताए समय और भूपिंदर सिंह को करीब से देखने का असर उनके तौर-तरीकों पर भी पड़ा था। हालांकि वो अभी भी साधारण ज़िंदगी जी रहे थे, लेकिन उनके तौर-तरीके एक राजा की तरह थे।

गूजरमल को अक्सर सरकारी अधिकारियों से मिलने के लिए दिल्ली जाना पड़ता था। जैसे ही कार हाइवे पर पहुंचती, गूजरमल ड्राइवर के कंधे थपथपाते और उसे कार धीमी करके 60 किलोमीटर प्रति घंटा की रफ्तार से चलाने का निर्देश देते। गूजरमल की कार एक विशिष्ट कार थी और आसानी से पहचानी जा सकती थी। हाइवे पर कोई भी कार गूजरमल की कार को ओवरटेक नहीं कर सकती थी। गूजरमल का दबदबा ऐसा था कि वो चाहे कितनी भी रफ्तार से कार चलाएं, कोई भी हाइवे पर उनसे आगे निकलने की हिम्मत नहीं करता था। गूजरमल का यह अघोषित नियम था — 'कोई भी मेरा रास्ता नहीं काट सकता और कोई भी मेरे और मेरे काम के बीच नहीं आ सकता।'

अपनी कपड़ा मिल के लिए मशीनों की डिलीवरी में देरी से गूजरमल खास तौर से परेशान थे। मई 1948 तक जब कोई खबर नहीं मिली तो गूजरमल ने अपने सौतेले भाई केदारनाथ को मशीनरी की जानकारी लाने के लिए ब्रिटेन भेजने का फैसला किया। केदारनाथ को यकीन था कि भारतीय उच्चायोग और उच्चायुक्त

उनकी मदद करेंगे, लेकिन उन्हें सरकारी उदासीनता का अंदाज़ा नहीं था। नए आज़ाद भारत में, व्यापारियों को शक की नज़रों से देखा जाता था। उच्चायोग के लोग केदारनाथ या मोदी टेक्सटाइल्स मिल्स के बारे में नहीं जानते थे, और इसलिए उन्होंने इस मामले पर कोई ध्यान नहीं दिया। केदारनाथ निराश हुए लेकिन ज़्यादा कुछ नहीं कर सकते थे।

लंदन में केदारनाथ ने एक औद्योगिक मेले का विज्ञापन देखा। उन्होंने कुछ और व्यापारियों और मशीनरी सप्लायर्स से मिलने की उम्मीद में वहां जाने का फैसला किया। औद्योगिक मेले की खबरें अखबारों में छापने के लिए वहां कई पत्रकार मौजूद थे। केदारनाथ ने मौका भांप लिया और प्रेस के कुछ लोगों से बात की। उन्होंने उनसे कहा कि उन्हें ऐसा लगता था कि ब्रिटेन में उद्योग सही तरह से काम नहीं कर रहे थे क्योंकि दो साल पहले दिए गए ऑर्डर अभी भी डिलीवर नहीं किए थे। उन्होंने आगे बताया कि ब्रिटिश कंपनियों के अपने काम को पूरा करने में काबिल नहीं होने के कारण मोदी टेक्सटाइल मिल ने ऑर्डर को रद्द करने और अमेरिका में ऑर्डर देने का फैसला लिया था केदारनाथ ने कहा कि उनके इस फैसले से ब्रिटिश मशीनरी-निर्माताओं को 1 करोड़ रुपए का ऑर्डर गंवाना पड़ेगा।*

अगले दिन एक बड़े अखबार में केदारनाथ का इंटरव्यू छपा। इससे ब्रिटेन में खलबली मच गई। ब्रिटेन के उद्योग मंत्री इस बात से खुश नहीं थे कि एक भारतीय नागरिक ने ब्रिटिश कंपनियों को इस तरह से नीचा दिखाया। भले ही अंग्रेजों ने भारत छोड़ दिया था, लेकिन उनका रवैया अभी भी सभी भारतीय चीज़ों को नीची दृष्टि से देखने वाला था। ब्रिटिश नौकरशाहों ने अपने भारतीय समकक्षों से बात की और बयान दिया कि केदारनाथ केवल एक औसत व्यापारी थे और उनके पास ऑर्डर की गई मशीनों के लिए भुगतान करने की क्षमता नहीं थी। इस बयान ने केदारनाथ को नाराज़ कर दिया। उन्होंने पत्रकारों को बुलाकर उन्हें विभिन्न बैंकों के साख पत्र (लेटर ऑफ क्रेडिट) दिखाए और एक करोड़ रुपए की मशीनों के लिए भुगतान करने की अपनी क्षमता साबित की। इस बीच उच्चायोग ने भारत को फोन किया और केदारनाथ और उनके भाई गूजरमल के बारे में और जानकारी मांगी। भारत से मिली जानकारी से वे हैरान रह गए। उन्हें पता चला कि केदारनाथ एक बेहद सफल परिवार का हिस्सा थे जो एक बड़ा बिज़नेस ग्रुप चलाता था

---

* 1945 में, प्रचलित विनिमय दर पर यह लगभग 7.5 लाख ब्रिटिश पाउंड था (एक ब्रिटिश पाउंड 13.5 रुपए के बराबर होता था)।

और उसके भारत में कई कारखाने थे। उन्हें यह जानकर भी हैरानी हुई कि केदारनाथ के भाई के नाम पर एक शहर का नाम रखा गया था। भारतीय उच्चायुक्त ने तुरंत ही ब्रिटेन के उद्योग मंत्री के ऑफिस को सारा ब्यौरा भेजा।

केदारनाथ को एक साधारण व्यापारी समझने की अपनी गलती का अहसास होने के बाद उच्चायोग और ब्रिटिश सरकार दोनों अब उन्हें समय पर मशीनें पाने में मदद करना चाहते थे। ब्रिटेन के कारखाने डिलीवरी की तारीख़ तय करने में नाकाबिल थे। केदारनाथ के पास ऑर्डर रद्द करने और अमेरिका जाने के अलावा कोई चारा नहीं था, जहां उन्होंने ऑर्डर दिया।

मोदी परिवार और ब्रिटिश सरकार के बारे में सभी लेखों का भारत में अनुचित असर पड़ा। इन लेखों ने गूजरमल को सुर्खियों में ला दिया, जो आज़ाद भारत में स्वागत योग्य नहीं था। 1947 के बाद भारत सरकार उद्योगपतियों को शक की नज़र से देखती थी। नई सरकार का मानना था कि दूसरे विश्व युद्ध के समय कई व्यापारियों ने बहुत जायदाद कमा ली थी। कर चोरी की घटनाओं का पता लगाने के लिए सरकार ने एक जांच बोर्ड का गठन किया था। बोर्ड कई विशेष शक्तियों से लैस था — उसके फैसले के खिलाफ अपील नहीं की जा सकती थी और ना कोई वकील उसके खिलाफ याचिका लगा सकता था। व्यापार जगत में हलचल मची हुई थी। ब्रिटेन में सुर्खियों में मोदी परिवार के रहने की वजह से गूजरमल भी बोर्ड की नज़र में आ गए। यह एक ऐसी समस्या थी जिससे गूजरमल दूर रहना चाहते थे। वो पहले से ही अस्थिर शेयर बाजार से जूझ रहे थे और अपनी मिल के लिए ज़रूरी पूंजी जुटा रहे थे। वो समय पर मशीनों के आयात को लेकर भी चिंतित थे। अब उन्हें बोर्ड को वक्त देना होता और सारी कागजी कार्रवाई करनी होती। कुछ शुभचिंतकों ने उन्हें टेक्सटाइल मिल प्रोजेक्ट को बंद करने की सलाह दी। हालांकि गूजरमल का मानना था कि खोया हुआ पैसा आसानी से वापस कमाया जा सकता था, लेकिन अगर उन्होंने टेक्सटाइल मिल प्रोजेक्ट को बंद करके जनता का विश्वास खो दिया तो वह लंबे समय तक उस विश्वास को वापस हासिल नहीं कर पाएंगे। इसलिए, उन्होंने प्रोजेक्ट के साथ आगे बढ़ने का फैसला किया। इस बीच 1948 में मोदी होज़ियरी फैक्ट्री और मोदी टेंट फैक्ट्री शुरू हुई। यही वह साल भी था जब मोदी हाई स्कूल का विस्तार कर उसे मोदी साइंस एंड कॉमर्स कॉलेज बनाया गया।

इस बीच, अमेरिका से मंगाई गई नई मशीनों के साथ मोदी टेक्सटाइल मिल पर काम अच्छी तरह से चल रहा था। एक बार मिल बनाने का काम खत्म होने और मिल के चालू होने के बाद, कम से कम 2,000 मज़दूरों की ज़रूरत होनी थी।

चूंकि मज़दूर आमतौर पर अपने परिवारों के साथ आते थे, इसका मतलब था कि मोदीनगर में कम से कम 4,000-6,000 नए निवासी आते। गूजरमल नए मज़दूरों के लिए एक नई कॉलोनी बसाना चाहते थे। उन्होंने यह भी देखा कि विभाजन के बाद कई शरणार्थियों को फिर से बसाने की ज़रूरत थी। उन्होंने एक प्रस्ताव के साथ उत्तर प्रदेश सरकार से संपर्क करने का फैसला किया।

गूजरमल ने राज्य के मुख्यमंत्री गोविंद बल्लभ पंत से मिलने के लिए समय मांगा। 'सर, मैं शरणार्थियों के लिए एक कॉलोनी विकसित करना चाहता हूं,' उन्होंने मुख्यमंत्री से कहा। 'मैं उन्हें ट्रेनिंग दूंगा और अपनी नई टेक्सटाइल मिल में काम भी दूंगा। जो लोग कुछ और करना चाहते हैं, उन्हें मैं लघु उद्योग लगाने में मदद करूंगा।'

'यह एक अच्छा विचार है,' मुख्यमंत्री ने कहा और जानना चाहा कि सरकार इस नेक पहल में कैसे मदद कर सकती थी।

'इस कॉलोनी को बसाने के लिए मुझे सरकार से कर्ज़ चाहिए,' गूजरमल ने जवाब दिया। उन्होंने यह भी वादा किया कि वो ब्याज़ समेत पैसा सरकार को लौटा देंगे। गूजरमल ने वादा किया, 'मोदीनगर में मेरे कर्मचारियों को जो भी सुविधाएं मिलती हैं, वही शरणार्थियों को भी दी जाएगी।' मुख्यमंत्री इस प्रस्ताव से खुश थे क्योंकि शरणार्थी समस्या वास्तव में एक बड़ी समस्या थी। यूपी सरकार ने 30 लाख रुपए का कर्ज़ मंज़ूर किया था।

जून 1949 में मोदी टेक्सटाइल मिल आखिरकार तैयार हो गई। इस समय तक, दयावती और गूजरमल को बेटे के रूप में एक और संतान की प्राप्ति हुई। इस कारखाने का नाम मोदी स्पिनिंग एंड वीविंग मिल्स था और उनके चौथे बेटे का नाम भूपेंद्र कुमार था। मिल का उद्‌घाटन मुख्यमंत्री गोविंद बल्लभ पंत ने किया। उन्होंने शरणार्थियों के लिए नई कॉलोनी की नींव भी रखी। मुख्यमंत्री के सम्मान में कॉलोनी का नाम गोविंदपुरी रखा गया।

गूजरमल के पास अब तक पंद्रह उद्योग हो चुके थे और अभी वो पचास साल के भी नहीं हुए थे। अपनी विरासत के बावजूद व्यापारिक समुदाय में वो खुद को गढ़ने वाले इंसान के तौर पर जाने जाते थे। वह सरकार और नीतियों के समाजवादी झुकाव से थोड़ा निराश हो रहे थे। वो अपने विचारों को व्यक्त करने में कोई कसर नहीं छोड़ते थे। मार्च 1949 में, उन्हें दिल्ली में ऑल इंडिया मैन्युफैक्चरर्स ऑर्गेनाइज़ेशन की सभा को संबोधित करने के लिए बुलाया गया था। समारोह के मुख्य अतिथि प्रधानमंत्री जवाहरलाल नेहरू थे। अपने संबोधन में गूजरमल

ने इस तथ्य पर निराशा जताई कि हालांकि, देश को राजनीतिक स्वतंत्रता मिल चुकी थी, लेकिन आर्थिक स्वतंत्रता न होने पर इसका कोई बहुत ज़्यादा मतलब नहीं रह जाएगा। नॉर्थ वेस्टर्न रीजनल चैंबर ऑफ कॉमर्स के एक और मंच पर गूजरमल ने कहा: 'अगर देश के लोग गरीब और भूखे हैं, तो देश में न तो आर्थिक स्थिरता हो सकती है और न ही राजनीतिक।' गूजरमल को पक्का यकीन था कि औद्योगिकीकरण आर्थिक तौर पर सफल होने का रास्ता था।

उद्यमिता में दृढ़ विश्वास रखने वाले गूजरमल ने अपने कारोबार का विस्तार जारी रखा। 1950 में, उनके सोलहवें बिज़नेस का उद्घाटन उत्तर प्रदेश के उद्योग मंत्री ने किया था। यह एक ऐसा कारखाना था जहां बेहतरीन गुणवत्ता के लालटेन बनते थे। 1950 में भारत का एक बड़ा हिस्सा अभी भी बिजली से वंचित था और पूरे देश में केवल 1713 मेगावाट की क्षमता के बिजली उत्पादन केंद्र थे और बिजली की प्रति व्यक्ति खपत 15 किलोवाट प्रति घंटे थी। लोगों को रोशनी के अन्य साधनों की जरूरत थी, खासकर रात में। लालटेन, जिसमें बत्ती जलाने के लिए तेल का इस्तेमाल किया जाता था, ज़्यादातर लोगों के लिए रोशनी का सबसे लोकप्रिय साधन थे। अच्छे लालटने जर्मनी से आते थे और महंगे होते थे। मोदी लैंटर्न फैक्ट्री ने उसी गुणवत्ता के लालटेन का उत्पादन किया, जैसे जर्मनी से आते थे। उद्घाटन के समय लालटेन कारखाने में प्रति दिन 5,000 लालटेन का उत्पादन किया जा सकता था। मांग की वजह से, कारखाने को पूरी क्षमता से चलाना पड़ा।

***

व्यापार को फैलाने और दूसरे व्यापारिक मामलों में लगने वाले समय के बीच गूजरमल के दो शौक थे जिनके लिए वो हर दिन समय निकालते थे। पहला फिट और सेहतमंद रहना और दूसरा ब्रिज का खेल खेलना। गूजरमल को अपनी फिटनेस पर गर्व था क्योंकि उन्होंने यह सुनिश्चित कर रखा था कि वे लंबी दूरी तक सैर करें और फिर कसरत करें। उनके दूसरे शौक — ब्रिज का खेल — में उनकी पत्नी सहभागी थीं। दयावती और वो बिना चूके हर दिन ब्रिज खेलते थे।

अपनी नियमित जीवन शैली और फिटनेस पर ध्यान देने के कारण गूजरमल सोच भी नहीं सकते थे कि उन्हें सेहत से जुड़ी कोई दिक्कत हो सकती थी। इसलिए, यह जानकर उन्हें बड़ा झटका लगा कि वो उतने फिट नहीं थे जितना वो खुद को समझते थे। 1951 में, वो मेरठ में एक चाय पार्टी में गए, जहां शहर के एक प्रतिष्ठित डॉक्टर भी मौजूद थे। चाय पार्टी खत्म होने के बाद डॉ. करौली ने गूजरमल को घर छोड़ने की पेशकश की। जब वे दोनों सीढ़ियों से उतर रहे थे, डॉक्टर ने पाया

कि गूजरमल तेज़ सांस ले रहे थे। उन्होंने गूजरमल को सलाह दी कि वो अपना मेडिकल चेकअप कराएं, खास तौर पर दिल का। हालांकि गूजरमल ने सलाह को गंभीरता से नहीं लिया, लेकिन डॉक्टर उन पर ज़ोर डालते रहे और आखिरकार दिल्ली में एक कार्डियोलॉजिस्ट (हृदय रोग विशेषज्ञ) से मिलने के लिए उन्हें तैयार कर लिया।

'दयावती, इस डॉक्टर को देखो! वह कहता है कि मुझे दिल की जांच करवाने की ज़रूरत है,' गूजरमल ने अपने घर में दाखिल होते हुए अपनी पत्नी से कहा। उन्होंने अपनी जैकेट उतारी और दयावती को थमा दी ताकि वो उसे अलमारी में लटका सकें। 'मुझे देखो, क्या तुम्हें लगता है कि मेरे दिल को किसी जांच की ज़रूरत है?' उन्होंने अपनी टोपी उतार कर बगल की मेज़ पर रखते हुए कहा।

दयावती कुछ देर चुप रहीं। डॉक्टर की सलाह पर वो चिंतित थीं, लेकिन कोई हंगामा नहीं करना चाहती थीं। 'अगर डॉक्टर चाहता है कि आप चेक-अप करवाएं, तो इसमें नुकसान क्या है?' उन्होंने नरम लहज़े में कुर्सी पर कुशन रखते हुए कहा ताकि उनके पति आराम से बैठ सकें। 'आपको दिल्ली जाना चाहिए और मैं आपके साथ चल सकती हूं।'

'ठीक है, ठीक है, मैं अपने चेक-अप के लिए जाऊंगा,' गूजरमल ने कुर्सी पर बैठते हुए कहा। 'लेकिन याद रखना, मैं यह सिर्फ तुम्हारे लिए कर रहा हूं।' दयावती अपने पति की तरफ प्यार से देखकर मुस्कुराईं।

मेडिकल टेस्ट से पता चला कि गूजरमल के दिल के दो वॉल्व लीक कर रहे थे। यह एक मेडिकल दिक्कत है जिसमें दिल में वॉल्व पूरी तरह से बंद नहीं होता है और खून के कुछ हिस्से को दिल के बाएं हिस्से में पीछे की ओर बहने देता है। अगर इसका इलाज ना किया जाए तो लीक कर रहा वॉल्व रोगी में हृदय गति रुकने का कारण बन सकता है। गूजरमल को यकीन नहीं हो रहा था कि उनके साथ यह मेडिकल दिक्कत थी। 'लेकिन मुझे न तो दर्द हो रहा है और न ही कोई परेशानी, डॉक्टर साहब,' उन्होंने डॉक्टर से कहा। हृदय रोग विशेषज्ञ ने गूजरमल को समझाया कि चिकित्सा उपकरण और जांच झूठ नहीं बोलते। उन्होंने गूजरमल को सलाह दी कि वे लंबी दूरी तक पैदल चलना कम करें और सीढ़ियों पर चढ़ने से बचें।

गूजरमल को यह बिल्कुल पसंद नहीं आया। वो आलसी जीवन नहीं जीना चाहते थे। वो डॉक्टर को गलत साबित करना चाहते थे। उन्होंने बद्रीनाथ की तीर्थ यात्रा करने का फैसला किया। जब उनके कुछ मित्रों ने उन्हें चेतावनी दी, तो

गूजरमल ने कहा, 'हमारे शास्त्रों में कहा गया है कि अगर आप तीर्थ यात्रा के दौरान मर जाते हैं, तो आप मुक्ति या निर्वाण प्राप्त करते हैं।' उनके दिमाग में यह तर्क था कि अगर वो ज़िंदा और स्वस्थ वापस आए, तो इससे डॉक्टर गलत साबित हो जाएगा; और अगर तीर्थ यात्रा के दौरान उनकी मौत हो गई तो उन्हें निर्वाण प्राप्त होगा। गूजरमल को यात्रा पर जाने से कोई मना नहीं कर सका। यहां तक कि 1951 की शुरुआत में दयावती और उनके पांचवें बेटे — उमेश कुमार — का जन्म भी यात्रा करने के उनके फैसले के रास्ते में नहीं आ सका।

दयावती ने अपने पति के मन को बदलने की पूरी कोशिश की लेकिन सब बेकार रहा। फिर उन्होंने अपने पति के साथ जाने का फैसला किया। चूंकि वो अभी भी बच्चे को स्तनपान करा रही थीं, इसलिए उमेश कुमार भी उनके साथ जाने वाला था। उन्होंने सोचा था कि गूजरमल नहीं चाहेंगे कि उनकी पत्नी और नवजात बेटा कठिन तीर्थ यात्रा में चलें और अपनी योजना बदल देंगे। लेकिन, गूजरमल खुशी-खुशी अपनी पत्नी और सबसे छोटे बेटे को साथ ले जाने को तैयार हो गए। उन्होंने अपने माता-पिता से भी पूछा कि क्या वे भी उनके साथ आना चाहते थे। मुल्तानीमल और उनकी पत्नी हालांकि बूढ़े थे लेकिन वे भी तीर्थ यात्रा पर चलने के लिए राज़ी हो गए। तीर्थ यात्रा पर जाना हिंदुओं के लिए महत्वपूर्ण माना जाता है। चार धाम यात्रा या चार सबसे पवित्र तीर्थों की यात्रा, सभी तीर्थों में सबसे ऊपर मानी जाती है। बद्रीनाथ चार धामों में से एक है, अन्य तीन हैं यमुनोत्री, गंगोत्री और केदारनाथ। हिंदुओं का मानना है कि मोक्ष पाने के लिए इन चार धामों में से किसी एक की यात्रा ज़रूरी है।

मोदी परिवार तीर्थ यात्रा पर निकल पड़ा। यह यात्रा आसान नहीं थी क्योंकि इलाका पहाड़ी था और मौसम ठंडा। यह समूह सही-सलामत बद्रीनाथ पहुंच गया। समूह ने एक छोटा सा हवन समारोह भी किया। मंदिर के पंडितों ने मुल्तानीमल को श्राद्ध पूजा (पूर्वजों के लिए प्रार्थना) करने का सुझाव दिया। यहां बहुत ठंड थी और पूजा के लिए पुरोहित के सामने पुरुषों को लगभग दो घंटे तक ऊपरी बदन पर बिना कुछ पहने बैठना पड़ता था। इसमें गूजरमल को ज़्यादा तकलीफ तो नहीं हुई, लेकिन उनके पिता को निमोनिया हो गया। बेहतर इलाज के लिए उन्हें जल्दी-जल्दी हरिद्वार ले जाया गया। गूजरमल ने अपने पिता की देखभाल में दो महीने बिताए। वो खुश थे और राहत महसूस कर रहे थे कि दिल की बीमारी के बावजूद उन्होंने कठोर परिस्थितियों का सामना सफलता के साथ कर लिया।

***

बाद में उसी साल गूजरमल को कारोबार में एक और तूफान का सामना करना पड़ा। नवंबर 1951 में गूजरमल को एक्सपोर्ट एडवाइजरी कमिटी को संबोधित करने के लिए मद्रास जाना था। उनके जाने से पहले, उन्हें केदारनाथ ने बताया कि दिल्ली पुलिस ने मोदी ग्रुप के खिलाफ आरोप लगाया था कि उन्होंने रेलवे अधिकारियों की मिलीभगत से कई लाख रुपये की रेलवे की कई हज़ार खेपों का गबन किया था। यह खबर चौंकाने वाली तो थी, लेकिन गूजरमल के पास मामले की सच्चाई का पता लगाने के लिए इंतज़ार करने के अलावा कोई चारा नहीं था।

गूजरमल को पता चला कि मामला दरअसल मोदी मिल्स के एक मूवमेंट ऑफिसर और रेलवे के क्लेम्स इंस्पेक्टर के बीच हुई एक तीखी बहस की वजह से शुरू हुआ था। नियमित जांच के दौरान रेलवे के क्लेम्स इंस्पेक्टर की मोदी मिल के मूवमेंट ऑफिसर से कहा-सुनी हो गई थी। नए भारत में इंस्पेक्शन राज शुरू हो चुका था और इंस्पेक्टर किसी भी समय कारखाने और डिपो में परिसर की जांच करने के लिए आ सकते थे। जांच कोई भी हो, वजह यही बताई जाती थी कि उद्योग कुछ गलत कर रहे थे और सरकार से छिपा रहे थे। रेलवे क्लेम्स इंस्पेक्टर का मानना था कि मोदी के कारखाने कुछ अनैतिक काम में शामिल थे, जिससे मूवमेंट ऑफिसर नाराज़ हो गया था। उन दोनों के बीच तीखी बहस हुई और सरकारी अधिकारी इस वजह से खुद को अपमानित महसूस किया। नए आज़ाद भारत में सरकारी अधिकारियों को काफी सम्मान दिया जाता था जबकि लालाओं या सेठों के लिए काम करने वाले लोगों की उपेक्षा की जाती थी। रेलवे इंस्पेक्टर मोदी कंपनी के उस कर्मचारी और मोदी ग्रुप को सबक सिखाना चाहता था। उसने पुलिस विभाग में काम कर रहे अपने जीजा से बात की। जीजा ने इंस्पेक्टर से कहा कि अगर मोदी कंपनी के खिलाफ शिकायत की गई तो सरकार निश्चित रूप से मामले की जांच करेगी क्योंकि नई सरकार उद्योगपतियों और पूंजीपतियों के प्रति आमतौर पर ज़्यादा हमदर्दी नहीं रखती।

इंस्पेक्टर ने व्हिसल ब्लोअर के तौर पर शिकायत की और इसे प्रधानमंत्री कार्यालय को भेज दिया। शिकायत में आरोप लगाया गया कि विभाजन के दिनों में गूजरमल मोदी ने लाखों रुपये की खेप का गबन किया था। यह भी दावा किया गया कि कुछ भ्रष्ट रेलवे अफसरों के सक्रिय सहयोग से ऐसा किया गया था। चूंकि मामला रेलवे से जुड़ा था, प्रधानमंत्री कार्यालय ने रेल मंत्री को पत्र बढ़ा दिया जिन्होंने तुरंत जांच के आदेश दिए।

मामला स्पेशल पुलिस दस्ते को दिया गया, जिसने मोदी ग्रुप के कई कर्मचारियों से बात कर व्यापक जांच शुरू की। जांच अधिकारियों ने कुछ सीधे-सादे लोगों को

अपने सीनियरों को फंसाने के लिए धमकाया और फुसलाया। लेकिन ज़्यादातर कर्मचारियों ने दबाव झेल लिया। जांच अधिकारियों ने महसूस किया कि गूजरमल मोदी की इस क्षेत्र में बहुत अच्छी साख थी। इसलिए, जब मामला अदालत में ले जाया जाना था, तो जांच अधिकारियों ने अनुरोध किया कि स्थानीय जज के बजाय मध्य प्रदेश के किसी जज को लाया जाए। कहा गया कि चूंकि आरोपी इलाके का एक प्रभावशाली उद्योगपति था, इसलिए यह आशंका थी कि वह स्थानीय जजों को प्रभावित करने की कोशिश कर सकता था। सरकार इस केस को लड़ने के लिए बड़ी रकम खर्च करने को तैयार थी।

मामला, जैसा कि बाद में पता चला, वास्तव में एक साधारण मामला था। विभाजन के दौरान, दंगों और हत्याओं के कारण, रेलवे नेटवर्क बाधित हो गया था और ट्रेनें सामान्य रूप से नहीं चल पा रही थीं। रेल रूट पर भीड़-भाड़ से बचने के लिए, दिल्ली में रेलवे अधिकारियों ने पश्चिमी पंजाब के क्षेत्रों में कोयला ले जाने वाली रेलवे वैगनों को रोक दिया था। पश्चिमी पंजाब क्षेत्र विशेष रूप से प्रभावित हुआ था क्योंकि यह पाकिस्तान की सीमा के नज़दीक था। चूंकि रेलवे के पास इन वैगनों को रखने के लिए पर्याप्त जगह नहीं थी, इसलिए क्षेत्र के कुछ उद्योगपतियों से इन वैगनों में से कुछ को अपनी निजी साइडिंग में ले जाने का अनुरोध किया गया था। इस प्रकार मोदीनगर के लिए भी वैगन भेजे गए। भ्रम और अराजकता की वजह से मोदी कारखानों की खेप ले जाने वाले कई वैगन भारत के दूसरे हिस्सों में भेज दिए गए थे। मोदी ग्रुप ने इस बारे में रेलवे को जानकारी दे दी थी और मामले को सुलझाने की प्रक्रिया में था। इससे पहले कि मामला सुलझता, इंस्पेक्टर ने पत्र भेज दिया और जांच शुरू कर दी गई।

इस जांच-पड़ताल को लेकर गूजरमल परेशान थे। उन्हें पता था कि अगर मामला कोर्ट में आया तो कई दिक्कतें आएंगी। सबसे पहली तो यह कि अदालत में किसी भी मामले में फैसला आने में दस साल तक का समय लग सकता है, और इतने साल बिज़नेस की प्रतिष्ठा और बिज़नेस दोनों को बर्बाद करने के लिए काफी होंगे। अगली समस्या यह थी कि गूजरमल को यकीन था कि सरकार के समाजवादी झुकाव को देखते हुए, कोई भी अदालत किसी पूंजीपति के पक्ष में फैसला नहीं देगी क्योंकि जजों पर रिश्वत लेने का आरोप लगाया जाएगा। उन्होंने अपने राजनीतिक संपर्कों का इस्तेमाल किया और गृह मंत्री और रेल मंत्री से मुलाकात की। उन्होंने उनसे जांच पूरी होने के बाद ही अदालती मामले में आगे बढ़ने का अनुरोध किया। उन्हें बताया गया कि मौजूदा माहौल और जनता की नज़रों में यह मामला होने की वजह से इसे वापस नहीं लिया जा सकता था।

राज्य स्तर पर मामला नहीं सुलझने पर गूजरमल मामले को केंद्र स्तर पर ले गए। गूजरमल मोदी के कद को देखते हुए केंद्रीय कैबिनेट में इस मामले पर चर्चा हुई। महाधिवक्ता, महान्यायवादी और कानून मंत्री की राय मांगी गई। साथ ही जांच एजेंसियां अपनी रिपोर्ट्स लेकर आईं। इन सबके आधार पर, सरकार अंततः इस निष्कर्ष पर पहुंची कि मोदी समूह के खिलाफ मामला झूठा और दुर्भावना से प्रेरित था और इसलिए कोई मुकदमा नहीं चलाया जाना चाहिए।

गूजरमल ने राहत की सांस ली, लेकिन यह मामला भारत में बदले हुए माहौल का सबूत था। औसत भारतीय एक बिज़नेसमैन को शक की निगाह से देखता था। बंटवारे ने सभी लोगों के सामने भारी आर्थिक कठिनाई पैदा कर दी थी। अमीर बिज़नेसमैन इस कठिनाई से प्रभावित होने के बावजूद अपनी परिस्थितियों की वजह से इससे बेहतर ढंग से निपटने के काबिल थे। सरकार ने भी, निश्चित रूप से समाजवादी दिशा की तरफ कदम बढ़ाए थे। कारोबार करना किसी भी सूरत में आसान काम नहीं है, लेकिन नए भारत में यह और भी मुश्किल हो गया। अधिकांश उद्योगपतियों को जिस बात को संभालना मुश्किल लगा, वह थी औसत भारतीय द्वारा उन पर लांछन लगाना। पैसों के किसी भी प्रदर्शन को बुरा माना जाता था क्योंकि यह माना जाता था कि यह पैसा औसत भारतीय की कीमत पर कमाया गया था।

गूजरमल और अन्य उद्योगपति इसके बावजूद डटे रहे। गूजरमल और पंडित नेहरू के बीच एक मुलाकात ने साफ किया कि सरकार के दिमाग में क्या चल रहा था और उद्योगपतियों के दिमाग में क्या। पंडित नेहरू भारत में सदियों से चली आ रही ज़मींदारी प्रथा के उन्मूलन के बारे में भाषण देने के लिए मोदीनगर गए थे। मुगल शासन के दौरान, ज़मींदार अभिजात और शासक वर्ग के अंग थे। बादशाह अकबर ने उन्हें मनसब दी थी और उनके पुश्तैनी इलाकों को जागीर कहा जाता था। मनसब शब्द अरबी मूल का है और इसका अर्थ पद या पदवी होता है। मुगल काल में ज़मींदारों के पास ज़मीन की मिल्कियत नहीं थी, बल्कि वे मनसबदार थे। जब अंग्रेज भारत पर शासन करने आए तो उन्होंने इस व्यवस्था को बदल दिया और ज़मींदारों को मिल्कियत दे दी। उन्होंने बड़े ज़मींदारों को राजा, नवाब जैसी उपाधियां भी दीं। 1947 के बाद भारत सरकार के पहले प्रमुख कृषि सुधारों में से एक ज़मींदारी व्यवस्था का उन्मूलन था।

प्रधानमंत्री के स्वागत के लिए मोदीनगर को सजाया गया था। बारिश के बावजूद सैकड़ों पुरुष, महिलाएं और बच्चे नेहरू का भाषण सुनने के लिए मोदी कॉलेज के बड़े मैदान में जमा हो गए थे। भाषण के बाद गूजरमल ने प्रधानमंत्री

को चाय और जलपान के लिए अपने घर बुलाया। इस पर ज़िला कांग्रेस कमेटी के पदाधिकारियों ने आपत्ति जताई। गूजरमल ने उन्हें याद दिलाया कि उन्होंने प्रधानमंत्री बनने से पहले भी नेहरू को घर पर चाय के लिए आमंत्रित किया था। गूजरमल ने कहा कि यह आमंत्रण दोबारा नहीं देने की उन्हें कोई वजह नज़र नहीं आती। कहा जाता है कि नेहरू ने कहा कि अगर बुलावा जवाहरलाल के लिए था तो वो खुशी-खुशी आएंगे। हालांकि, अगर निमंत्रण देश के प्रधानमंत्री के लिए था तो वो विनम्रता के साथ मना कर देंगे।

यह तय हुआ कि गूजरमल और नेहरू मुरादनगर के एक गेस्ट हाउस में एक साथ चाय पिएंगे। यह मोदीनगर में जमा हुई बड़ी भीड़ से दूर होगा। मुरादनगर मोदीनगर से कुछ ही दूरी पर था और गेस्ट हाउस गंगा नहर के किनारे था। मेल मुलाकात अनौपचारिक और घरेलू माहौल वाली थी।

नेहरू और गूजरमल गेस्ट हाउस के बरामदे में बैठे। उन्हें सादी चाय और कुछ नमकीन परोसे गए। हरियाली से घिरे हुए और पक्षियों की आवाज़ों के बीच दोनों व्यक्तियों के मन को सुकून भरा अहसास हो रहा था।

नेहरू ने अपने हाथों में चाय का प्याला थामकर दूर नहर के धीमे बहते पानी की ओर देखते हुए कहा, 'उद्योगपतियों और व्यापारियों द्वारा अपने स्वागत-सत्कार से मैं हैरान हूं। आप सभी मेरी पार्टी के नज़रिये को जानते हैं, लेकिन ऐसा लगता है कि आप सभी खुले दिल से मेरा स्वागत कर रहे हैं।'

'मुझे पता है, सर, कि आप मानते हैं कि समाजवाद भारत को आगे ले जाने का रास्ता है,' गूजरमल ने सामने देखते हुए कहा। 'मुझे पता है कि आने वाले सालों में कई व्यवसायों का राष्ट्रीयकरण किया जा सकता है। लेकिन मैं यह भी जानता हूं कि मेरे जैसे लोग हमारे देश के आर्थिक विकास में महत्वपूर्ण हैं। शायद हम आपको अपनी विचारधारा के बारे में बताना चाहते हैं।' गूजरमल मुस्कराए और उन्होंने अपनी कप साइड टेबल पर रख दी।

'आप सही हो सकते हैं, गूजरमल,' नेहरू ने कहा। 'लेकिन मुझे अभी भी समझ नहीं आया कि आप जैसे लोग मुझ पर इतना प्यार क्यों लुटाना चाहते हैं।'

'सर, आप बड़ी लड़ाई लड़ने का दावा नहीं कर सकते और न ही आप पूरे देश में सबसे विद्वान व्यक्ति होने का दावा कर सकते हैं। लेकिन आम लोग अभी भी आपको देखने के लिए घंटों तक गर्मी, धूल और बारिश का सामना करते हुए आपका इंतज़ार करने के लिए तैयार हैं। मुझे यकीन है कि यह आपके पिछले कर्मों का नतीजा है,' गूजरमल ने अपनी विशिष्ट स्पष्टवादिता के साथ कहा।

नेहरू ज़ोर से हंसे और अपने कप में थोड़ी चाय और भरी। 'तो, अब मुझे बताइए, गूजरमल, आप एक उद्योगपति के रूप में इतने सफल क्यों हैं?' नेहरू ने पूछा।

गूजरमल ने धीरे से जवाब दिया, 'जिस तरह आपको अपने पिछले कर्मों का फल मिल रहा है, मुझे यकीन है कि मैंने भी अपने पिछले जन्म में कुछ अच्छे कर्म किए होंगे। मैं हाई स्कूल पास भी नहीं हूं, फिर भी भगवान ने हमेशा मेरी इच्छाएं पूरी की हैं और मुझे एक सफल उद्योगपति बनाया है।'

वो पल भर के लिए चुप हुए। 'और मैं आपको याद दिला दूं, सर, मेरे जैसे लोग ही हैं जो देश भर में लाखों लोगों को रोज़गार देते हैं। हम तरक्की करते हैं तो हमारे कर्मचारी भी तरक्की करते हैं। केवल आर्थिक तौर पर मज़बूत भारत ही अपने लोगों की देखभाल कर सकता है,' गूजरमल ने अपने मेहमान यानी पंडित नेहरू की ओर ध्यान से देखते हुए अपनी बात आगे बढ़ाई।

'मेरी दोपहर बहुत अच्छी रही, गूजरमल। आइए इस बात को यहीं छोड़ें और एक-दूसरे से असहमत होने के लिए सहमत हो जाएं,' नेहरू ने मुस्कुराते हुए कहा।

12

मुसीबत एक अच्छी शिक्षक है

1952 का साल गूजरमल के लिए और भी मुश्किलें लेकर आया। पाले ने उस वर्ष गन्ने की फसल को नष्ट कर दिया था, जिसका चीनी मिल पर नकारात्मक प्रभाव पड़ा। उसी वर्ष, मिल मालिकों ने बड़ी मात्रा में मूंगफली के तेल का उत्पादन किया था। मार्च-अप्रैल के महीने तक जब मूंगफली की फसल तैयार हो गई, सटोरिये-व्यापारी बाज़ार में आ गए थे। सटोरियों ने बड़ी मात्रा में मूंगफली का तेल बेचा और कीमतों को नीचे गिरा दिया। बाज़ार लुढ़क गया।

गूजरमल अब पचास साल के हो चुके थे, लेकिन उम्र का असर उन पर नहीं पड़ा था। वो इस समय देश यात्रा पर निकले हुए थे। वो व्यापार के सिलसिले में नासिक गए थे। जब वो नासिक से बंबई पहुंचे, तो उन्हें मोदीनगर से जानकारी मिली कि मामला गंभीर था क्योंकि तेल मिल के पास काफी स्टॉक पड़ा था, लेकिन बाज़ार में कीमत तेज़ी से गिर रही थी। उन्हें यह भी बताया गया कि इन्वेंट्री में स्टॉक के आधार पर अर्जित 8 लाख रुपये से अधिक का मुनाफा पहले ही खत्म हो चुका था। तेल की कीमत 70 रुपये प्रति मन से गिरकर 40 रुपये प्रति मन से भी कम हो गई थी। गूजरमल बंबई की अपनी यात्रा बीच में ही छोड़कर मोदीनगर वापस चले आए। जब तक वो वापस लौटे, 8 लाख रुपये का अर्जित लाभ 20 लाख रुपये के अनुमानित नुकसान में बदल चुका था। मिल के लोग परेशान थे क्योंकि वे लगभग

हर घंटे तेल की कीमतों में गिरावट देख रहे थे। इसके अलावा, मूंगफली तेल की कीमतों में गिरावट का असर दूसरी कमोडिटीज़ में भी होने लगा था। तेल, सोना, चांदी और यहां तक कि कपास जैसी वस्तुओं की कीमतें तेज़ी से गिरने लगीं। यह संक्रमण तेज़ी से फैल रहा था क्योंकि मंदी ने बाज़ार को अपनी चपेट में ले लिया था। जब इन कमोडिटीज़ की कीमतें गिरीं, इनका उत्पादन और व्यापार करने वाली कंपनियों के शेयर की कीमतें भी गिर गईं। जब शेयरों की कीमतें गिरने लगीं, बैंकों की चिंता बढ़ गई क्योंकि उन्होंने इन कंपनियों को कर्ज़ दे रखा था। बैंकों पर इन कर्ज़ों के एनपीए (नॉन-परफॉर्मिंग एसेट) में तब्दील होने का खतरा मंडरा रहा था। मामला गंभीर होता जा रहा था।

यहां तक कि मोदी ऑयल मिल्स पर भी आर्थिक दबाव आ गया। जहां बड़ी संख्या में कर्मचारियों ने कंपनी की मदद करने के लिए अपनी इच्छा से वेतन में कटौती करवा ली, वहीं कुछ ऐसे भी थे जिन्होंने कंपनी छोड़ना पसंद किया। कुछ वरिष्ठ प्रबंधकों ने कंपनी छोड़ दी क्योंकि उन्हें समझ नहीं आ रहा था मंदी कब तक रहेगी। मोदी ऑयल मिल्स के डायरेक्टर्स चिंतित थे और बोर्ड की बैठक बुलाई गई। बोर्ड के कुछ निदेशक स्वयं सट्टेबाज-व्यापारी थे। उनका विचार था कि घाटे को कम करने के लिए मोदी ऑयल मिल्स के पास मौजूद तेल का सारा स्टॉक बेच देना चाहिए क्योंकि उन्हें यकीन था कि कीमतें और गिरेंगी। इसके अलावा, उन्होंने गूजरमल को सुझाव दिया कि मोदी ऑयल मिल्स के फंड का इस्तेमाल सोने और चांदी पर दांव लगाकर कमोडिटी बाजार में सट्टेबाज़ी के लिए किया जाए।

गूजरमल ने इन सभी सुझावों को मज़बूती से ठुकरा दिया और बोर्ड को इंतज़ार करने की सलाह दी। उन्हें यकीन था कि बाजार लंबे समय तक मंदी में नहीं रह सकता था और जिसके पास वित्तीय क्षमता थी, वह आने वाले समय में फायदे में होगा। वो सोने और चांदी में ट्रेडिंग करने को लेकर भी सतर्क थे क्योंकि उनके पास इन चीज़ों का कोई स्टॉक नहीं था। बोर्ड की बैठक कुछ घंटों तक चली और गूजरमल अपने सुझावों पर मुहर लगवाने में कामयाब हुए थे। बोर्ड ने हड़बड़ी में बिक्री ना करने के लिए प्रबंधन को अनुमति दे दी।

गूजरमल की दूरदर्शिता रंग लाई। कुछ दिनों के बाद, बाज़ार में बदलाव आया और कीमतें फिर से बढ़ने लगीं। अब तक हुआ पूरा नुकसान काफी हद तक बराबर हो गया था। गूजरमल को व्यापार में होने वाले घाटे को आगे के सालों में ले जाना पसंद नहीं था। इसलिए उन्होंने वनस्पति प्लांट बनाने के लिए दिल्ली में नजफगढ़ रोड पर खरीदी गई ज़मीन के एक टुकड़े को बेचने का फैसला किया।

उन्होंने प्लॉट के लिए 0.50 रुपये प्रति वर्ग गज का भुगतान किया था और कुछ ही समय में उसकी कीमत 6 रुपये प्रति वर्ग गज हो गई थी। उन्होंने इस ज़मीन को बाज़ार भाव पर बेच दिया और एक साल पहले लगाए गए अपने ऑक्सीजन गैस प्लांट को भी बेच दिया।

साल 1952 उनके जीवन में केवल दूसरी बार था जब उन्हें घाटा झेलना पड़ा था। पहली बार 1934 में घाटा हुआ था, जब गन्ने की फसल खराब हुई थी। उस समय उनकी चीनी मिल को केवल एक साल ही हुआ था और बिज़नेस छोटा था। वो घाटा उठाने की काबिलियत रखते थे। दो दशकों से भी कम समय में गूजरमल एक बड़े उद्योगपति बन गए थे और उन्होंने एक व्यक्तिगत ब्रांड इक्विटी बना ली थी। पिछले एक दशक में उनके बिज़नेस लगातार अच्छा कर रहे थे और उन्हें बाज़ार में अपनी साख को जांचने की ज़रूरत नहीं पड़ी थी। इस साल ने उन्हें थोड़ा रुककर अपने कारोबार और रिश्तों पर एक नज़र डालने का मौका दिया। उन्होंने जो कुछ देखा, वो उन्हें कुछ खास पसंद नहीं आया।

सफलता का श्रेय लेने के लिए तो कई लोग सामने आ जाते हैं जबकि असफलता की जिम्मेदारी कोई नहीं लेना चाहता — यह कथन इस साल के दौरान सही साबित हो रहा था। मोदी ऑयल मिल्स की समस्या सभी को पता थी और गूजरमल को भारी नुकसान होने की बात भी जगज़ाहिर थी। गूजरमल एक अभिमानी व्यक्ति थे और उन्होंने इस समय अपने किसी रिश्तेदार से आर्थिक मदद नहीं मांगी। वो उन लोगों की व्यंग्यात्मक टिप्पणियों और उनके पीछे की जाने वाली बुराई को समझ रहे थे, जिन्हें वो अपना करीबी मानते थे। उन्होंने महसूस किया कि हर कोई उनकी सफलता से खुश नहीं था।

इस अवधि से उन्हें जो दूसरा सबक मिला, वह यह था कि बिज़नेस को एक रिज़र्व फंड की ज़रूरत होती है। बाजार में उतार-चढ़ाव आता रहेगा और केवल वही बिज़नेस विजेता बनकर निकलेंगे, जो वित्तीय सुरक्षा की वजह से इस उतार-चढ़ाव को झेल सकेंगे। अगर उनके पास एक रिज़र्व फंड होता तो उसका इस्तेमाल तेल की कीमतों में गिरावट से निपटने के लिए किया जा सकता था। गूजरमल को यकीन था कि ऐसा होता तो उन्हें न तो दिल्ली में बेशकीमती ज़मीन और न ही अपने ऑक्सीजन गैस प्लांट को बेचने की ज़रूरत पड़ती।

गूजरमल ने एक और कठिन सबक भी सीखा। उन्हें इस बात पर गर्व था कि उन्होंने वफादार कर्मचारियों की फौज़ तैयार की थी। मोदीनगर ऐसा शहर था, जहां कर्मचारियों को कंपनी की तरफ से सबसे अधिक सुविधाएं दी जाती थीं।

अधिकांश कर्मचारियों को रहने के लिए या तो दो-बेडरूम या तीन-बेडरूम का घर दिया गया था, जिसमें सभी सुविधाएं होती थीं। इसके अलावा, दयावती और गूजरमल खुद कर्मचारियों की खुशहाली के लिए हर काम में व्यक्तिगत रुचि लेते थे। मोदी परिवार मज़दूरों के लिए उनकी ज़रूरत के समय हर वक्त मौजूद होता था। इसलिए, जब बिज़नेस खराब दौर से गुजर रहा था तो कुछ कर्मचारियों और मैनेजरों के कंपनी छोड़ कर चले जाने पर उन्हें झटका लगा। उन्होंने कड़वा सबक सीखा कि वो अपने कर्मचारियों की वफादारी पर निर्भर नहीं रह सकते। वर्ष 1952 गूजरमल के लिए शिक्षाप्रद रहा और उन्होंने जो सबक सीखे, वे उनके बाद के सालों में उनके साथ हमेशा बने रहे।

13

पारिवारिक व्यक्ति

गूजरमल हमेशा से एक परंपरागत हिंदू थे। वो शुद्ध शाकाहारी थे और शराब को हाथ भी नहीं लगाते थे। हर सुबह टहलने, व्यायाम करने और नहाने के बाद वो प्रार्थना और ध्यान में समय बिताते थे। हर शाम घर में एक घंटा भजन और रामायण का पाठ होता था। सभी से वो इस दौरान एक साथ बैठने की उम्मीद रखते थे। शाम की इस प्रार्थना और भजन में बच्चों को भी शामिल होना पड़ता था।

1932 में जब वो अपने सपनों का औद्योगिक शहर बसाने के लिए पटियाला छोड़कर बेगमाबाद आए थे, उसके बाद के किसी भी साल में उन्हें बद्रीनाथ के अलावा भारत के किसी भी पवित्र तीर्थ के दर्शन करने का समय नहीं मिला था। दयावती और उन्होंने मोदीनगर में मंदिरों के निर्माण में व्यक्तिगत रुचि ली थी। लेकिन गूजरमल की हिमालय में गंगोत्री जाने की काफी इच्छा थी।

1952 की उथल-पुथल समाप्त होने के बाद, अगला साल सकारात्मक चीज़ के साथ शुरू हुआ। पिछले साल के नुकसान की भरपाई हो गई और कारोबार पटरी पर लौट आया। गूजरमल ने फैसला किया कि गंगोत्री की तीर्थ यात्रा पर जाने का यह अच्छा समय था। दयावती और दो दूसरे लोगों को मिलाकर एक छोटा सा ग्रुप बनाया गया।

बीसवीं शताब्दी के मध्य में पहाड़ों में इन तीर्थयात्राओं के लिए जाना एक मुश्किल काम था। कोई पक्की सड़क नहीं थी जिस पर मुसाफिर जा सकें। सड़कों

के अभाव के साथ-साथ कोई पुल भी नहीं था और यात्रियों को कई नदी और नालों को पैदल ही पार करना पड़ता था। कच्ची सड़कें अपने आप में बहुत संकरी थीं और पहाड़ों के किनारे-किनारे गहरी खाई के साथ चलती थीं। मानो सभी कठिनाइयों की भरपाई करने के लिए प्रकृति यात्रियों को, जो इन मार्गों पर सफर करने का साहस दिखाते थे, एक मनभावन परिदृश्य देखने का मौका देती थी। पहाड़ों का विशाल स्वरूप और गंगा नदी की सुंदरता देखने लायक होती।

भले ही इन रास्तों पर सड़क का कोई अता-पता नहीं था, रास्ते में सरकारी गेस्ट हाउस होते थे। लगभग हर दस या पंद्रह किलोमीटर पर एक डाक बंगला देखा जा सकता था, जिसे गेस्ट हाउस कहा जाता था। ये एक या दो कमरे और रसोईघर वाले लॉज थे। इनमें बुनियादी सुविधाएं भर मिल जाती थीं और इन्हें किसी भी लिहाज से शानदार नहीं कहा जा सकता था। रास्ते में निजी धर्मशालाएं भी थीं, लेकिन यहां साफ़-सफाई अच्छी नहीं रहती थी।

तीर्थयात्री इन कठिनाइयों से विचलित नहीं होते थे और सभी उम्र के लोग इस यात्रा में शामिल होते थे। बूढ़े पुरुषों और महिलाओं को अपने सिर पर अपने सामानों की गठरी के साथ धीरे-धीरे चलते देखना आम बात थी। गूजरमल और उनकी टोली को सिर पर कोई सामान नहीं ढोना पड़ता था। उनके पास सामान ढोने के लिए कुली और खच्चर होते थे। पहाड़ों में कड़ाके की ठंड पड़ रही थी इसलिए गर्म कपड़ों की ज़रूरत होती थी। जब वे गंगोत्री पहुंचे तो मोदी परिवार का समूह एक व्यापारी के निजी बंगले में रुका था।

गंगा नदी के स्रोत गंगोत्री के आसपास के क्षेत्र में ग्रामीणों का निवास नहीं था। वहां केवल दो-चार झोपड़ियां थीं जिनमें चार-पांच साधुओं का समूह रहता था। नदी के हाड़ कंपा देने वाले पानी में नहाकर गूजरमल इन झोपड़ियों में गए। उन्होंने देखा कि एक साधु एक छोटी सी झोंपड़ी में था, जिसकी ऊंचाई पांच फीट से अधिक नहीं थी। झोंपड़ी का दरवाज़ा इतना नीचा था कि लोगों को अंदर घुसने के लिए लगभग रेंग कर अंदर जाना पड़ता था। अंदर तीन से ज़्यादा लोगों के बैठने की जगह नहीं थी। इस कुटिया में एक साधु एक लकड़ी के चबूतरे पर अकेला बैठा था। मौसम की परवाह किए बिना ठंड में वह निर्वस्त्र बैठा था। हालांकि उसकी आंखें खुली थीं, वह बिना पलक झपकाए कहीं दूर देख रहा था। साधु गहरे ध्यान में था।

कुटिया के अंदर जाते ही गूजरमल को इस साधु के साथ एक अजीब सा जुड़ाव महसूस हुआ। उन्होंने साधु के चरणों में घंटों बिताए और महसूस किया कि उनकी चिंताएं धीरे-धीरे उनसे दूर हो रही थीं। वो रात को वहीं रुकना चाहते थे,

लेकिन उन्हें बताया गया कि झोंपड़ी में कोई रात नहीं बिता सकता। उन्हें गेस्ट हाउस वापस जाने की सलाह दी गई। लेकिन उनका मन वहां से जाने का नहीं था। उन्होंने रात झोंपड़ी के बाहर बिताई और सुबह होते ही वो साधु को देखने के लिए वापस अंदर चले गए। गूजरमल ने साधु से कहा कि वो उनके साथ एक अजीब जुड़ाव महसूस करते थे और उन्हें अपना गुरु बनाना चाहते थे। साधु ने इशारे से बताया कि वो गूजरमल को शिष्य नहीं बना सकते। लेकिन गूजरमल को जवाब के तौर पर ना नहीं चाहिए था। झोंपड़ी के बाहर बिताई रात ने उनके इस संकल्प को और मज़बूत कर दिया था कि वाकई उन दोनों के बीच एक अजीब सा संबंध था।

जब अपने व्यावसायिक लक्ष्यों का पीछा करने की बात आई थी तो गूजरमल ने दृढ़ता दिखाई थी। साधु को अपना गुरु बनाना अब उनका व्यक्तिगत लक्ष्य बन गया था। उन्होंने निश्चय किया कि वो तब तक गंगोत्री नहीं छोड़ेंगे जब तक कि साधु उन्हें गुरु-दीक्षा देने के लिए सहमत नहीं हो जाते। दीक्षा आमतौर पर व्यक्तिगत रूप से एक गुरु किसी मंत्र के माध्यम से शिष्य को देता है। गूजरमल ने फैसला किया कि दयावती और बाकी लोग मोदीनगर वापस चले जाएंगे और वे गंगोत्री में दीक्षा पाने तक इंतज़ार करेंगे।

गूजरमल झोपड़ी में दिन बिताते और साधु से बात करते। उन्होंने साधु से कहा कि वो तीस साल से एक गुरु की तलाश कर रहे थे। गूजरमल ने आगे कहा कि उनके दिल ने उन्हें बताया कि उन्हें यहां गुरु मिल गया था। उनका लगातार पीछे पड़े रहना आखिरकार रंग लाया। साधु मान गए और गूजरमल को गुरु-दीक्षा देने के लिए तैयार हो गए। गूजरमल बेहद खुश थे और उन्होंने एक बड़े भंडारे का आयोजन किया। वैदिक मंत्रोच्चारण के बीच गूजरमल को गुरु ने शिष्य के तौर पर दीक्षा दी। वो अब अपने गुरु की सेवा में लगे रहना चाहते थे। उनके गुरु ने उन्हें वापस जाने का निर्देश दिया क्योंकि उनके ऊपर अपने परिवार की ज़िम्मेदारी थी — उन्हें अपनी बेटियों की शादी करनी थी और बेटों की देखभाल करनी थी, इसके अलावा उनकी पत्नी को भी देखभाल की ज़रूरत थी। गूजरमल अपने गुरु की इच्छा के खिलाफ नहीं जा सके और लौट आए। लेकिन, वो दिल में खुशी के साथ लौटे क्योंकि उन्होंने महसूस किया कि सही गुरु को खोजने की जीवन की सबसे बड़ी महत्वाकांक्षा उन्हें हासिल हो गई थी।

गूजरमल एक साल बाद गंगोत्री वापस आए और अपने गुरु के साथ कुछ दिन बिताए। उन्होंने अपने दोस्तों से कहा कि अगर उनका बस चले तो वो अपना बचा जीवन अपने गुरु की सेवा में बिताएंगे। लेकिन एक बार फिर, साधु ने अपने शिष्य को याद दिलाया कि एक उद्योगपति के रूप में वो लोगों की सेवा कर रहे थे,

क्योंकि वो उन्हें आजीविका दे रहे थे। साधु ने कहा कि गूजरमल कारखानों और मिलों का निर्माण करके देश की सेवा भी कर रहे थे, और भारत को सफलता की राह पर ले जा रहे थे। साधु के शब्दों का गूजरमल पर सकारात्मक असर हुआ और वो जो काम कर रहे थे, उसे अब वो एक नए नज़रिए से देखने लगे। उन्होंने वादा किया कि वह अपने काम-धंधे को को मज़बूत करने और आगे बढ़ाने का काम जारी रखेंगे।

गुरु-दीक्षा के दो साल बाद, गूजरमल अपने परिवार के साथ तीन नदियों के संगम में डुबकी लगाने के लिए प्रयागराज गए। इस बार उन्होंने लगभग एक महीने की छुट्टी ली और गया, वाराणसी, अयोध्या और चित्रकूट के धार्मिक स्थलों पर भी गए। लगभग दो दशकों तक काम में डूबे रहने के बाद, उन्होंने इस समय को भजन, कीर्तन, आध्यात्मिक और धार्मिक प्रवचनों में डुबो दिया। कई बार शिविरों में सादा जीवन बिताना उन्हें ज़िंदगी की बुनियादी खुशियों को समझने में मददगार रहा।

लेकिन गूजरमल अपने गुरु के शब्दों को नहीं भूले थे और उन्होंने नए बिज़नेस लगाना जारी रखा। मूंगफली के तेल की कीमतों में गिरावट के कारण हुए नुकसान की भरपाई के लिए उन्हें अपना ऑक्सीजन प्लांट बेचने के लिए मजबूर होना पड़ा था। 1954 में उन्होंने एक नया ऑक्सीजन प्लांट लगाया। उन्होंने एक ब्रिटिश फर्म की मिल्कियत वाली एक ट्यूबवेल कंपनी भी खरीदी। 1946-56 का दशक उन भारतीयों के लिए अच्छा था जो अंग्रेजों की मिल्कियत वाली फर्मों को खरीदना चाहते थे। भारत के आज़ाद होने के बाद अंग्रेजों को अपने कारोबार के अच्छे प्रदर्शन पर ज़्यादा भरोसा नहीं था। वे अपने कारोबार को बेचना चाह रहे थे, औने-पौने दामों पर भी। गूजरमल ने ट्यूबवेल कंपनी को ऐसे ही एक मौके के तौर पर देखा। इसके लिए कीमत 12 लाख रुपये रखी गई थी, लेकिन गूजरमल संपत्ति सहित पूरी कंपनी को केवल 5 लाख रुपये में खरीदने में सफल रहे। वो उस कंपनी को मोदीनगर ले आए और उसका नाम एसोसिएटेड ट्यूबवेल कंपनी रखा। इस समय तक, उनकी सबसे बड़ी बेटी की शादी जयंती प्रसाद अग्रवाल से हो चुकी थी। गूजरमल ने इस कंपनी को चलाने का जिम्मा अपने दामाद को सौंपा। गूजरमल परिवार के सदस्यों को बिज़नेस में शामिल करना पसंद करते थे क्योंकि उनका मानना था कि वो उन पर भरोसा कर सकते थे। वो अपने सौतेले भाइयों को पहले ही बिज़नेस में लाकर उन्हें अलग-अलग कारखानों का प्रभार दे चुके थे। अब अगली पीढ़ी की बारी थी।

***

उनके बेटे बोर्डिंग स्कूल में थे। गूजरमल ने हाई स्कूल भी पास नहीं किया था और इसका उन्हें हमेशा अफसोस रहता था। इसलिए, उन्होंने पक्का इरादा किया था कि उनके बेटे अपनी शिक्षा सर्वश्रेष्ठ संस्थानों से पूरी करेंगे। मोदीनगर में एक अच्छा हाई स्कूल था। गूजरमल ने यह सुनिश्चित किया था कि अच्छे शिक्षक मोदी हाई स्कूल में पढ़ाने आएं। उनके सभी बेटे प्राथमिक शिक्षा के लिए स्थानीय स्कूल में गए। गूजरमल ने स्कूल को हिदायत दी थी कि उनके बेटों को कोई स्पेशल ट्रीटमेंट न दी जाए। लेकिन, शिक्षकों और साथी छात्रों के लिए इस बात को नज़रअंदाज़ करना मुश्किल था कि ये बच्चे उनके शहर को बसाने वाले शख्स के थे। निश्चित रूप से एक सम्मान की भावना अंदर ही अंदर लोगों के मन में जम चुकी थी और गूजरमल इससे असहज थे। इसके अलावा, मोदीनगर के स्कूल हिंदी माध्यम वाले थे। गूजरमल चाहते थे कि उनके बेटे अंग्रेजी के अच्छे जानकार और धाराप्रवाह अंग्रेजी बोलने वाले हों।

न केवल वो चाहते थे कि उनके बेटे अच्छी पढ़ाई करें, बल्कि शारीरिक तंदुरूस्ती पर ज़ोर देने वाले गूजरमल यह भी चाहते थे कि उनके सभी बेटे एक ऐसे स्कूल में जाएं जहां उन्हें बड़े पैमाने पर खेल-कूद में हिस्सा लेने के सही अवसर मिलें। वो जानते थे कि मोदीनगर के स्थानीय स्कूल उन्हें और उनके बेटों को सर्वांगीण विकास का यह पहलू नहीं दे सकते। इसके अलावा, उन्होंने 'नेटवर्क' की अहमियत समझ ली थी। बिज़नेस घरानों का अपना नेटवर्क होता था, लेकिन गूजरमल ने महसूस किया कि एक अच्छे स्कूल में साथी छात्रों के साथ विकसित नेटवर्क ज़िंदगी भर रहता है। वो जानते थे कि उन्हें अपने बेटों को एक अच्छे बोर्डिंग स्कूल में भेजना होगा।

उन्होंने दयावती के साथ इस मामले पर चर्चा की और लड़कों को घर से दूर भेजने के लिए उनकी सहमति ली। उन्होंने अन्य मारवाड़ी परिवारों के साथ बोर्डिंग स्कूलों के विकल्पों पर चर्चा की थी। उन्होंने स्कूलों और उनकी सोच के बारे में ज़्यादा जानकारी खुद जुटाने के लिए कुछ स्कूलों का दौरा भी किया था। उनकी चर्चाओं और विभिन्न स्कूलों को लेकर बनी आम धारणाओं के आधार पर तीन स्कूलों को अंतिम सूची में शामिल किया गया — दून स्कूल, मेयो कॉलेज और सिंधिया स्कूल।

गूजरमल ने दून स्कूल को सिरे से खारिज़ कर दिया। 'मैं नहीं चाहता कि मेरे बेटे बड़े साहब बनें और सिगरेट-शराब पीना सीख जाएं,' उन्होंने दयावती से कहा। 'स्कूल बहुत अंग्रेजीदां है और मेरे बेटे वहां जाने पर अपनी भारतीय संस्कृति और यहां तक कि हिंदी को भी भूल जाएंगे।'

'और मैं नहीं चाहता कि मेरे बेटे खुद को राजा-महाराजा समझें,' उन्होंने मेयो कॉलेज को अपनी सूची से खारिज़ करने की वजह बताई।

अब केवल सिंधिया स्कूल ही बचा था। यह स्कूल संपन्न मारवाड़ी परिवारों की पहली पसंद था, जिनका मानना था कि स्कूल और इसके वातावरण में पढ़ाई और सर्वांगीण विकास का सही संतुलन मिलता है। 'मैंने पाया कि स्कूल का फोकस हमारी भारतीय संस्कृति और मूल्यों पर है,' स्कूल से लौटने पर गूजरमल ने दयावती से कहा। 'बच्चों को अंग्रेजी और हिंदी दोनों भाषाएं सिखाई जाती हैं। हर शाम सभी लड़कों को कुर्ता-पायजामा पहनकर एक घंटे भजन के लिए जाना होता है। मैंने देखा कि सारा खाना थालियों में परोसा गया था,' गूजरमल ने संतोष के साथ कहा।

सिंधिया स्कूल वास्तव में भारतीय मूल्यों और संस्कृति पर केंद्रित था, लेकिन इसमें छात्रों को वैश्विक दृष्टिकोण भी दिया जाता था। यहां मैदानी गतिविधियों के लिए भी पर्याप्त गुंजाइश थी। 500 से अधिक लड़कों के लिए स्कूल में अलग-अलग खेलों के लिए 44 मैदान थे। गूजरमल को स्कूल के बारे में जो बात सबसे ज़्यादा पसंद आई, वह यह थी कि यहां सर्वांगीण व्यक्तित्व विकास पर ध्यान केंद्रित किया जाता था।

1950 के दशक में सिंधिया स्कूल से पास होने वाले लगभग आधे लड़के सशस्त्र बलों में शामिल होते थे। हालांकि यह सैनिक स्कूल नहीं था, लेकिन यहां का अनुशासन किसी सैनिक स्कूल जैसा था। इस वजह से भी गूजरमल को सिंधिया स्कूल ज़्यादा पसंद आया था। वो अनुशासन को लेकर संजीदा थे और स्कूल की फिलॉस्फी भी उनके विचारों से मेल खाती थी। 'उनके स्कूल खत्म करने के बाद, मैं अपने हर बेटे को इंजीनियरिंग करने के लिए भेजूंगा। वे सभी इंजीनियर बनेंगे,' उन्होंने दयावती को पूरे आत्मविश्वास से कहा।

सही उम्र में पहुंचने पर गूजरमल के बेटों को सिंधिया स्कूल भेज दिया गया। बच्चे छुट्टियों में घर आ जाते और बड़े बच्चों को ऑफिस में समय बिताने के लिए ले जाया जाता। गर्मियों की छुट्टियों में, सभी बच्चों को उत्तर प्रदेश के एक हिल स्टेशन (अब उत्तराखंड में) मसूरी में बने घर में भेज दिया जाता था। स्थानीय मोदी स्कूल से दो शिक्षकों — एक पुरुष और एक महिला — को बच्चों के साथ संरक्षक के रूप में भेजा जाता।

छुट्टी पर भी बच्चों को गूजरमल के अनुशासन में रहना होता था। हर बच्चे को मसूरी में दो महीने बिताने के लिए खुद पर खर्च करने के लिए अवकाश भत्ता (पैसे) दिया जाता था। गूजरमल का नियम था कि यह भत्ता छुट्टियों की पूरी अवधि तक

चलना चाहिए। किसी बच्चे का भत्ता जिस दिन खत्म हो जाता — पैनी निगाह रखने वाले शिक्षक उस बच्चे को उसी दिन वापस मोदीनगर भेज देते। यह गूजरमल का अपने बच्चों को उनके पास उपलब्ध साधनों के साथ जीने की शिक्षा देने का तरीका था। 'अगर आपके पास दस रुपये हैं, तो सुनिश्चित करें कि आप इस राशि में ही दो महीने तक अपनी जिंदगी बिताएंगे,' यह संदेश होता था जो वो हर साल बच्चों को मसूरी के लिए विदा करने के समय देते थे।

हालांकि गूजरमल नरमदिल और उदार व्यक्तित्व वाले थे, उन्होंने अपना जीवन सैन्य अनुशासन की तरह बिताया। और वो चाहते थे कि उनके बच्चे भी ऐसा सीखें। बच्चों ने सम्मान और प्यार के बीच की अदृश्य रेखा को पार न करना भी जल्दी सीख लिया। गूजरमल अपने बेटों के प्रति स्नेह दिखाने में विश्वास नहीं करते थे — अपनी बेटियों के साथ वो थोड़े अधिक उदार थे। गूजरमल के दिमाग में एक पिता की भूमिका स्पष्ट थी — उन्हें जो ज्ञान हासिल हुआ था, उसे अपने बेटों को देना ताकि वे उनकी विरासत को आगे बढ़ा सकें।

दयावती एक कोमल हृदय की इंसान थीं और अपने सभी बच्चों के लिए प्यार जताने में ज़्यादा उदार थीं। वो किसी बेसिर-पैर की बात बर्दाश्त नहीं करती थीं और उनके बच्चे यह कहकर उन्हें चिढ़ाते थे कि यह आदत उन्हें अपने पति से मिली थी। दयावती जानती थीं कि उनके पति हर चीज़ के बारे में सख्त नियम लागू करते थे और जो कोई भी उनकी या उनके किसी नियम की अवहेलना करता था, उसके लिए वो काफी बुरे होते थे।

एक नियम यह था कि जब गूजरमल दोपहर को सोते थे तो उन्हें परेशान नहीं किया जाए। दयावती ने अपने सभी बच्चों और यहां तक कि कर्मचारियों को भी यह सुनिश्चित करने का निर्देश दिया था कि अगर वे घर वापस आ रहे थे तो कार को काफी दूर पार्क किया जाए ताकि शोर से गूजरमल की नींद में खलल नहीं पड़े। बच्चों को कार पार्क करने के बाद घर के भीतर दबे कदमों से चलना पड़ता था और धीरे-धीरे बात करना (लगभग फुसफुसाते हुए) होता था ताकि उनके पिता की नींद ना टूटे।

अनुशासन के मामलों में गूजरमल ने अपने और अपने भाई के बेटों में कोई अंतर नहीं किया। उन सभी को उनके द्वारा तय किए गए अच्छे व्यवहार के दिशा-निर्देश मानने होते थे। सभी लड़कों को इंजीनियरिंग की पढ़ाई करने के लिए कहा गया था और उन्होंने ऐसा ही किया। गूजरमल ने अगली पीढ़ी को निर्देश दिया था कि इंजीनियरिंग कॉलेजों में वे छात्रावास के बाकी लड़कों की तरह रहें। जब भी कोई लड़का कुछ अतिरिक्त मांग करने के लिए उनके पास आने की हिम्मत

जुटाता था, तब वो हर बार लगभग गरजते हुए कहते, 'आपको कोई विशेष लाभ पाने वाला कॉलेज का आखिरी शख्स होना चाहिए। किसी को पता नहीं चलना चाहिए कि आप एक अमीर घर से हैं।' सभी लड़कों से छात्रावास में रहने और शहर में आने-जाने के लिए साइकिल का इस्तेमाल करने की अपेक्षा रहती थी।

गूजरमल का एक भतीजा पटियाला के थापर इंस्टीट्यूट ऑफ इंजीनियरिंग में पढ़ाई कर रहा था। गूजरमल के सौतेले भाइयों में से एक पटियाला में रहते थे और केदारनाथ के बेटे के स्थानीय अभिभावक थे। भतीजे का दुर्भाग्य था कि जिस दिन परीक्षा के नतीजे घोषित हुए, उसी दिन उसके चाचा पटियाला आ गए। अपनी आदत के मुताबिक गूजरमल बिना बताए अपने भतीजे के हॉस्टल पहुंच गए। उनके सौतेले भाई और लड़के के स्थानीय अभिभावक, हरमुख मोदी उनके साथ थे। गूजरमल को यह देखकर बहुत गुस्सा आया कि उनका भतीजा परीक्षा में फेल हो गया था।

'मुझे अपना कमरा दिखाओ। मैं तुम्हारे कमरे में जाना चाहता हूं,' गूजरमल ने अपने भतीजे को आदेश दिया।

भतीजे के पास चाचा को अपने कमरे में ले जाने के अलावा कोई चारा नहीं था। वहां पहुंचकर गूजरमल ने छात्रावास के छोटे से कमरे का निरीक्षण शुरू किया। उन्होंने किताबों की अलमारी को देखा, बिस्तर के नीचे देखा और यहां तक कि सूटकेस भी खोल लिया। उन्होंने तकिए के नीचे देखा और वहां रखी किताब झपटकर उठा ली। यह एक रोमांचक थ्रिलर किताब थी जिसके कवर पर एक अर्धनग्न लड़की की तस्वीर थी।

गूजरमल ने अपने भतीजे की तरफ नफरत से देखा और उसके चेहरे पर ज़ोरदार थप्पड़ मारा। 'अब मैं समझा कि तुम फेल क्यों हुए। तुम अपना समय इन घटिया चीज़ों को पढ़ने में बिता रहे हो?' वो गरजकर बोले।

जब भतीजा शर्म से ज़मीन में गड़ा जा रहा था, गूजरमल अपने सौतेले भाई की ओर मुड़े और बोले, 'यह तुम्हारी गलती है। तुम्हें इस लड़के की देखभाल करनी थी और देखो वह अपना समय किन चीज़ों में बिता रहा है।'

गूजरमल को इस बात से कोई फर्क नहीं पड़ा कि वह अपने बेटे को नहीं बल्कि अपने भाई के बेटे को डांट रहे थे। और भतीजे को भी यह गलत नहीं लगा कि यह उसके चाचा थे, न कि उसके पिता, जो उसे बुरी तरह से लताड़ रहे थे। भतीजे ने गूजरमल के सामने कसम खाई कि वह मन लगाकर पढ़ाई करेगा। बाद के वर्षों में भतीजे ने अपनी परीक्षा पास करने का श्रेय पूरी तरह से अपने चाचा को

दिया। 'मैं उस दिन की तरह एक और दिन नहीं बर्दाश्त कर सकता था,' भतीजे ने बाद में कहा।

***

मोदीनगर में कारखाने और व्यवसाय बढ़ते रहे। 1948-49 में स्थापित सूती कपड़ा मिल की सफलता के बाद गूजरमल अब एक रेशम मिल लगाना चाहते थे। रेशम मिल 1956 में उद्‌घाटन के लिए तैयार थी और गूजरमल ने राज्य के मुख्यमंत्री से इसका उद्‌घाटन करने का अनुरोध किया। गोविंद बल्लभ पंत सहर्ष तैयार हो गए और मोदीनगर आए। उनके पहुंचते ही बूंदाबांदी शुरू हो गई। 'यह एक अच्छा शगुन है,' कई लोगों ने कहा। मगर बूंदाबांदी कुछ ही देर में झमाझम बारिश में बदल गई, जो पूरी रात चली।

सुबह तक पूरा मोदीनगर शहर चार फीट पानी में डूबा हुआ था। नई रेशम मिल बिलकुल अव्यवस्थित हो चुकी थी, और बाकी सभी मिलों और कारखानों का भी यही हाल था। सारी मशीनें पानी में डूबी थीं और तैयार कपड़े के गट्ठर पानी में तैर रहे थे। बारिश का पानी गोदामों में घुस गया था। डाई और रंग पानी में मिल गए थे, जिससे पानी बहुरंगी दिखने लगा था। चीनी मिल में तैयार कई टन चीनी बह गई थी। रात भर हुई मूसलाधार बारिश ने रेल की पटरियों के कुछ हिस्सों को भी बहा दिया था। सड़कें पानी से भरी थीं और उन पर सफर करना मुमकिन नहीं था। मोदीनगर एक टापू की तरह बन चुका था, जो बाकी दुनिया से कट गया था।

सौभाग्य से मोदीनगर में कुछ सेना मौजूद थी क्योंकि मेरठ छावनी कुछ ही किलोमीटर दूर थी। बाढ़ में फंसे परिवारों को पानी, दवाइयां और खाद्य सामग्री वितरित करने के लिए सैन्य नौकाओं को काम पर लगाया गया। तीसरे दिन तक पानी कम हो गया था और सूरज फिर से आसमान में चमकने लगा था। मोदीनगर के निवासियों ने राहत की सांस ली और अपने घरों, कारखानों, सड़कों, दुकानों आदि की सफाई का काम शुरू कर दिया।

सफाई के थकाऊ काम के दौरान ही सड़कों पर लोगों की चीख-पुकार मच गई। 'पानी वापस आ रहा है! सावधान हो जाओ, पानी वापस आ रहा है!' लोग चिल्लाने लगे। महिलाओं ने अपना काम बंद कर दिया और आसमान की तरफ देखा। सूरज तेज़ी से चमक रहा था और बारिश के बादल का नामोनिशान नहीं था। चीख-पुकार को अफवाह मानकर महिलाएं अपने घरों की सफाई में लग गईं। लेकिन जल्द ही, उन्होंने पानी को अपने घरों में वापस आते देखा। हर कोई

हैरान था क्योंकि उन्हें अपने शहर में बाढ़ आने की वजह समझ नहीं आ रही थी। आनन-फानन में जानकारी जुटाने के बाद पता चला कि इस बार बाढ़ मानव निर्मित थी। सिर्फ मोदीनगर में ही नहीं, बल्कि हिमालय के पास, ऊपरी इलाकों में भी मूसलाधार बारिश हुई थी। नतीजतन, गंगा नदी में जलस्तर खतरे के निशान से ऊपर चला गया था।

मोदीनगर गंगा नहर के पास था जो मुरादनगर से होकर गुज़रती थी और नहर में भी पानी अधिक था। बुलंदशहर जैसे बड़े शहरों को बाढ़ से बचाने के लिए अधिकारियों ने मोदीनगर से लगभग 5 किलोमीटर दूर गंगा नहर के दरवाज़े खोल दिए थे। इससे नहर पर दबाव कम हुआ, लेकिन निचले क्षेत्र में बाढ़ आ गई। पानी के तेज़ बहाव को काबू में करने के लिए कुछ नाले थे, लेकिन नहर से छोड़े गए पानी की मात्रा इतनी ज़्यादा थी कि उसे ये नाले भी नहीं संभाल सके। रेल की पटरियों के नीचे कुछ अंडरब्रिज थे, लेकिन ये उथले और संकरे थे और तेज़ रफ्तार में बहते हुए पानी को संभालने के लिए डिज़ाइन नहीं किए गए थे।

बाढ़ आने से कुछ समय पहले से गूजरमल सरकार से बुनियादी विकास काम कराने की गुहार लगा रहे थे, लेकिन अधिकारी पल्ला झाड़ रहे थे। उन्होंने इस आपदा को अपने अनुरोध को आगे बढ़ाने के अवसर के रूप में लिया। उन्होंने स्थानीय सरकारी अधिकारियों को निवासियों की दुर्दशा देखने के लिए बुलाया। जब अधिकारियों ने टाल-मटोल की तब गूजरमल ने उनके सामने मोदीनगर के निवासियों की तकलीफों की तस्वीर खींची। 'और यह उनकी गलती भी नहीं है। यह इंद्र देवता का गुस्सा भी नहीं है,' उन्होंने अधिकारियों से कहा। 'सिर्फ अंडरब्रिज को चौड़ा करने की ज़रूरत है। फिर, भविष्य में, भले ही बाढ़ हो, कम से कम पानी खुलकर बह सकेगा और मोदीनगर में जमा नहीं होगा।' अधिकारियों ने सहमति जताई और आखिरकार अंडरब्रिजों को चौड़ा किया गया।

बाढ़ के दिनों में गूजरमल का सेवा-भाव उभरकर सामने आया। जब मोदीनगर में बाढ़ आई और निवासी अपने घरों के अंदर फंसे हुए थे, तो उन्होंने देखा कि गूजरमल सेना और शहर के दूसरे अफसरों के साथ खुद पानी से गुज़र रहे थे। अपनी सेहत या हैसियत की परवाह किए बिना, गूजरमल निजी तौर पर ज़रूरतमंद लोगों को राशन बांटने की निगरानी करते थे। उस अंधेरे समय में गूजरमल मोदीनगर के निवासियों के लिए आशा की एक चमकदार किरण थे।

वास्तव में मोदीनगर एक मॉडल टाउनशिप के रूप में भारत में अपने नाम पर खरा उतरा था। यह सुनियोजित शहर था और शहर के 'मालिक' या संस्थापक ने

व्यक्तिगत रूप से यह सुनिश्चित किया था कि निवासियों को दैनिक जीवन यापन की सुविधाएं दी जाएं। दवाखानों में प्रशिक्षित चिकित्सक काम करते थे और अधिकांश सेवाएं निवासियों को निःशुल्क दी जाती थीं।

मोदीनगर के निवासी गूजरमल के व्यक्तित्व के एक और पहलू के गवाह थे। वे उन्हें दयावती के एक स्नेही और कर्तव्यपरायण पति के रूप में देखते थे। निवासी हर शाम गूजरमल और दयावती को कृष्ण आश्रम में एक साथ अपनी शाम की सैर पर जाते देखते थे। जिन लोगों ने दयावती को अपने पति की तरफ से समारोहों में भाग लेते देखा था, उन्हें यकीन नहीं होता था कि जब उन्होंने गूजरमल से शादी की थी तो वो सत्रह साल की एक सीधी-सादी युवती थीं। यह गूजरमल का मार्गदर्शन ही था जिसने उन्हें अपने पति की बराबरी में खड़े होने के काबिल बनाया था। वो ग्यारह बच्चों की मां थी और अपने बड़े घर का प्रबंधन उसी कुशलता से करती थीं जिस तरह से उनके पति अपने बड़े व्यापारिक साम्राज्य का प्रबंधन करते थे।

गूजरमल अपनी पत्नी को देवी लक्ष्मी का रूप मानते थे। उन्होंने कुछ करीबी दोस्तों के सामने स्वीकार किया था कि दयावती से शादी करने से पहले वो भौतिक दुनिया को छोड़ने का मन बना चुके थे। दयावती के उनके जीवन में आने के बाद ही उनका भाग्य बेहतर होने लगा था। दयावती अपने पति के लिए समर्थन का मुख्य स्रोत बनी रहीं। जब उनके बच्चे किसी समस्या में होते थे तो वो दयावती के पास ही जाते थे। भले ही उन्होंने औपचारिक शिक्षा नहीं पाई थी, दयावती का दिमाग तेज़ और चीज़ों को समझने-बूझने वाला था। गूजरमल उनकी सलाह पर भरोसा करते थे और दयावती ने उन्हें कभी निराश नहीं किया। यह एक ऐसी जुगलबंदी थी जिसमें दोनों साथी एक-दूसरे की कमी पूरी करते थे।

14

लाइसेंस राज की भूल-भुलैया से पार निकलना

मोदीनगर ने अपने कर्मचारियों के बच्चों के लिए एक हाई स्कूल और एक कॉलेज बनाया था, और 1950 के दशक के मध्य तक दोनों संस्थानों का नाम काफी जाना-माना हो चुका था। मोदीनगर में 20 हज़ार से ज़्यादा कर्मचारी और उनके परिवार के लोग रहते थे। गूजरमल के बच्चे और भतीजे-भतीजियां भी मोदीनगर में ही बड़े हुए थे। उन्होंने गूजरमल के शुरू किए गए कॉलेजों से ही पढ़ाई भी की। गूजरमल का एक भतीजा बायोलॉजी पढ़ना चाहता था लेकिन मोदीनगर के कॉलेज में सिर्फ कॉमर्स पढ़ाया जाता था इसलिए उसे दूसरा कॉलेज खोजना पड़ा और सबसे पास का कॉलेज मेरठ में था।

मेरठ कॉलेज 1892 में शुरू हुआ था और देश के नामी शिक्षण संस्थानों में से एक था। यहां देश भर से छात्र पढ़ने आते थे। गूजरमल की दान-पुण्य की लिस्ट में मेरठ कॉलेज का भी नाम था और समय-समय पर वो बड़ी रकम दान करते रहते थे। अब तो गूजरमल के भतीजे को ही मेरठ कॉलेज के बायोलॉजी ऑनर्स में दाखिला लेना था तो उन्होंने खुद कॉलेज के प्रिंसिपल को संदेश भेजा। उन्हें पक्का भरोसा था कि प्रिंसिपल मदन मोहन उनके भतीजे की पूरी मदद करेंगे।

लेकिन जब उनका भतीजा बिना दाखिला लिए ही वापस आ गया तो उन्हें बड़ा आश्चर्य हुआ। दरअसल प्रिंसिपल ने उनके भतीजे से कहा कि सिफारिश करने के

बजाय तुम अपने चाचा से मोदीनगर में नया डिग्री कॉलेज खोलने के लिए ही क्यों नहीं बोल देते? गूजरमल इस बेइज्ज़ती का जवाब दे सकते थे लेकिन उन्होंने इस बात में छिपे संदेश पर दिमाग लगाया।

उन्होंने अपने भतीजे से कहा, 'यह तो सच में बहुत अच्छा सुझाव है। मोदीनगर में कोई डिग्री कॉलेज नहीं है और इस वजह से बहुत से बच्चों को उच्च शिक्षा नहीं मिल पाती।'

इस तरह डिग्री कॉलेज खोलने का फैसला लिया गया और 1957 में उसकी नींव रखी गई। गूजरमल को डिग्री कॉलेज जल्द से जल्द खोलने की धुन सवार थी और इसके लिए उन्होंने मज़दूरों को लगातार काम में लगा रखा था। चार महीने के अंदर कॉलेज बनकर तैयार था और सितंबर 1957 में उसका उद्‌घाटन भी हो गया। सौ बच्चों के साथ शुरू हुए इस कॉलेज में धीरे-धीरे हज़ारों बच्चे पढ़ने लगे।

कॉलेज खुलने के करीब एक महीने बाद ही गूजरमल के पिता मुल्तानीमल मोदी की मौत हो गई। गूजरमल के जीवन पर उनके पिता की बड़ी छाप थी। वो अपने पिता के आशीर्वाद के बिना कभी कोई नया काम या नया कारोबार शुरू नहीं करते थे। मुल्तानीमल ने 80 सालों से ज़्यादा लंबा जीवन जिया था। गूजरमल ने कॉलेज का नाम अपने पिता के नाम पर रखा और आज तक ये कॉलेज मुल्तानीमल मोदी कॉलेज के नाम से ही जाना जाता है।

जब तक नए कॉलेज का उद्‌घाटन हुआ तब तक भारत को आज़ाद हुए 10 साल हो चुके थे। ब्रिटिश राज खत्म होने के बाद देश का राजनीतिक और सामाजिक माहौल बदल चुका था। सरकार का फोकस अब आम आदमी पर और मज़दूरों को उद्योगपतियों से बचाने पर था, जिन्हें संदेह की नज़र से देखा जाता था। सरकार को मैनेजिंग एजेंसी सिस्टम पर भी भरोसा नहीं था।

मैनेजिंग एजेंसी सिस्टम एक तरह का कॉरपोरेट स्ट्रक्चर था जो भारत में 19वीं सदी की शुरुआत से चल रहा था। अंग्रेज़ भी भारत में बिज़नेस करने के लिए इस सिस्टम का इस्तेमाल करते थे। मैनेजिंग एजेंसी सिस्टम कुछ-कुछ आज के समय में चल रहे वेंचर फंड्स या प्राइवेट इक्विटी फंड्स जैसा था। मैनेजिंग एजेंसी स्ट्रक्चर के ज़रिए कुछ पार्टनर मिलकर छोटी सी शेयरहोल्डिंग के साथ भी किसी कंपनी को खड़ा कर सकते थे और उसका कंट्रोल अपने हाथ में रख सकते थे। बिज़नेस चलाने में माहिर और मजबूत साख वाले लोगों के लिए मैनेजिंग एजेंसी शुरू करना और पब्लिक से फंड जुटाना आसान था। इन फंड्स का इस्तेमाल कोई बिज़नेस खरीदने या नया कारोबार शुरू करने में होता था। बिज़नेस और

एजेंसी के बीच प्रबंधन का जो समझौता होता था, उसकी वजह से मैनेजिंग पार्टनर के पास बिज़नेस के लक्ष्य और नीतियां तय करने की छूट होती थी।

भारत के कारोबारियों को फंड जुटाने में जो दिक्क़त आती थी, मैनेजिंग एजेंसी सिस्टम उसे दूर करता था। कैपिटल मार्केट अच्छी तरह विकसित नहीं था और बैंक भी उद्योगों की लंबी अवधि की ज़रूरतों के हिसाब से कर्ज़ देने के लिए तैयार नहीं होते थे। बैंक ज़्यादा से ज़्यादा उन्हीं को कर्ज़ दे पाते थे जिन्हें छोटी अवधि के लिए पूंजी चाहिए होती थी। इसलिए मैनेजिंग एजेंसी सिस्टम कारोबारी क्षमता के विकास के लिए अच्छा रास्ता था और जो सीमित फंड मिल पाता था, उसके सबसे अच्छे इस्तेमाल का तरीका था। दूसरे किसी भी सिस्टम की तरह मैनेजिंग एजेंसी सिस्टम का भी गलत इस्तेमाल होता था। भारत की नई सरकार को लगने लगा था कि मैनेजिंग एजेंसी सिस्टम की वजह से आर्थिक ताक़त सिर्फ कुछ लोगों के हाथ में सिमट कर रह गई थी। 1956 में बना इंडियन कंपनीज़ एक्ट बिज़नेस चलाने के लिए कड़े नियम लेकर आया। नए कंपनी कानून के मुताबिक पब्लिक कंपनियों और उनकी सहायक कंपनियों को मैनेजमेंट के लोगों, उनके रिश्तेदारों और उनसे जुड़े लोगों की नियुक्ति और वेतन के लिए सरकार से पहले मंजूरी लेनी ज़रूरी थी। कानून के तहत मैनेजमेंट के कर्मचारियों के चार वर्ग थे — मैनेजिंग एजेंट, सेक्रेटरी और ट्रेजरर, मैनेजिंग डायरेक्टर और मैनेजर।

देश आज़ाद होने के बाद सरकार ने कई तरह के नए नियम-कानून बनाए थे। इन सभी में विकास के कल्याणकारी मॉडल और समाजवादी सोच की झलक थी। नई सरकार ने अपने जोश में इस बात को अनदेखा कर दिया कि कल्याणकारी मॉडल तभी काम करता है जब सरकारी तिजोरी भरी हो। आज़ादी के समय भारत आर्थिक रूप से संघर्ष कर रहा था। विकसित और अमीर देशों में जो कल्याणकारी और समाजवादी मॉडल आसानी से काम कर रहा था, उसके एक गरीब और भूखे देश में सफल होने की कोई संभावना नहीं थी।

उद्योग और उद्योगपतियों के तमाम विरोधों के बावजूद सरकार ने एक के बाद एक कई कानून बना दिए थे। इनमें से एक था न्यूनतम मज़दूरी अधिनियम (Minimum Wages Act) 1948। इस कानून ने कारोबारियों से मज़दूरी तय करने की आज़ादी छीन ली थी। अब सरकार ही वेतन तय करती थी। 1948 में ही बना कारखाना अधिनियम (The Factories Act) भी कुछ ऐसा ही कानून था जो कारखानों में काम करने वाले मज़दूरों की सुरक्षा के लिए बनाया गया था। उद्योगपतियों को लगता था कि यह कानून इस सोच के साथ बनाया गया था कि सभी कारोबारी बुरे और शोषण करने वाले थे और सिर्फ सरकार ही थी जो मज़दूरों

का हित चाहती थी। सरकार ने सिर्फ एक झटके में इंस्पेक्टर को इतनी ताक़त दे दी थी कि वह कारखाने में औचक निरीक्षण के लिए पहुंच सकता था। ये इंस्पेक्टर राज की शुरुआत थी जिसमें इंस्पेक्टर नियम तोड़ने के लिए कारखाने के मालिकों को सात साल तक की जेल करा सकता था।

इंस्पेक्टर राज के साथ लाइसेंस राज की शुरुआत हुई। 1951 में देश की संसद ने उद्योग (विकास और विनियमन) अधिनियम (Industries (Development and Regulation) Act) पास किया और इसके आने के बाद लगने लगा था कि देश में उद्यमशीलता खत्म हो जाएगी। इस कानून में कहा गया था कि पहली अनुसूची (First Schedule) में आने वाले उद्योगों और आर्टिकल्स का नियंत्रण केंद्र सरकार के पास रहेगा। मशीन उपकरणों से लेकर रक्षा, दूरसंचार और विद्युत उपकरणों तक 38 उद्योग, कोयले से लेकर पंखे, सिलाई मशीन और कीमती धातुओं तक 171 आर्टिकल्स थे। इस कानून में यह भी लिखा था कि कोई भी नया उद्योग लगाने के लिए सरकार से लाइसेंस लेना ज़रूरी होगा। साथ ही कानून में यह भी कहा गया था कि उद्योग लगाने की जगह और उसकी क्षमता भी सरकार ही तय करेगी। लाइसेंस से एक यूनिट भी ज़्यादा उत्पादन करने पर कारखाने के मालिक को कड़ी सज़ा मिल सकती थी।

सरकार का इतने कानून बनाकर भी मन नहीं भरा और अब वो ज़्यादा फलने-फूलने वाले कारोबारों के राष्ट्रीयकरण में लग गई। 1953 में सरकार ने 9 निजी एयरलाइंस का, जिनमें टाटा एयरलाइंस (अब एयर इंडिया), कलिंग एयरलाइंस, भारत एयरवेज़, डेक्कन एयरवेज़ शामिल थीं, अधिग्रहण करके उन्हें दो सरकारी एयरलाइंस एयर इंडिया और इंडियन एयरलाइंस में बदल दिया। और 1955 में सरकार ने इम्पीरियल बैंक ऑफ इंडिया का अधिग्रहण किया और उसका नाम बदलकर स्टेट बैंक ऑफ इंडिया कर दिया। इम्पीरियल बैंक राज्यों की सिर्फ 20 परसेंट हिस्सेदारी वाला निजी बैंक था। साल 1956 में संसद ने जीवन बीमा निगम कानून (लाइफ इंश्योरेंस कॉरपोरेशन एक्ट) पास किया। इसके बाद 154 भारतीय और 16 विदेशी बीमा कंपनियों और साथ में 75 प्रोविडेंट सोसाइटियों को मिलाकर देश की सबसे बड़ी बीमा कंपनी लाइफ इंश्योरेंस कॉरपोरेशन ऑफ इंडिया (LIC) बनी।

सभी नए कानूनों के लागू होने से भारत में कारोबार करने के माहौल पर बुरा असर पड़ा। छोटे से लेकर बड़े सरकारी अधिकारी और नेताओं के हाथ में जो ताक़त थी उसके इस्तेमाल को लेकर कारोबारी हमेशा डरे रहते थे। ऐसी दो घटनाएं हुईं जिनकी वजह से गूजरमल का डर बढ़ गया था।

पहला मामला ओखला में मोदी मिल्स का था। 1957 में दिल्ली की एक बड़ी आटा मिल जिसका नाम गणेश आटा मिल था, उसमें आग लग गई और वो जलकर खाक हो गई। खाद्य मंत्री ने गूजरमल को दिल्ली में एक आटा मिल लगाने की सलाह दी। ये सुझाव सबको पसंद आया और टीम आटा मिल की योजना बनाने लगी। चेकोस्लोवाकिया से आटा मिल की मशीन का ऑर्डर दिया गया। गूजरमल मिल लगाने के लिए दिल्ली में एक सही जगह खोजने लगे। नए औद्योगिक कानून के तहत गूजरमल को आटा मिल की ज़मीन खोजने के लिए सरकार की मदद और इजाज़त चाहिए थी।

गूजरमल के लिए यह एक नया अनुभव था। उन्होंने स्थानीय अधिकारियों से मंजूरी लेकर बहुत से कारखाने लगाए थे। लेकिन एक साधारण सी आटा मिल लगाने के लिए जितनी ढेर सारी जगहों से मंजूरी लेनी पड़ी उसकी वजह से वो बहुत थक गए। आखिरकार 1958 में दिल्ली के ओखला में एक ज़मीन तय हुई और गूजरमल ने इसे खरीद लिया। जैसे ही उन्होंने ज़मीन खरीदी, सरकार ने उसे कुटीर उद्योग के लिए संरक्षित बताकर उनसे वापस ले लिया। इस वजह से वो काफी हैरान और नाखुश हुए।

गूजरमल बहुत गुस्से में आ गए थे और वो घुमा-फिराकर बात नहीं करते थे। उन्होंने मंत्रियों और सरकारी अधिकारियों से बात की और कहा कि उन्होंने कभी नहीं सोचा था कि वरिष्ठ लोग खुद अपनी ही बात से पीछे हट जाएंगे। हालांकि ओखला की वह ज़मीन तो वापस नहीं मिल सकती थी लेकिन गूजरमल को मोदी मिल लगाने के लिए दूसरी ज़मीन हासिल करने में कामयाबी मिल गई। मिल बनने के काम में एक साल का समय लगा और आखिरकार मई 1959 में इसका उद्घाटन हुआ। साठ सालों के बाद भी ओखला में मोदी मिल एक बड़ा लैंडमार्क है।

दूसरा मामला जिसकी वजह से गूजरमल का सरकारी कामकाज के तौर-तरीकों से मतभेद हुआ, वो मोदीनगर में उनकी कपड़ा मिल से जुड़ा था। गूजरमल का मोदीनगर में कर्मचारियों के साथ हमेशा स्नेहपूर्ण संबंध रहा। वो हर मज़दूर को अपने परिवार की तरह देखते थे। मज़दूर भी मोदीनगर समुदाय का हिस्सा बनकर खुश थे। यह शहर उन्हीं के लिए बनाया गया था और उन्हें सुविधाओं को लेकर कोई शिकायत नहीं थी। 1957 के अंत तक, कुछ मज़दूरों ने बोनस नहीं मिलने को लेकर शिकायत करनी शुरू कर दी थी। 1956 की बाढ़ में कपड़ा मिल की लगभग सारी मशीनें खराब हो गई थीं। इंश्योरेंस से गूजरमल घाटे की थोड़ी भरपाई कर पाए थे लेकिन मिल अपनी पूरी क्षमता पर नहीं चल रही थी। उत्पादन क्षमता

गिरने के बाद भी कर्मचारियों को पूरा वेतन मिल रहा था। उन्हें सालाना बोनस नहीं दिया जा रहा था।

कुछ स्थानीय नेताओं ने इस असंतोष का फायदा उठाया और कर्मचारियों को हड़ताल पर जाने के लिए उकसाया। गूजरमल हैरान थे कि उनसे आकर बात करने के बजाय उनके कर्मचारियों ने हड़ताल पर जाने का रास्ता अपनाया। अपनी आदत के अनुसार उन्होंने इंतज़ार करने और हालात को देखने का फैसला किया। जब कर्मचारियों ने देखा कि गूजरमल की ओर से कोई प्रतिक्रिया नहीं आ रही तो उन्होंने मोदी परिवार के खिलाफ जुलूस निकालने और नारे लगाने शुरू कर दिए। हालात काबू में रखने के लिए स्थानीय पुलिस को बुलाया गया। गूजरमल ने अभी तक अपनी ओर से गुस्साए कर्मचारियों से बात करने का कोई प्रस्ताव नहीं रखा था। वो दुखी थे और अपने ही लोगों से ठगा हुआ महसूस कर रहे थे।

तब स्थानीय नेताओं ने मज़दूरों से नाटक करने के लिए कहा ताकि मैनेजमेंट की ओर से कोई जवाब आए। उनके निरीक्षण में एक मज़दूर सड़क के बीच लेट गया और कुछ मज़दूरों ने मिलकर उसे घेर लिया। ये लोग चीखने-चिल्लाने लगे कि पुलिस ने उनके ऊपर लाठियां बरसाई थीं जिससे उनके एक साथी की मौत हो गई। बाकी के जो मज़दूर इस नाटक के बारे में नहीं जानते थे, उन्हें इस बात से झटका लगा और सभी उस जगह पर भीड़ लगाने लगे। अपने ही एक साथी को आंखें बंद किए और ज़मीन पर बेजान पड़ा देखकर मज़दूरों का बड़ा दल गुस्से में आ गया। कड़ी कार्रवाई का आरोप लगने के डर से पुलिस भी भीड़ के खिलाफ कोई कदम नहीं उठाना चाह रही थी।

मेरठ के जिलाधिकारी ने हालात को संभाला। जिलाधिकारी ज्ञान प्रकाश आंदोलन की जगह पर पहुंचे और विरोध कर रहे दल के कुछ लोगों से बात की। जब उन्होंने सिलसिलेवार ढंग से घटना की जानकारी मांगी तब उन्हें लगा कि कहानियों में तालमेल नहीं था। साथ ही, वो 'मृत' मज़दूर को अस्पताल भेजना चाहते थे लेकिन उस छोटे दल ने उन्हें ऐसा नहीं करने दिया। ज्ञान प्रकाश को भरोसा हो गया था कि उन्हें सच नहीं बताया जा रहा था।

उन्होंने खुद कुछ नाटक करने का फैसला किया। मज़दूरों से बात करते वक्त वो ज़मीन पर लेटे 'मृत' मज़दूर की ओर बढ़ने लगे। उस छोटे दल से बात करते वक्त ज्ञान प्रकाश तिरछी नज़र से उस 'मृत' मजदूर को देख रहे थे। जैसे ही ज्ञान प्रकाश का पैर उसके कान के पास पहुंचा, उन्होंने देखा कि 'मृत' आदमी ने थोड़ा

बचने की कोशिश की। जिलाधिकारी समझ चुके थे कि वह आदमी मरे होने का नाटक कर रहा था। वो जोर से चिल्लाए और 'मृत' आदमी को लात मारी।

इकट्ठा भीड़ एकसाथ चौंक गई। उन्हें लगा कि डीएम ने बहुत बड़ा पाप कर दिया लेकिन जैसे ही उन्होंने 'मृत' मज़दूर को लात पड़ते ही उठकर खड़े होता देखा, वे और भी ज़्यादा चौंक गए। डीएम ने 'मृत' मज़दूर से सख्ती से बात की, उसे ढोंग रचने के आरोप में जेल में बंद करने की धमकी भी दी। मज़दूर रोने लगा और डीएम को बताया कि पूरी योजना सिर्फ दूसरे कर्मचारियों का गुस्सा भड़काने के लिए बनाई गई थी।

ये सब कुछ जिस तरह से हो रहा था उसकी वजह से बहुत से मज़दूर खुश नहीं थे और अपनी हड़ताल खत्म करना चाहते थे। लेकिन राजनीतिक नेता कर्मचारी यूनियन के नेताओं को भड़काने में सफल हो गए और उनकी हड़ताल जारी रही। अब तक स्थानीय प्रशासन ने उस जगह पर भारतीय दंड संहिता की धारा 144 के तहत कई तरह के प्रतिबंध लगा दिए थे। आंदोलन कर रहे मज़दूर मोदीनगर के अंदर बड़ी संख्या में इकट्ठे नहीं हो सकते थे। उन्होंने अपने विरोध शिविर शहर की सीमा के ठीक बाहर लगा लिए।

गूजरमल अब मामले को अपने हाथ में लेना चाहते थे। हड़ताल खत्म करने की इच्छा रखने वाले मज़दूरों की संख्या देखकर उन्हें हिम्मत मिली। वो यूनियन के नेताओं से बात करना चाहते थे लेकिन स्थानीय नेताओं ने उन्हें मज़दूरों के पास जाने ही नहीं दिया। वे बहाना बना रहे थे कि अगर गूजरमल वहां गए तो आंदोलनकर्ता उन्हें नुकसान पहुंचा सकते थे।

गूजरमल ने सुझाव सुना ज़रूर लेकिन उसे माना नहीं। वो अपने अधिकारियों के छोटे से दल के साथ उस जगह पहुंचे जहां मज़दूरों ने शिविर लगाए थे। उन्होंने मज़दूरों से बात की और उन्हें बाहरी लोगों से सतर्क रहने को कहा जिनका मोदीनगर की भलाई से कोई लेना-देना नहीं था। गूजरमल ने आंदोलन कर रहे मज़दूरों से गुज़ारिश की कि उनकी कोई भी शिकायत हो तो वे सीधे आकर उनसे बात करें। मोदीनगर के मज़दूर गूजरमल को हमेशा अपने बड़े-बुजुर्ग के तौर पर देखते थे। जब उन्होंने देखा कि गूजरमल उनके साथ खड़े थे और उनसे मोदीनगर, कारखाने और अपने परिवारों के बारे में सोचने को कह रहे थे तो मज़दूरों को अपनी गलती का अहसास हुआ। गूजरमल ने उनसे कहा, 'हम एक परिवार हैं। अगर आपकी कोई समस्या है तो आप मेरे पास आ सकते हैं। हम परिवार की तरह साथ बैठकर अपने सारे मुद्दे सुलझा सकते हैं।' गूजरमल को उनके लिए परवाह करते देखकर मज़दूरों का गुस्सा खत्म हो गया।

गूजरमल ने इसके बाद यह कहकर मज़दूरों को अपने वश में कर लिया कि हर सुबह जो भी मज़दूर मंदिर आएगा, उसे एक रुपया मिलेगा। उन्होंने यह ऐलान भी किया कि मज़दूरों और उनके परिवारों को एक वक्त का खाना कंपनी की ओर से दिया जाएगा। उनकी सीनियर मैनेजमेंट टीम के सदस्य इस घोषणा से हैरान थे लेकिन गूजरमल का कद और रोब इतना बड़ा था कि कोई भी सीधे उनसे सवाल नहीं कर पाता था। कुछ लोगों ने हिम्मत जुटाकर पूछा कि क्या पैसा और खाना मिलने से मज़दूरों को अपनी हड़ताल जारी रखने का बढ़ावा नहीं मिलेगा।

गूजरमल ने कहा, 'मज़दूर ज़्यादा वेतन और बोनस के लिए हड़ताल कर रहे हैं। कंपनी हालात देखकर सही फैसला लेगी। फैसला कुछ भी हो, मैं अपने मज़दूरों को भूखा नहीं छोड़ सकता। और मुझे भरोसा है कि हड़ताल जल्द ही खत्म हो जाएगी। मैं चाहता हूं कि मेरे मज़दूर काम पर स्वस्थ लौटें और जो समय बर्बाद हुआ है उसकी भरपाई के लिए मेहनत से काम करें। अगर मैं उन्हें एक वक्त के भोजन का भी आश्वासन नहीं दूंगा तो वे जब लौटेंगे तो काम कैसे करेंगे?'

गूजरमल के लिए मज़दूरों की भलाई प्राथमिकता थी। परोपकार तो एक वजह थी ही लेकिन भलाई के कामों के पीछे एक व्यावहारिक कारण भी था। मोदी कारखानों में काम करने वाले हर मज़दूर को नाममात्र के किराए पर एक घर दिया जाता था। ज़मीन और घर कंपनी के होते थे लेकिन घर में रहने वाले किसी मज़दूर ने उसे कभी नहीं छोड़ा। तीस या चालीस साल तक उस घर में रहने के बाद वह असल में उस मज़दूर का ही हो जाता था।

गूजरमल ने जब अपना पहला कारखाना लगाया था तब से ही उन्होंने तय कर लिया था कि उनके मज़दूर पक्के घर में रहेंगे। जब उन्होंने फैक्ट्रियां बनाईं तो मज़दूरों के लिए एक रिहायशी कॉम्प्लेक्स उस योजना का अभिन्न हिस्सा होता था। मज़दूरों की भलाई के लिए गूजरमल के जुनून पर जब भी कोई उनसे सवाल करता था तो वो यही कहते थे कि 'अगर मेरा मज़दूर झुग्गी-झोपड़ी में रहेगा तो वह स्वस्थ कैसे रहेगा? अगर उसे अपने परिवार की खराब स्थिति में रहने की चिंता सताती रहेगी तो वह पूरे मन से काम कैसे करेगा?'

इसीलिए, मज़दूरों की हड़ताल के वक्त भी गूजरमल उस समय के बारे में सोच रहे थे जब उनके मज़दूर काम पर लौटेंगे। जिन्हें लग रहा था कि 30 रुपए महीना (मंदिर जाने पर हर दिन एक रुपया) मिलने लगेगा तो मज़दूर हड़ताल जारी रखेंगे, उनकी सोच के उलट गूजरमल से मिलने के बाद हड़ताल खत्म हो गई। मज़दूर धीरे-धीरे काम पर लौटने लगे।

मोदी आटा मिल का झंझट और मोदीनगर में आंदोलन, इन दोनों मामलों में गूजरमल के अनुभव बहुत कड़वे रहे। उन्हें अहसास हो गया था कि आगे चलकर व्यवसाय करना आसान नहीं होगा और कई नई वजहों को ध्यान में रखना होगा। ऐसी ही एक वजह थी-सरकार के फोकस के चलते अधिकारी अब मज़दूरों को बहुत संवेदनशील तरीके से संभाल रहे थे। इसलिए गूजरमल को कुछ कारखाने बंद करने का सख्त फैसला लेना पड़ा क्योंकि मज़दूरों के गलत बर्ताव के खिलाफ वो कोई कार्रवाई नहीं कर पा रहे थे। एक मामला मोदीनगर में बिस्किट फैक्ट्री का था। देखने में आया कि कुछ मज़दूरों ने फैक्ट्री में बनने वाले बिस्किट को खाना शुरू कर दिया था। कुछ मजदूर तो झोला भरकर बिस्किट बाहर लेकर जाने लगे थे और उसे दूसरे कारखानों के मज़दूरों में बांटते थे। बिस्किट फैक्ट्री यूनियन के नेता अधिकारियों को बदमाश मज़दूरों के खिलाफ कोई कार्रवाई नहीं करने देते थे। जब दूसरे मज़दूरों ने देखा कि गलती करने वाले मज़दूर बिना किसी सज़ा के बचकर निकल जाते थे तो वे भी गलत काम करने लगे। मज़दूरों के बिस्किट लेकर जाने से घाटा इतना बढ़ गया कि बिस्किट फैक्ट्री को बंद करने का फैसला लेना पड़ा। उसी समय तेल मिल भी बंद हो गई क्योंकि वहां भी उत्पादकता गिरने की वजह से घाटा होने लगा था।

चाहे कितनी भी चुनौतियां आएं लेकिन एक उद्यमी की खासियत ही यह है कि वह जोखिम उठाने का साहस रखता है। इसी तरह, तमाम चुनौतियों का सामना करने के बावजूद गूजरमल ने मोदीनगर में 1957 में एक डिस्टिलरी और एक ऑक्सीजन प्लांट लगाया।

15

सात समंदर पार

1960 तक गूजरमल की गिनती देश के 10 सबसे अमीर लोगों में होने लगी थी। उनका बिज़नेस ग्रुप भी देश के 10 सबसे बड़े बिज़नेस ग्रुप में से एक था। सफल व्यवसाय वही थे जिनमें या तो कमोडिटीज़ का लेन-देन होता था या जिनका फोकस संस्थागत बिक्री पर था। ब्रांडेड प्रोडक्ट बनाने वाले कारोबार उतने सफल नहीं थे। आज इन्हें B2B और B2C बिज़नेस कहा जाता है।

B2B वैसे बिज़नेस होते हैं जो अपने प्रोडक्ट और सर्विस दूसरे बिज़नेस को बेचते हैं। वहीं B2C वैसे बिज़नेस होते हैं जो अपने प्रोडक्ट और सर्विस सीधे ग्राहक को बेचते हैं। इन दो तरह के कारोबारों के पीछे संवाद की रणनीति, बिक्री प्रक्रिया, लेन-देन, कीमत वगैरह की जो प्रणाली काम करती है, उनकी जटिलता, दायरे और लागत अलग-अलग होती हैं।

कारोबार के इन दो तरीकों में वस्तुएं और सेवाएं खरीदने की प्रक्रिया का अंतर अहम होता है। B2C बिज़नेस में ग्राहक अपने इस्तेमाल के लिए प्रोडक्ट खरीदता है। खरीदने के फैसले से भावनाएं जुड़ी रहती हैं। ब्रांड और प्रोडक्ट की ब्रांड इक्विटी की भी फैसला लेने में बड़ी अहमियत होती है। खरीदने या न खरीदने के फैसले में किसी का दबाव नहीं चलता। वहीं B2B में जो प्रोडक्ट खरीदे जाते हैं वो निजी खपत के लिए नहीं होते। प्रोडक्ट कंपनियों और संस्थानों के लिए खरीदे जाते हैं। फैसला लेना ज़्यादा मुश्किल होता है और फैसले व्यक्तिगत नहीं बल्कि

सामूहिक होते हैं। फैसले लेने वाली टीम में तकनीक, वित्त, ऑपरेशन और बिज़नेस डिपार्टमेंट के लोग हो सकते हैं। इसके अलावा, खरीदारी के लिए कई तरह की मंजूरी लेनी पड़ती है और व्यवसाय के मालिक की पसंद और दृष्टिकोण इसमें अहम भूमिका निभाते हैं।

बीसवीं सदी के मध्य में, भारत में ज़्यादातर कारोबारों का मालिकाना हक और प्रबंधन किसी ना किसी परिवार के हाथ में था। देश में चल रहे कुल कारोबारों में से 10 प्रतिशत भी प्रोफेशनल कारोबार नहीं थे। भारत एक ऐसा बाज़ार भी था जो मांग के बजाय आपूर्ति से चलता था। सरकार के बनाए कानूनों की वजह से व्यापारियों की बनाई जाने वाली चीज़ों की किस्मों और मात्रा की एक सीमा होती थी। इसके चलते भारतीय अर्थव्यवस्था में हमेशा ज़रूरी चीज़ों की कमी बनी रहती थी। चीनी, स्टील, केमिकल और कपड़े जैसी चीज़ों की आपूर्ति हमेशा मांग से कम रहती थी; कारोबारियों को अपने सामान बेचने में कोई दिक्क़त नहीं होती थी।

लेकिन जब B2C श्रेणी में ब्रांडेड प्रोडक्ट्स की बात आती थी तो पूरा मामला ही पलट जाता था। ज़्यादातर भारतीय कंपनियां ग्राहकों की ज़रूरत को नहीं समझ पाती थीं। गूजरमल के व्यवसाय के साथ भी यही दिक्क़त थी। एक उदाहरण था नहाने के साबुन का बिज़नेस।

गूजरमल ने नहाने के साबुन की फैक्ट्री बड़े मन से लगाई थी। गाय की चर्बी की जगह उनके कारखाने में वनस्पति का इस्तेमाल करके साबुन बनाया जाता था। दूसरे विश्व युद्ध के समय साबुन कारोबार में दिक्क़तें आने लगीं। साबुन में इस्तेमाल होने वाली हर तरह की सुगंध आयात की जाती थी क्योंकि ये भारत में नहीं बनती थीं। आयात पर असर होने से साबुन की गुणवत्ता गिरने लगी। लीवर और टाटा साबुन बनाने वाली बड़ी कंपनियां थीं। लीवर के पास अपने साबुन समेत अन्य सभी कंज्यूमर प्रोडक्ट्स के लिए एक तय मार्केटिंग रणनीति थी। साबुन की ब्रांड इक्विटी बनाने के लिए वो काफी पैसा खर्च करती थी। इसके अलावा, लीवर के पास कंज्यूमर प्रोडक्ट्स का पूरा पोर्टफोलियो था और उनका सेल्स चैनल बहुत गहरा और मज़बूत था जिसकी वजह से रिटेल की दुकानों पर हमेशा उनका माल बना रहता था। सेल्स चैनल ब्रांड इक्विटी को बढ़ावा देने के लिए पोस्टर और प्रदर्शित किए जाने वाले सामान की भी सप्लाई करता था।

गूजरमल मोदी के लिए कंज्यूमर प्रोडक्ट कैटेगरी में नहाने का साबुन 'प्रीफेक्ट' इकलौता उत्पाद था। इसलिए उनका सेल्स चैनल ज़्यादा बड़ा नहीं था और मुख्य

रूप से इस बात पर निर्भर था कि सेल्समैन के खुदरा दुकानदारों के साथ कैसे संबंध थे। अपने साबुन के ब्रांड को बड़ा बनाने के लिए लीवर जितना पैसा खर्च करती थी, गूजरमल उसके बेहद छोटे हिस्से के बराबर पैसा भी खर्च नहीं कर सकते थे। धीरे-धीरे दुकानदारों ने अपने ऑर्डर घटा दिए क्योंकि उनका कहना था कि वे वही सामान रखना चाहते थे जो ग्राहक को चाहिए।

टाटा कंपनी गूजरमल के साबुन के लिए एक अलग ही समस्या पैदा करती थी। टाटा ने दुकानों पर अपना साबुन स्टॉक रखने के लिए अपने दूसरे प्रोडक्ट्स का सहारा लिया था। टाटा केमिकल्स ब्लीचिंग पाउडर बनाती थी जिसकी मांग बहुत ज़्यादा थी। कंपनी सिर्फ उन्हीं दुकानदारों को ब्लीचिंग पाउडर की सप्लाई करती थी जो उनका साबुन खरीदते थे। ब्लीचिंग पाउडर पर मुनाफा इतना ज़्यादा था कि दुकानदारों के लिए टाटा के साबुन को डिस्काउंट पर बेचना भी नुकसानदेह नहीं होता था।

इस तरह, गूजरमल धीरे-धीरे बाज़ार से बाहर हो गए और उन्होंने नहाने के साबुन की फैक्ट्री को बंद करने का फैसला कर लिया। कपड़े धोने में इस्तेमाल होने वाला कार्बोलिक साबुन सस्ता होने की वजह से बनता और बिकता रहा, क्योंकि वहां ब्रांड से ज़्यादा अहमियत कीमत की थी।

***

इन सब मुश्किलों के बावजूद गूजरमल का कद और प्रतिष्ठा बढ़ती रही। 1960 में सरकार ने कानपुर में एक इंजीनियरिंग कॉलेज बनाया। गूजरमल को इसके बोर्ड ऑफ गवर्नर्स का हिस्सा बनने के लिए आमंत्रित किया गया। इसी साल सरकार ने कृत्रिम रेशम (मैन-मेड सिल्क) के लिए एक विकास परिषद बनाई। गूजरमल को इस परिषद का हिस्सा बनने के लिए भी सरकार ने आमंत्रित किया। गूजरमल ने मेरठ में राष्ट्रीय उत्पादकता परिषद (नेशनल प्रोडक्टिविटी काउंसिल) की एक शाखा, पश्चिमी यूपी उत्पादकता परिषद (वेस्टर्न यूपी प्रोडक्टिविटी काउंसिल) की भी स्थापना की और इसके पहले अध्यक्ष चुने गए। गूजरमल के सरकारी पदों की संख्या तेज़ी से बढ़ रही थी क्योंकि उन्हें एक बार फिर सरकार की ओर से सेंट्रल कस्टम एक्साइज़ एडवाइज़री का सदस्य मनोनीत किया गया। उत्तर प्रदेश सरकार ने तकनीकी शिक्षा का एक बोर्ड बनाया और गूजरमल को इसका एक सदस्य बनाया। भारतीय रिज़र्व बैंक ने उन्हें अपने उत्तर भारतीय बोर्ड में डायरेक्टर के तौर पर मनोनीत किया।

1962 में गूजरमल का साठवां जन्मदिन आने वाला था। अब तक उनके बड़े बेटे व्यवसाय में उनकी मदद करने लगे थे। उनके भाई केदारनाथ उनके एक योग्य सहायक थे। दोनों भाइयों की उम्र में करीब बीस साल का अंतर था और केदारनाथ अपने बड़े भाई की छत्र-छाया में रहकर खुश थे। दोनों ने आपस में काम करने का एक रिश्ता और तरीका बना लिया था। गूजरमल बड़े सपने देखते थे और मोदी ग्रुप का सार्वजनिक चेहरा थे; केदारनाथ उनकी सोच को अमल में लाने का काम करते थे। आधुनिक समय के हिसाब से सोचें तो दोनों CEO और COO की तरह थे।

केदारनाथ अपने बड़े भाई को बहुत अच्छी तरह समझते थे। वो अनुशासन और ईमानदारी के प्रति गूजरमल के नज़रिए को भी समझते थे। केदारनाथ इस बात का खास ख्याल रखते थे कि उनके भाई को कभी भी उनके आज्ञापालन पर सवाल उठाने का मौका न मिले।

बनारस हिंदू यूनिवर्सिटी (BHU) से अच्छे अंकों के साथ टॉप करने के बाद गूजरमल के सबसे छोटे बेटे उमेश कुमार का काम पर पहला दिन था। उमेश अपने पिता के दफ्तर में आया तो गूजरमल खिड़की के पास खड़े थे। उमेश पूरे आत्मविश्वास के साथ दफ्तर में घुसा क्योंकि उसने हाल ही में बीएचयू से शानदार अंकों के साथ कक्षा उत्तीर्ण की थी और गूजरमल मोदी गोल्ड मेडल भी जीता था। उसके पिता ने 1940 में बीएचयू में रसायन-शास्त्र की प्रयोगशाला बनाने के लिए बड़ी राशि दान की थी। और उनका आभार प्रकट करने के लिए विश्वविद्यालय ने साल के सर्वश्रेष्ठ छात्र के लिए गूजरमल मोदी गोल्ड मेडल शुरू किया था। उमेश इस उम्मीद के साथ अंदर आया था कि उसके पिता को उस पर गर्व होगा।

लेकिन वो चौंक गया, क्योंकि उसकी तरफ घूमते ही गूजरमल ने बिना किसी भूमकिा के पूछा, 'उमेश, अगर मैं कहूं कि आसमान में यह चांद है, सूरज नहीं, तो तुम क्या कहोगे?'

उमेश अपने पिता की तकनीक से भली-भांति परिचित था इसलिए वह चुप रहा। गूजरमल ने फिर कहा, 'मैंने तुमसे पूछा, अगर मैं कहूं कि जो चमक रहा है वह चांद है, सूरज नहीं तो क्या तुम सहमत होगे?'

उमेश नीचे अपने जूतों की ओर देखता रहा क्योंकि वो इंतज़ार कर रहा था कि उसके पिता कुछ और कहेंगे।

गूजरमल ने केदारनाथ को कमरे में बुलाया। 'देखो केएन,' उन्होंने कहा, 'मेरा बेटा मेरे आसान से सवाल का जवाब नहीं दे सकता।'

केदारनाथ इंतज़ार करते रहे और गूजरमल ने आगे कहा। 'ठीक है उमेश, जब मैं तुमसे यह पूछता हूं कि आसमान में यह चांद है ना कि सूरज तो तुम मुझे नहीं बता सकते कि तुम मेरी बात से सहमत हो या असहमत। तो, अब मुझे ये बताओ, कि अगर मैंने तुमसे इस खिड़की से बाहर कूदने को कहा होता तब तुम क्या करते?' अपने सबसे छोटे बेटे को, जो 21 साल का हो चुका था, सख्त नज़रों से देखते हुए गूजरमल ने पूछा।

जब कोई जवाब नहीं आया तो गूजरमल केदारनाथ की ओर मुड़े। 'देखो केएन, अब तुम मुझे इसका जवाब दो।'

केदारनाथ ने अपने भाई को देखा और बोले, 'अगर आप कह रहे हैं कि यह चांद है और सूरज नहीं तो मैं आपसे सहमत हो जाऊंगा।' गूजरमल मुस्कुराते हुए उमेश की ओर देख रहे थे जैसे कि वो यह कहना चाह रहे हों कि उसे अपने चाचा से सीखना चाहिए, केदारनाथ ने गंभीरता से आगे कहा, 'मगर भाई साहब, मुझे इस बात का दुख है कि आपने मुझसे कभी खिड़की से बाहर कूदने को नहीं कहा!'

केदारनाथ के तीन बेटे थे, उन्हें भी पारिवारिक व्यापार में लगाया जा रहा था। उन्होंने भी अपने ताऊ और उनके दबदबे के साथ काम करना सीख लिया था। अगली पीढ़ी में, गूजरमल और केदारनाथ के बेटों में से किसी के भी पास, शेयरों के अलावा कोई जायदाद उनके नाम से नहीं थी। गूजरमल मानते थे कि संपत्तियां व्यक्ति को बांध देती हैं और उनका ध्यान भौतिकतावादी चीज़ों पर केंद्रित हो जाता है। इसलिए हर संपत्ति, जिस घर में वे लोग रहते थे वह भी, ट्रस्ट की थी। वो यह भी मानते थे कि जैसे ही किसी व्यक्ति के नाम से कोई संपत्ति हो जाती है तो ऐसी प्रक्रिया शुरू होती है जो अंत में परिवार के बंटवारे पर खत्म होती है।

***

साल 1961 गूजरमल के लिए ऐतिहासिक था। उस साल उन्होंने अपनी पहली विदेश यात्रा की थी। गूजरमल कभी देश से बाहर नहीं गए थे। ऐसा नहीं था कि उन्होंने पहले कभी विदेश जाने के बारे में सोचा नहीं था लेकिन उनके पिता मुल्तानीमल ने उन्हें ऐसा करने की अनुमति नहीं दी। अपनी पीढ़ी के अधिकतर लोगों की तरह मुल्तानीमल को भी विदेश यात्रा को लेकर गहरा अविश्वास था। उन्होंने गूजरमल को विदेश नहीं जाने दिया। चूंकि अब उनके पिता उन्हें नहीं रोक सकते थे तो गूजरमल ने अपनी पहली विदेश यात्रा की योजना बनाई।

जुलाई 1961 में, गूजरमल अपनी पत्नी दयावती, केदारनाथ और केदारनाथ की पत्नी के साथ भारत से दो महीने लंबी विदेश यात्रा पर निकले। वे लोग इटली, स्विट्जरलैंड, फ्रांस, पश्चिमी जर्मनी, स्वीडन, ब्रिटेन, अमेरिका, हांगकांग और जापान घूमने गए।

गूजरमल ने दुनिया को आश्चर्य भरी नज़रों और अपने जिज्ञासु दिमाग के साथ देखा। लौटने के बाद उन्होंने जो कहानियां सुनाईं उससे उनका परिवार और दोस्त मंत्रमुग्ध थे। अपनी घूमने-फिरने की कहानियां सुनाते हुए उन्होंने बड़े ही आश्चर्य के साथ बताया 'पता है भारत के बाहर शाकाहारी खाने में भी अंडे और मछलियां होती हैं।' पूरा मोदी परिवार शुद्ध शाकाहारी था और अंडे तक नहीं खाता था। 'हमलोग सलाद तक नहीं खा सके क्योंकि उसके ऊपर भी उबले अंडे होते थे,' उन्होंने शिकायती लहज़े में कहा। केक और पेस्ट्री भी दायरे से बाहर थे क्योंकि उनमें अंडे होते ही थे। दुखी होकर गूजरमल ने कहा 'यूरोप में हमलोग सिर्फ दूध और फल खा पाए।'

ब्रिटेन, अमेरिका और हांगकांग में जीवन कुछ बेहतर था। 1960 के दशक में, भारतीयों ने काम के लिए विदेश जाना और अंत में वहीं बसना शुरू कर दिया था। प्रवासी भारतीयों के पसंदीदा देश ब्रिटेन और अमेरिका थे। हांगकांग भी ब्रिटेन से संबंध होने के चलते पसंदीदा जगह थी। मोदी परिवार को इन देशों में भारतीय रेस्टोरेंट मिल गए थे और वहां वे लोग बड़ी खुशी के साथ दाल-चावल खा पा रहे थे। ब्रिटेन और अमेरिका में भारतीय परिवारों ने उन्हें अपने घरों में आमंत्रित भी किया और घर का बना खाना खिलाया जो यात्रा से थके-हारे उस दल के लिए किसी दिव्य भोजन से कम नहीं था!

गूजरमल भारत के बाहर की दुनिया देखकर सच में हैरान थे। 1950 के दशक ने भारत को एक सरकार-नियंत्रित कल्याणकारी देश बनने की कोशिश करते देखा था। गरीबी बहुत ज़्यादा थी इसलिए किसी भी तरह के दिखावटी उपभोग को समाजवादी विचारकों के गुस्से का सामना करना पड़ता था। सिर्फ मज़ा करना भी एक तरह की गलती थी। शराब पी जाती थी लेकिन लोगों की नज़रों से छिपकर। छवि बनाने में हिंदी फिल्मों, जो बाद में बॉलीवुड फिल्मों के नाम से जानी जाने लगीं, का भी योगदान था। कोई भी जो अच्छा जीवन जी रहा था और शराब पीता था वो एक 'बुरा आदमी' था। वहीं दूसरी ओर सामान्य जीवन जीने वाले एक आदमी को 'अच्छे इंसान' के तौर पर दिखाया जाता था। उद्योगपति, आमतौर पर, बुरे इंसान के तौर पर दिखाए जाते थे जो गरीबों का शोषण करते थे और बुरे काम करते थे।

इस भारतीय परिस्थिति से आने वाले गूजरमल विदेशों में लोगों की आज़ादी देखकर हैरान थे। लोग सुख-सुविधाओं का आनंद लेते थे लेकिन बुरे या शोषण करने वाले नहीं समझे जाते थे। खासतौर पर, गूजरमल इन देशों में महिलाओं की आज़ादी देखकर चौंक गए थे। उन्हें पश्चिमी देशों में पब (शराबखाना) जाने और शराब पीने की संस्कृति पसंद नहीं आई। कारोबार की बात हो तो गूजरमल एक दूरदर्शी और प्रगतिशील विचारक थे; धर्म और संस्कृति की बात हो तो वो एक रूढ़िवादी हिंदू थे। उनकी यह पहली और आखिरी विदेश यात्रा थी।

उन्हें पश्चिमी संस्कृति बुरी ज़रूर लगी होगी लेकिन वो एक 'अलग' दुनिया की अनोखी कहानियों के साथ लौटे थे। ये कहानियां सिर्फ कुछ लोगों के लिए ही होती थीं। 'मैंने पेरिस के नाइटक्लबों के बारे में बहुत सुना था,' गूजरमल ने अपनी यात्रा से जुड़ी कहानियां सुनाते हुए कहा। उनके खास दोस्त और सहयोगी, जो कभी विदेश यात्रा पर नहीं गए थे, वे एकदम मगन होकर उनकी कहानियां सुनते थे।

'आप इन नाइटक्लबों में गए थे? वे कैसे होते हैं और लोग वहां क्या करते हैं?' उनके एक दोस्त ने एक सांस में पूछ डाला।

'मैं गया ज़रूर था लेकिन वहां जो कुछ भी चल रहा था उसे देखकर बेवकूफ नहीं बना,' गूजरमल ने ज़ोर देकर कहा।

'हमें बताइए आपने क्या देखा,' ज़मीन पर बैठकर गूजरमल को गौर से देखते एक युवा व्यक्ति ने उनका उत्साह बढ़ाते हुए पूछा।

'पेरिस में हम जिस होटल में ठहरे थे — तुम्हें पता है उसके कमरे का औसत किराया कितना था?' गूजरमल ने अपने श्रोताओं से पूछा। श्रोतागण इनकार में सिर्फ अपना सिर हिला पाए। 'एक रात का किराया एक हज़ार रुपए के बराबर था! सोच सकते हो?' गूजरमल ने पूछा। मंत्रमुग्ध बैठे सभी लोग धक से रह गए क्योंकि हज़ार रुपए तो उनमें से ज़्यादातर का साल भर का भी वेतन नहीं था। गूजरमल जैसे-जैसे कहानी को आगे सुनाते जा रहे थे उन्हें बहुत मज़ा आ रहा था। 'और हर कमरे के अंदर एक बाथरूम भी था और हर बाथरूम में एक बाथटब था। हर दिन, होटल के नौकर टब को भरते थे और पानी में इत्र डालते थे,' उन्होंने बताया। श्रोता अब कहानी का मज़ा लेने लगे थे।

'हमें नाइटक्लबों के बारे में बताइए,' उन्हें सुन रहे आदमियों में से कुछेक ने गुज़ारिश सी की।

'होटल में अलग से कमरे होते हैं, जो आदमी शराब पीना चाहते हैं वे इन कमरों में जा सकते हैं। असल में, वहां सिर्फ शराब पीने के लिए अलग से रेस्टोरेंट

होते हैं', गूजरमल ने बार और पब के बारे में बताते वक्त समझाया। 'वहां हर जगह लड़कियां होती हैं। अकेली लड़कियां भी!' उन्होंने भौंह चढ़ाते हुए कहा और उनके श्रोतागण फिर से चौंक गए। 'और अगर आप ड्रिंक का ऑर्डर नहीं देते तो ये लड़कियां आपको देखती तक नहीं,' गूजरमल, जो कभी शराब नहीं पीते थे, उन्होंने कहा। 'जापान में एक रेस्टोरेंट है जहां अगर किसी आदमी ने शराब का ऑर्डर दिया तो उसे लड़कियां घेर लेती हैं। लेकिन तुम्हें पता है एक बात? ये लड़कियां रेस्टोरेंट की ही कर्मचारी होती हैं। चालाक मालिक सिर्फ चाहते हैं कि आदमी ज़्यादा शराब ऑर्डर करें।' गूजरमल ज़ोर से ठहाका लगाकर हंसे।

उन्हें घेरकर बैठे लोग बड़े गौर से उन्हें सुन रहे थे। उनमें से ज़्यादातर कभी किसी ऐसे शख़्स से नहीं मिले थे जो कभी इस तरह के होटलों और रेस्टोरेंट में गया हो। इन लोगों ने गूजरमल का उत्साह और बढ़ा दिया। गूजरमल को भी मज़ा आ रहा था और वो और कहानियां सुनाने लगे।

'पश्चिम जर्मनी में हमलोग एक थिएटर हाउस में गए जिसमें एक बड़ा रेस्टोरेंट भी था,' गूजरमल ने बताया। उन्होंने लोगों को बताया कि थिएटर हाउस में घुसते ही बीचों-बीच एक बड़ा फव्वारा था और वह वहां बज रहे संगीत की धुन के साथ झूम रहा था। जो लोग उनकी बात सुन रहे थे, यह उनके लिए लगभग एक अलौकिक चमत्कार था। 'रेस्टोरेंट में करीब 500 टेबल थे और हर टेबल पर एक टेलीफोन था,' गूजरमल ने कहा।

'आपको टेबल पर टेलीफोन की क्या ज़रूरत?' एक नौजवान ने बड़े ही अचरज से पूछा।

'सब्र रखो बरखुरदार, बता रहा हूं।' गूजरमल हंसते हुए बोले। 'टेबल पर बैठे लोग दूसरी टेबलों पर बैठे लोगों से बात करने के लिए टेलीफोन का इस्तेमाल कर सकते थे। इसके लिए उन्हें सिर्फ टेबल नंबर डायल करना होता था। 'मैंने देखा था कि लोग दूसरी टेबलों पर बैठी लड़कियों को साथ में नाचने का संदेश देते थे।' गूजरमल ने दबी हुई आवाज़ में कहा क्योंकि उन्हें ये शर्मनाक लगा था।

श्रोता और जानना चाहते थे। 'तब लड़कियों ने क्या किया?' उसी युवक ने पूछा।

'बस, वे राज़ी हो गईं,' गूजरमल ने कहा। 'ऐसा लग रहा था जैसे वे किसी के बुलावे का इंतज़ार ही कर रही थीं।' श्रोतागण उस दुनिया के बारे में सुनकर सिर्फ हैरान हो सकते थे जो मोदीनगर से इतनी अलग थी।

गूजरमल को विदेश यात्रा में मज़ा नहीं आया लेकिन वो बहुत से लोगों से मिले और उनसे समझा कि दूसरे देशों में व्यापार कैसे चलते थे। उन्होंने इन देशों में

विकास और समृद्धि का स्तर देखा। लेकिन इस यात्रा की कीमत उन्हें अपनी सेहत से चुकानी पड़ी। पूरी यात्रा के दौरान उन्हें बहुत चलना पड़ा और सीढ़ियों से बहुत ज़्यादा ऊपर-नीचे करना पड़ा। इसके अलावा, उन्हें संपूर्ण पोषण भी नहीं मिला क्योंकि पूरे दो महीने जब तक वे लोग भारत से बाहर थे, उनके लिए सही भोजन खोज पाना भी एक समस्या थी। गूजरमल के घुटनों पर बहुत बुरा असर पड़ा। उनके लिए चलना एक समस्या बन गया था। भारत लौटने पर, डॉक्टरों ने उन्हें एंटीबायोटिक दवाएं दीं जिससे उनके लिवर पर असर पड़ गया। वो कुछ भी नहीं खा पा रहे थे और सिर्फ दूध पर ज़िंदा थे। दवाओं को काम करने में समय लगा लेकिन वो दोबारा चल पाने के काबिल हो गए। लेकिन घुटने की कमज़ोरी और सूजन नहीं गई। गूजरमल ईश्वर के आभारी थे कि उनकी सेहत को कोई गंभीर नुकसान नहीं हुआ। लेकिन उन्हें इस बात का दुख था कि अब वो दोबारा गंगोत्री नहीं जा सकते थे। चलते वक्त भी उन्हें सावधानी रखनी पड़ती थी।

***

घुटने की सूजन और धीमी चाल कभी गूजरमल की विस्तार योजना में बाधा नहीं बनी। भारत में लाइसेंस राज मज़बूती से पैर जमा चुका था और कारोबारियों को नए नियमों के हिसाब से ढलना ही पड़ा। अब गूजरमल खुद तय नहीं कर सकते थे कि वो कौन सी फैक्ट्री लगाएंगे और कहां। अब उन्हें हर चीज़ के लिए सरकारी अनुमति लेनी पड़ती थी। और बाबुओं के बीच अच्छा नेटवर्क बहुत काम का होता था। गूजरमल ने जब से व्यवसाय शुरू किया था तब से वो अधिकारियों के साथ बात-व्यवहार कर रहे थे। लेकिन लाइसेंस राज में उन्हें बड़ी सावधानी से चलना पड़ता था।

1960 के दशक की शुरुआत में भारत उतनी तेज़ी से नहीं बढ़ रहा था जिस तरह कुछ दूसरे दक्षिण एशियाई देश तरक्की कर रहे थे। घरेलू उत्पादन लगातार बढ़ रही जनसंख्या की मांग की सिर्फ आंशिक आपूर्ति ही कर पाता था। लेकिन सरकार की अनुमति के बिना उत्पादन क्षमता नहीं बढ़ाई जा सकती थी, जो ज़्यादातर मामलों में नहीं मिल रही थीं। बहुत से कारोबारियों ने इस माहौल में काम करने का जुगाड़ खोज लिया था। वे फैक्ट्रियों के लिए बहुत से आवेदन करते थे, इसके पीछे यह सोच थी कि उनमें से कम से कम एक तो मंजूर होगा। उद्यमियों को सिर्फ एक चीज़ चाहिए थी — लाइसेंस। यह लाइसेंस किसी भी चीज़ के उत्पादन का हो सकता था। यह मायने नहीं रखता था कि किस चीज़ के उत्पादन को मंजूरी मिली क्योंकि भारतीय बाज़ार विक्रेताओं का बाज़ार था। कुछ भी बनाइए, वो चीज़

बिक जाती थी। असल में तो, कुछ प्रोडक्ट्स के लिए तो महीनों और सालों लंबा इंतज़ार करना पड़ता था।

इस तरह, गूजरमल ने जरूरी मंजूरियां मिलने के बाद और फैक्ट्रियां डाल दीं। कहीं टॉर्च फैक्ट्री तो कहीं स्टील फैक्ट्री; एक आर्क इलेक्ट्रोड फैक्ट्री यहां और दूसरी कपड़ा मिल वहां। यह करीब-करीब एक लॉटरी जैसा था — जब भी कोई आवेदन मंजूर होता था एक नया कारोबार आ जाता था।

इन सबके बीच, एक प्रोजेक्ट था जो पूरा होने वाला था। यह था लक्ष्मी नारायण मंदिर, जिसका निर्माण 1955 में शुरू हुआ था। इस मंदिर के निर्माण के पीछे की असली वजह यह थी कि मोदी परिवार की देवी दुर्गा में आस्था थी। लेकिन, वहां कोई भी दुर्गा मंदिर नहीं था और दयावती को हर हफ्ते पूजा करने के लिए या तो मेरठ या दिल्ली जाना पड़ता था। यह देखकर, गूजरमल मोदीनगर में एक बड़ा मंदिर बनाना चाहते थे ताकि उनकी पत्नी आसानी से पूजा कर सकें।

चीनी मिल के सामने ज़मीन चुनी गई और जैसे ही प्रोजेक्ट पर काम शुरू हुआ, मंदिर की योजना बड़ी होती गई। गूजरमल ने दिल्ली के बिड़ला मंदिर के शिल्पकार को इस काम के लिए बुलाया। यह तय हुआ कि मंदिर परिसर में देवी दुर्गा का अपना एक अलग मंदिर होगा, मंदिर में लक्ष्मी नारायण और उमा महेश्वर की भी मूर्तियां होंगी। गूजरमल चाहते थे कि इस भव्य मंदिर का निर्माण प्राचीन ज्ञान के हिसाब से हो जैसा कि धर्मग्रंथों में लिखा गया था। उन्होंने शिल्पकार एमएल राय से कई किताबें मंगाकर पढ़ने को कहा जैसे स्टेला क्रैमरिश की *दि हिंदू टेंपल*, ओसी गांगुली की *इंडियन आर्किटेक्चर* और ओडेट मोनोड ब्रह्ल (Odette Monod-Bruhl) की *इंडियन टेंपल्स*। गूजरमल ने एमएल राय के पढ़ने के लिए प्राचीन साहित्यिक रचना *विश्वकर्मा* भी लेकर आए। आखिरकार यह तय हुआ कि भव्य मंदिर के बाहरी हिस्से में लाल पत्थर लगेगा और अंदर के हिस्से में सफेद संगमरमर।

मंदिर का काम 8 सालों तक चला और हर साल डिज़ाइन में बदलाव किए जाते थे। गूजरमल इस काम में खास रुचि ले रहे थे। निर्माण के दौरान आस-पास के इलाकों से बहुत से लोग इतने बड़े स्तर पर चल रहे काम को देखने के लिए आया करते थे। हज़ारों मज़दूरों ने मंदिर के काम पर आठ साल खर्च किए। पूरी तरह लाल बलुआ पत्थर से बने, कलिंग-शैली के इस मंदिर में देवी दुर्गा और उमा-महेश्वर के दो मंदिर थे। मंदिर की योजना में एक बड़ा रामलीला मंच भी था जहां पूरे साल लीला हो सके। शिल्पकार ने सफेद संगमरमर के फर्श वाले मंदिर

के प्रांगण में फव्वारे और पीतल की शिल्पकृतियां भी लगाई थीं। जो भी मंदिर को देखता था वो दंग रह जाता था। लक्ष्मी नारायण मंदिर जब बनकर तैयार हुआ तो यह शिल्पकारी की एक शानदार रचना थी। मंदिर बहुत भव्य था इसलिए गूजरमल इसका उद्घाटन भी भव्य करना चाहते थे। वो अपने गुरु को गंगोत्री के पहाड़ों से उतरकर मंदिर का उद्घाटन करने के लिए आने को मनाने में सफल हो गए। योगेश्वर कृष्णाश्रम जी महाराज गूजरमल के गुरुओं में से एक थे और देश भर में उनके ढेरों अनुयायी थे। वो वैरागी थे और आम तौर पर पहाड़ों से उतरकर कहीं नहीं जाते थे। इसलिए गुरु महाराज का मोदीनगर आने के लिए तैयार होना बहुत बड़ी सफलता थी। वो उत्तरकाशी तक पैदल चलकर पहुंचे जहां गूजरमल ने पहले से ही उन्हें मोदीनगर तक पहुंचाने के लिए एक कार भेजी हुई थी। गुरुजी जब मोदीनगर पहुंचे तो उनके दर्शन के लिए सड़क के एक कोने से दूसरे कोने तक लोगों की कतार लगी थी।

लोग बंबई, कलकत्ता और यहां तक कि मद्रास से भी उनके दर्शन के लिए पहुंचे थे। मोदीनगर के निवासी अपने शहर की इस आवभगत से गदगद थे। लोगों ने गुरुजी के सम्मान और मंदिर के उद्घाटन के लिए अपने घरों को सजाया-संवारा था। कई सड़कों के कोनों पर लाउडस्पीकर लगाए गए थे जिनसे मंत्र और श्लोक बजाए जा रहे थे। शहर को फूलों से सजाया गया था और गेंदे और गुलाब के फूलों की सुगंध हवा में घुल गई थी। मंदिर में हवन करने के लिए बनारस से आठ पुजारियों को बुलाया गया था। 3 फरवरी 1963 को वह भव्य मंदिर आम लोगों के लिए खोला गया। मंदिर परिसर के अंदर अलग से तीन छोटे मंदिर थे जिनमें से एक दुर्गा देवी, एक लक्ष्मी नारायण और एक उमा महेश्वर का था। यह मंदिर आज भी बहुत से लोगों के आकर्षण का केंद्र है और इसे मोदी मंदिर के नाम से भी जाना जाता है।

16

मोदी परिवार के मूल्यों की जीत

1960 के दशक के मध्य तक गूजरमल के बेटे और भाई पूरी सक्रियता के साथ व्यवसाय में उनकी मदद करने लगे थे। उन्हें खुद अपना बहुत सारा समय सार्वजनिक कामों में लगाना पड़ता था और यह बढ़ता ही जा रहा था। उनके बहुत सारे मानद पदों के अलावा भी लगभग हर 6 महीने में कुछ ना कुछ जुड़ता रहता था। 1961 में उन्हें अखिल भारतीय चीनी मिल संगठन (ऑल इंडिया शुगर मिल एसोसिएशन) का अध्यक्ष चुना गया। बाद में उसी साल भारतीय स्टेट बैंक ने मोदीनगर में अपनी एक नई शाखा खोली। एक स्थायी सलाहकार समिति (स्टैंडिंग एडवाइजरी कमिटी) बनाई गई और गूजरमल इसके सदस्य मनोनीत हुए। 1962 में गूजरमल को मेकैनिकल इंजीनियर्स एसोसिएशन ऑफ इंडिया (भारतीय यांत्रिक अभियांत्रिकी संगठन) के वार्षिक सम्मेलन का अध्यक्ष चुना गया। 1964 में उन्हें ऑल इंडिया ऑर्गनाइजेशन ऑफ इंडस्ट्रियल एम्प्लॉयर्स (अखिल भारतीय औद्योगिक नियोक्ता संगठन) का अध्यक्ष बनाया गया। इन सार्वजनिक पदों के अलावा, गूजरमल, मोदी परिवार द्वारा चलाए जा रहे स्कूलों, कॉलेजों, अस्पतालों और मंदिर ट्रस्टों में भी अलग-अलग पदों पर काम कर रहे थे।

इन सबके साथ ब्रिज (ताश का एक खेल) भी था जिसे गूजरमल छोड़ नहीं सकते थे और ना ही छोड़ना चाहते थे।

मोदी ग्रुप पहले से ही देश के सबसे बड़े समूहों में से एक था। ज़्यादातर कारखाने मोदीनगर और इसके आस-पास होने के कारण ग्रुप का ज़्यादातर काम एक सीमित इलाके तक केंद्रित था। वैसे तो भारत एक लोकतंत्र था लेकिन मोदीनगर के लोग गूजरमल को सबसे ऊंचा ओहदा देते थे — वो उनके लिए फरिश्ता, मददगार और रक्षक सब कुछ थे। गूजरमल का मोदीनगर से स्वामित्व और जुड़ाव का गहरा अहसास था। यह स्वाभाविक था कि वो मोदीनगर से बाहर नहीं जाना चाहते थे क्योंकि अपने शहर में उनसे एक राजा की तरह व्यवहार किया जाता था।

गूजरमल ना तो खुद मोदीनगर के बाहर जाना चाहते थे और ना ही अपनी अगली पीढ़ी में अपने बेटे-भतीजों को शहर से बाहर जाने की मंजूरी देते थे। बल्कि, पूरा परिवार एक साथ एक ही घर में रहता था। उनका सिद्धांत था — 'एक मुखिया, एक चूल्हा'। उस वक्त तक मोदी भवन में करीब सौ लोग रह रहे थे — जैसे-जैसे लोग बढ़ते थे, भवन में नए हिस्से जुड़ते जाते थे। पूरा परिवार एक साथ रहता और एक साथ खाता था। 'रसोई का बंटवारा परिवार के बंटवारे का पहला कदम होता है,' गूजरमल अक्सर अपने परिवार को यह बात याद दिलाते रहते थे।

अपने परिवार को वो उसी अनुशासन के साथ चलाते थे जिस अनुशासन के साथ वो अपने व्यापार चलाते थे। घर का नियम था कि सभी लोग सुबह का नाश्ता साथ करेंगे। कोई पिछली रात चाहे कितनी भी देर से घर लौटा हो, हर किसी के लिए सुबह नाश्ते की टेबल पर पहुंचना ज़रूरी होता था। यह गूजरमल का एक तरीका था ताकि बच्चे रात घर के बाहर ना गुजारें।

गूजरमल को पता चला था कि उनके बेटों और भतीजों को बाहर खाने के लिए दिल्ली जाना पसंद था। दिल्ली के कनॉट प्लेस में गेलॉर्ड और वोल्गा नाम के दो जाने-माने रेस्टोरेंट उन लड़कों के पसंदीदा ठिकाने थे। 1960 के दशक में मोदीनगर से दिल्ली पहुंचने में सिर्फ आधे घंटे से थोड़ा ही ज़्यादा समय लगता था। काम के बाद आम तौर पर नौजवान अपनी कारों में बैठकर दिल्ली निकल जाया करते थे। गेलॉर्ड और वोल्गा में मोदी परिवार के नाम से टेबल भी तय रहते थे और ये सभी युवक बड़े शहर के जीवन का खूब आनंद उठाते थे। लेकिन चाहे कितनी भी देर हो जाए उन्हें हर रात लौटकर मोदीनगर जाना ही होता था क्योंकि सुबह नाश्ते की टेबल पर पहुंचना ज़रूरी था।

गूजरमल के नियमों में किसी तरह की ढिलाई नहीं मिलती थी और उन्हें मानना ही पड़ता था। लेकिन ये नियम उन्होंने अपनी किसी सनक के आधार पर नहीं बनाए थे। इन नियमों को बनाने से पहले उन्होंने भविष्य के बारे में सोचा था।

गूजरमल संयुक्त परिवार की व्यवस्था को काफी महत्व देते थे। वो इसी में बड़े हुए थे और उनके और उनके भाइयों के परिवार एक साथ एक ही छत के नीचे रहते थे। इंसान के स्वभाव के सारे पहलुओं को देखने के बाद गूजरमल मानते थे कि जब तक परिवार के कुछ नियम-कायदे नहीं होते तब तक सबका साथ रहना मुश्किल था। शुद्ध शाकाहारी होना और शराब न पीना भी इन नियमों का हिस्सा था। शाकाहारी होना हिंदू धर्म के अनुयायी होने के कारण था। यहां तक कि समारोहों और आयोजनों में भी मेहमानों को सिर्फ शाकाहारी भोजन ही परोसा जाता था। शराब का मामला थोड़ा अलग था। गूजरमल ने महसूस किया था कि सरकारी अधिकारियों, विदेशी मेहमानों, व्यापारी साथियों को खुश करने के लिए शराब परोसना ज़रूरी होता था लेकिन वो अपने बच्चों को वाइन तक नहीं पीने देते थे। और बच्चे भी इस नियम को मानते थे। मोदी परिवार अपनी शानदार मेज़बानी और सत्कार के लिए जाना जाता था लेकिन परिवार का कोई भी सदस्य शराब की एक बूंद को भी हाथ नहीं लगाता था।

***

इंडस्ट्री के लिए अच्छी गुणवत्ता वाले धागे बनाने के लिए 1960 के दशक की शुरुआत में मोदी थ्रेड्स की स्थापना की गई। मोदी थ्रेड्स की सफलता से खुश होकर गूजरमल नायलॉन के धागे बनाने के कारोबार में भी उतरना चाहते थे। लेकिन भारत में ज़रूरी तकनीक उपलब्ध नहीं थी और प्रोजेक्ट के लिए विदेशी साझेदार की ज़रूरत थी। गूजरमल के बड़े बेटे कृष्ण कुमार ने विदेशी साझेदार की तलाश के लिए यूरोप जाने की अनुमति मांगी।

भारतीय उद्योगपतियों के लिए सही विदेशी साझेदार खोज पाना आसान नहीं था। औपनिवेशिक युग के बाद की सरकार किसी भी 'विदेशी' चीज को लेकर आशंकित रहती थी, खासतौर पर औद्योगिक क्षेत्र में। यह विडंबना ही थी क्योंकि भारत में विदेशी कंपनियों का होना कोई नई बात नहीं थी। ब्रिटिश शासन के दौरान बहुत सी विदेशी कंपनियां भारत में काम कर रही थीं और कुछ तो 1947 के बाद भी रुकी हुई थीं। नए आज़ाद हुए देश के शुरुआती नेताओं को मल्टीनेशनल कंपनियों पर भरोसा नहीं था।

नेहरू ने भारत को समाजवादी झुकाव वाली एक नियोजित अर्थव्यवस्था के रूप में देखा था। जो कानून बनाए और लागू किए जाते थे वे आत्मनिर्भरता, गरीबी

उन्मूलन, स्वदेशी तकनीक के विकास, स्थानीय निजी क्षेत्र और छोटे कारोबारों की सुरक्षा पर केंद्रित होते थे। आयात कम करने का विकास मॉडल मुख्य तौर पर चार बिंदुओं पर केंद्रित था — एक बड़ा सार्वजनिक क्षेत्र, ऊंचा सीमा शुल्क, कृषि पर ध्यान देने वाली केंद्रीकृत योजना और प्रशासनिक प्राधिकरण की एक प्रतिबंधात्मक प्रणाली।

लाइसेंस राज अपने चरम पर था क्योंकि सरकार ही सार्वजनिक और निजी दोनों क्षेत्रों की कंपनियों की क्षमताओं और विविधताओं को नियंत्रित कर रही थी। इसका असर साफ़ था, धीरे-धीरे लेकिन लगातार, सार्वजनिक क्षेत्र का दबदबा भारतीय अर्थव्यवस्था में बढ़ गया और निजी क्षेत्र कमज़ोर पड़ गया। भारतीय उद्योग को चार हिस्सों में बांटा गया था। पहले दो हिस्सों पर सरकार का सख्त नियंत्रण था और इसमें परमाणु ऊर्जा, कोयला, लोहा, स्टील और टेलीग्राफी जैसे उद्योग शामिल थे। अगले हिस्से में आने वाले उद्योग आर्थिक विकास के लिए महत्वपूर्ण थे लेकिन पूरी तरह नियंत्रित थे। आखिरी हिस्सा निजी क्षेत्र के लिए खुला छोड़ा गया था और इसमें बड़े पैमाने पर कंज्यूमर गुड्स आते थे। लेकिन यह वर्ग भी लाइसेंस राज के नियंत्रण में था, जो बनाए जाने वाले सामान और उनकी क्षमताओं की सीमा तय करता था। इसके अलावा सरकार ने बड़ी संख्या में उद्योगों को लघु उद्योगों के लिए आरक्षित रखा था। उपनिवेशवाद के बाद वाले भारत में बड़ी सोच रखना ही बुरा माना जाता था।

लेकिन गूजरमल ने अपने जीवन में कभी छोटी सोच नहीं रखी थी। वो अभी भी बड़े कारोबार, बड़ी फैक्ट्रियों और ढेर सारे कर्मचारियों के बारे में सोचते थे। उन्हें भारत में नायलॉन के धागे के कारोबार की बड़ी संभावनाएं दिखाई देती थीं। गूजरमल एक अच्छे तकनीकी विदेशी साझेदार की ज़रूरत को भी समझते थे। इसलिए उन्होंने अपने बेटे और भाई को कुछ संभावित विदेशी साझेदारों के साथ बात करने के लिए विदेश जाने को प्रोत्साहित किया।

केदारनाथ और कृष्ण कुमार ने स्वाभाविक तौर पर उन देशों पर ध्यान दिया जिनका भारत के साथ व्यापार समझौता था। चूंकि विदेशी कंपनियों को 10 साल से पहले विदेशी मुद्रा में कमाई को अपने देश ले जाने की अनुमति नहीं थी इसलिए पूर्वी जर्मनी या सोवियत रूस जैसा एक साझेदार मिलना आसान होता। जब केदारनाथ और कृष्ण कुमार पूर्वी जर्मनी गए और सही तकनीक का पता लगाने की कोशिश की तो उन्हें निराशा ही हाथ लगी। तब वो पश्चिमी जर्मनी गए।

शुरुआती खोजबीन के बाद उन्हें लुरगी नाम की एक केमिकल और इंजीनियरिंग कंपनी मिली, जिसके पास नायलॉन के रेशों से धागे बनाने की तकनीक थी। साथ काम करने की संभावनाओं पर चर्चा के लिए लुरगी के अधिकारियों के

साथ बैठक तय की गई। मोदी प्रतिनिधिमंडल ने लुरगी के वरिष्ठ अधिकारियों को रात के खाने पर बुलाया। लुरगी की टीम ने कहा कि उनके सिर्फ दो सदस्य ही रात के खाने पर बैठक के लिए आ पाएंगे क्योंकि उन्हें किसी अमेरिकी कंपनी के अधिकारियों से भी मिलना था जो उनसे कुछ उपकरण खरीदने शहर में आए हुए थे। कृष्ण कुमार को लगा कि अमेरिकियों से मिलने का यह अच्छा मौका होगा और उन्होंने अमेरिकी टीम को भी रात के खाने पर आमंत्रित कर लिया।

वे अमेरिकी फिलाडेल्फिया की एक बड़ी कंपनी रॉम एंड हास के प्रतिनिधि थे। मोदी परिवार नायलॉन प्रोजेक्ट के लिए कुछ अमेरिकी कंपनियों के संपर्क में भी था और रॉम एंड हास उन्हीं में से एक थी जिनसे उन्होंने संपर्क किया था। रॉम एंड हास ने उन्हें मिलने के लिए भी बुलाया था लेकिन मोदी अपना समय और पैसा बर्बाद नहीं करना चाहते थे क्योंकि उनका मानना था कि कोई भी कंपनी भारत सरकार की कड़ी शर्तों के साथ काम करने के लिए तैयार नहीं होगी। मोदी परिवार ने इसी बीच पेन्सिलवेनिया की एक छोटी कंपनी स्कैरेंटन फाइबर्स से भी संपर्क किया था जो ज़्यादा उत्साहित दिख रही थी। उस छोटी कंपनी को रॉम एंड हास ने खरीद लिया था और मोदी नायलॉन प्रोजेक्ट का मामला ठंडे बस्ते में चला गया था। और किस्मत से रॉम एंड हास के जो अधिकारी उस रात डिनर पर आए थे, वे स्कैरेंटन से ही थे और उन्हें मोदी परिवार के साथ हुई बातचीत भी याद थी।

लुरगी और रॉम एंड हास के अधिकारी जिस जोश के साथ नायलॉन प्रोजेक्ट की बातें कर रहे थे उससे डिनर बिलकुल जीवंत हो गया था। वैसे तो केदारनाथ और कृष्ण कुमार शुद्ध शाकाहारी थे और शराब भी नहीं पीते थे लेकिन उनकी मेज़बानी शानदार होती थी। शाम बहुत अच्छी बीती और अमेरिकियों ने मोदी प्रतिनिधिमंडल को उनकी कंपनी के साथ करार करने के लिए अमेरिका आमंत्रित किया।

मोदी प्रतिनिधिमंडल ने निमंत्रण स्वीकार किया और फिलाडेल्फिया पहुंच गए। रॉम एंड हास के एक वरिष्ठ अधिकारी डॉन मर्फी बातचीत के मुख्य व्यक्ति थे। विदेशी मुद्रा की कमी से जूझ रही भारत सरकार की कड़ी शर्तों के चलते कई दौर की बातचीत के बावजूद कोई सहमति नहीं बन पाई। विदेशी कर्ज़ चुकाने पर 10 साल के प्रतिबंध के चलते अमेरिकी आगे नहीं बढ़ पा रहे थे। निराश होकर दोनों मोदी बिना करार किए ही भारत लौटने को तैयार थे।

किस्मत मिसेज हास के रूप में सामने आई, जो कंपनी के संस्थापक की विधवा थीं। उन्होंने भारत से आए लोगों के बारे में सुना और उन्हें अपने घर भोजन पर बुलाया। डॉन मर्फी मोदी प्रतिनिधिमंडल को साथ लेकर हास के घर पहुंचे।

यह एक खुशनुमा शाम थी, मिसेज हास ने गूजरमल और मोदीनगर की स्थापना से जुड़े बहुत से सवाल पूछे। एक उद्योपति के नाम पर पूरे शहर को बसाने के विचार ने उनका मन मोह लिया। मिसेज हास के लिए यह भी अविश्वसनीय था कि 25 साल के आस-पास की उम्र होने के बाद भी कृष्ण कुमार ने शराब की एक बूंद तक नहीं छुई थी और ना ही कभी मांसाहार किया था। चाचा-भतीजे ने मिसेज हास को बताया कि उनका पालन-पोषण ही इस तरह किया गया था कि वे विलासिता भरी जीवन शैली वाले लोगों के बीच रहकर भी अपने उन मूल्यों को बचाकर रख सकते थे जो उन्होंने गूजरमल से सीखे थे। मिसेज हास, जो खुद भी एक पारिवारिक व्यापार की मालकिन थीं, वो मोदी परिवार के मूल्यों से प्रभावित हुईं।

डिनर के बाद, वो मर्फी को किनारे लेकर गईं और करार नहीं हो पाने की वजह का पूरा ब्यौरा लिया। मर्फी ने उन्हें भारत सरकार के 10 साल के प्रतिबंध वाले नियम के बारे में बताया जिस दौरान रॉम एंड हास अपने निवेश का कोई हिस्सा स्वदेश नहीं ला सकता था। उन्होंने मामले को सुना और सिर हिलाकर खुद को सहमति दी। मेहमानों के जाने के बाद उन्होंने अपने बेटे को फोन किया और उसे मोदी परिवार के साथ सौदा करने को कहा और सौदे में कर्ज़ चुकाने के लिए '10 साल, नो रिकोर्स, बेस्ट एफर्ट' जैसे क्लॉज़ डालने को कहा। इसका मतलब था कि अगर कर्ज़ लेने वाला तय समय-सीमा के अंदर कर्ज़ नहीं चुकाए तब भी कोई इकतरफा कार्रवाई नहीं की जाएगी। उनका बेटा हैरान था लेकिन वो मिसेज हास की इच्छा को काट नहीं सकता था क्योंकि मिसेज हास की कंपनी में 60 प्रतिशत हिस्सेदारी थी। सिर्फ उनका बेटा ही चकित नहीं था बल्कि भारत सरकार भी भरोसा नहीं कर पा रही थी कि एक बड़ी अमेरिकी कंपनी ऐसा सौदा करेगी। सरकारी अफसरों को भरोसा था कि गुप्त रूप से कुछ पैसों का लेन-देन ज़रूर हुआ था। अधिकारियों ने पूरी सावधानी के साथ निजी रूप से जांच भी की जिससे उन्हें पता चला कि यह मिसेज हास की उदारता थी।

***

अगर केदारनाथ और कृष्ण कुमार ने यह सोचा था कि गूजरमल दोनों बांहें फैलाकर उनका स्वागत करेंगे और उनकी पीठ थपथपाएंगे तो उन्हें ज़रूर हैरानी हुई होगी। क्योंकि, संयुक्त रूप से की गई उस साझेदारी में मोदी परिवार ने जो बड़ा कर्ज़ लिया था, उसकी वजह से गूजरमल डरे हुए और थोड़े नाराज़ भी थे। उन्हें लगा कि अगर उनके उत्तराधिकारी कर्ज़ नहीं चुका पाए तो उनके अगले जन्म पर बुरा असर पड़ेगा। उन्हें डर था कि अगली बार उनका जन्म किसी नीची जाति में होगा।

गूजरमल को समझाना लगभग असंभव था और वो किसी की बात सुनने को तैयार नहीं थे। केदारनाथ और कृष्ण कुमार को उनका उत्साह और खुशी ख़त्म होती महसूस हुई। लेकिन उनकी मदद आई गूजरमल के एक गुरु के रूप में। गुरु ने अपने शिष्य को समझाया कि करार करने के बाद उसे तोड़ना भी उनके कर्मचक्र के लिए उतना ही नुकसानदेह होगा जितना कर्ज़ न चुका पाना। जब केदारनाथ और कृष्ण कुमार ने पक्का वादा किया कि वे कर्ज़ चुकाने के लिए हर संभव कोशिश करेंगे, तब जाकर गूजरमल माने।

अगला रोड़ा था नए प्लांट के लिए जगह हासिल करना। अमेरिकी प्रतिनिधिमंडल बातचीत पूरी करने और सौदे पर हस्ताक्षर करने के लिए भारत पहुंचा। वे लोग गूजरमल से भी मिलना चाहते थे क्योंकि मोदी के सभी व्यापारों के मार्गदर्शक वही थे। डॉन मर्फी के नेतृत्व में आया अमेरिकी दल मोदीनगर को देखकर सुखद आश्चर्य से भर गया था। 1960 के दशक के मध्य में, मोदीनगर के रूप में हलचल भरा और व्यस्त शहर, दरअसल पूंजीवाद के सकारात्मक प्रभावों का एक जीता-जागता प्रमाण था। वे लोग यह देखकर भी हैरान थे कि मोदी समूह ने कितनी बड़ी संख्या में लोगों को रोज़गार दिया था।

एक शाम मोदी स्पिनिंग एंड वीविंग मिल की शिफ्ट ख़त्म होते वक्त, उन्होंने फैक्ट्री की इकाइयों से हज़ारों मज़दूरों को बाहर निकलते देखा। वहां 5 इकाइयां थीं — दो यार्न मिलें, एक रेयॉन और सिल्क मिल, थ्रेड मिल और कपड़ा मिल। इन इकाइयों में 20,000 से ज़्यादा मज़दूर काम करते थे। जब मज़दूर दिन का काम ख़त्म करके बाहर निकले तो माहौल उनकी बातों और हंसी-मज़ाक की आवाज़ से सराबोर हो गया। जब वे मज़दूर घर जाने के लिए सड़क पार कर रहे थे तो कुछ मज़दूर स्थानीय दुकानों पर सामान खरीदने के लिए रुक गए। मज़दूरों के घर जाने के लिए सड़क पार करते वक्त मुख्य सड़क पर यातायात लगभग ठप पड़ गया।

डॉन मर्फी पूरे उत्साह और आश्चर्य के साथ अपने साथियों की ओर मुड़े और कहा, 'दोस्तों, क्या आपने पहले कभी इतने सारे लोगों को देखा है? इन सब लोगों को देखो और ये लोग बिज़नेस के सिर्फ एक छोटे से हिस्से से हैं! हे भगवान ! ऐसा लग रहा है जैसे कोई मेला लगा हो — देखो इन लोगों को। दिन भर कड़ी मेहनत के बाद भी वे सब मुस्कुरा रहे हैं।'

मर्फी ने शाम को इस बारे में कृष्ण कुमार को बताया। कृष्ण कुमार हंसे और बोले, 'हां, मुझे लगा था कि शिफ्ट ख़त्म होने का समय आपको दिलचस्प लगेगा!'

फिर उन्होंने उन लोगों को बताया कि हर कर्मचारी को ज़रूरी सुविधाओं के साथ एक छोटा घर भी दिया गया था। और कर्मचारियों के बच्चों को किसी भी मोदी कारोबार में काम करने के लिए वरीयता मिलती थी। कृष्ण कुमार ने कहा, 'निश्चित रूप से यह एक छोटा शहर है, आपके अमेरिकी शहरों जैसा बड़ा नहीं है, लेकिन हम आत्मनिर्भर हैं। यहां विद्यालय, अस्पताल, बगीचे, पुस्तकालय, मंदिर... सब कुछ है। हम एक बड़े परिवार की तरह हैं,' उन्होंने गर्व के साथ अपनी बात पूरी की।

विदेशी दल सिर्फ शहर से ही नहीं बल्कि मोदी परिवार के जीने के तौर-तरीकों से भी बहुत प्रभावित था। मुलाकातों के दौरान उन्होंने देखा कि हर कर्मचारी अपने संस्थापक के लिए कितना सम्मान और स्नेह रखता था। मर्फी खुश थे कि उन्होंने मोदी परिवार के साथ साझेदारी की।

दोनों टीमों में नई कंपनी का नाम 'मोदीपॉन लिमिटेड' रखने पर सहमति बनी। कंपनी की देखरेख विदेशी साझेदार करने वाले थे क्योंकि तकनीकी विशेषज्ञता उन्हीं के पास थी। एक तरह से कहें तो कंपनी के बड़े हिस्से पर अमेरिकियों का नियंत्रण होने वाला था। गूजरमल ने सलाह दी कि फैक्ट्री बंबई में लगाई जाए। उन्हें डर था कि उनके अपने शहर में उनकी छवि पर बुरा असर पड़ेगा क्योंकि नई कंपनी पर उनका नहीं बल्कि विदेशियों का नियंत्रण रहने वाला था।

'अगर हम बंबई में फैक्ट्री लगाते हैं तो आप वहां कहां रहेंगे, मिस्टर मोदी?' डॉन मर्फी ने पूछा।

'मैं बंबई क्यों जाऊंगा? इस उम्र में तो मैं मोदीनगर से भी बाहर नहीं निकलता,' गूजरमल ने जवाब दिया।

'तब तो मामला ही सुलझ गया, प्लांट यहीं मोदीनगर में लगेगा,' मर्फी ने हल्की सी मुस्कान के साथ कहा। 'हम आपसे हज़ारों मील दूर प्लांट कैसे लगा सकते हैं, मिस्टर मोदी?'

नया व्यवसाय ₹2 करोड़ के एसेट बेस के साथ शुरू हुआ। गूजरमल ने नए प्लांट के निर्माण की देखरेख और प्रबंधन की पूरी जिम्मेदारी कृष्ण कुमार को सौंपी। प्लांट का उद्घाटन 1967 में हुआ और जल्द ही यह उच्च कोटि के नायलॉन यार्न और स्टैपल फाइबर के लिए प्रसिद्ध हो गया।

गूजरमल ने इस कारोबार को चलाने की जिम्मेदारी अपने तीसरे बेटे सतीश कुमार को दी। सतीश स्नातक की पढ़ाई के बाद 1966 में कारोबार से जुड़े। युवा

और उत्साही सतीश के पास ढेरों नए आइडियाज़ थे और वो इसे सफल बनाना चाहते थे। उनके पिता ने उन्हें पहले ही सावधान कर दिया था कि यह कारोबार चुनौतीपूर्ण होगा क्योंकि यह एक उपभोक्ता उत्पाद था।

इससे डरे बिना सतीश ने बाज़ार के बारे में जानकारी जुटाई और पाया कि सच में इस बाज़ार में घुसना मुश्किल होगा। उन्होंने सोचा कि इससे पार पाने का एक तरीका था कि सप्लाई चेन और वितरण पर ध्यान दिया जाए। वो देश भर में अलग-अलग जगहों पर गोदाम बनाना चाहते थे। वहीं दूसरी ओर गूजरमल ने हमेशा पूरा माल एक जगह मोदीनगर में रखकर काम किया था।

सतीश आंकड़ों और तर्कों के साथ अपने पिता को मनाने में सफल रहे और उन्हें देश भर में गोदाम बनाने की अनुमति मिल गई। यह रणनीति रंग लाई। तेज़ डिलीवरी और ऑर्डर-सप्लाई के बीच कम समय लगने से मोदी थ्रेड्स विक्रेताओं के बीच लोकप्रिय हो गया।

सतीश ने पाया कि धागों का इस्तेमाल फैशन परिधानों में भी हो रहा था। ग्राहकों से सीधे जुड़ने के लिए सतीश ने एक फैशन मैगज़ीन शुरू करने का प्रस्ताव दिया। फिर से, गूजरमल ने इस सुझाव का विरोध किया। लेकिन सतीश ने अपने पिता को मना लिया और प्रकाशन शुरू कर दिया। फैशन मैगज़ीन ग्राहकों से जुड़ी जिससे मोदी थ्रेड्स की लोकप्रियता और बढ़ गई। 1978 तक मोदी थ्रेड्स देश की सबसे बड़ी धागा कंपनी बन गई।

मोदी समूह और रॉम एंड हास के बीच संयुक्त उपक्रम की सफलता ने गूजरमल और मोदी ग्रुप को और अधिक सुर्खियों में ला दिया। गूजरमल की व्यक्तिगत और मोदी ग्रुप की समग्र प्रतिष्ठा कुछ और बढ़ गई। गूजरमल के बारे में काफी कुछ लिखा गया जिन्होंने 1932 में सिर्फ 300 रुपए के साथ शुरुआत की थी और तीन दशकों के अंदर अपने नाम पर एक संपन्न शहर बसा दिया।

सरकार ने 1968 में गूजरमल को पद्म भूषण से सम्मानित किया। वैसे तो पद्म पुरस्कारों की शुरुआत भारत सरकार ने 1954 में की थी लेकिन व्यापार और उद्योग का प्रतिनिधित्व इसमें बहुत छोटा था। इसलिए, यह उद्योग जगत के लिए बड़े सम्मान की बात थी कि उनके बीच से किसी को पद्म भूषण से सम्मानित किया गया था। गूजरमल को कलकत्ता से दिल्ली तक, मोदीनगर से बंबई तक, कानपुर के एक व्यापार संगठन से लेकर चंडीगढ़ के एक उद्योग संगठन तक, देश भर में कई उद्योग संगठनों ने सम्मानित किया।

गूजरमल ने काम की व्यस्तता से पहले ही खुद को अलग कर लिया था। पद्म भूषण पुरस्कार के बाद उन्होंने तय किया कि अब वो कोई भी सार्वजनिक पद नहीं लेंगे। वो खुश थे कि धीरे-धीरे उनके बेटे और भतीजे अलग-अलग व्यवसायों की जिम्मेदारी संभालने लगे थे। गूजरमल ने धार्मिक और आध्यात्मिक चीज़ों में अधिक समय बिताने का फैसला लिया। वो अभी भी मोदी समूह के मुखिया थे और सभी मामलों में मार्गदर्शन दिया करते थे।

17

एक युग का अंत

मोदीनगर की स्थापना 1934 में की गई थी और यह एक व्यक्ति के सपने का परिणाम था। एक चीनी मिल और कुछ सौ निवासियों के साथ शुरुआत करके मोदीनगर सिर्फ तीन दशकों में एक संपन्न औद्योगिक शहर बन गया था। शहर में करीब बीस बड़े कारखाने थे, साथ में कई छोटी सहायक इकाइयां थीं जो कारखानों और शहर के लोगों के लिए ज़रूरी सामान उपलब्ध कराती थीं। वहां रहने वाले लोगों की संख्या हर साल बढ़ती जा रही थी क्योंकि मोदी परिवार के बनाए गए शिक्षण संस्थानों में छात्र, शिक्षक और उनके परिवार बढ़ रहे थे। गूजरमल इस बात को लेकर एकदम स्पष्ट थे कि उनके कर्मचारियों को दी जाने वाली सुविधाओं के साथ कोई समझौता नहीं किया जाएगा।

इसलिए बढ़ती आबादी की ज़रूरतें पूरी करने के लिए नियमित रूप से नए स्कूल, दवाखाने, अस्पताल, मंदिर, बगीचे और दुकानें शुरू होती रहती थीं। 1960 के अंत तक मोदीनगर पूरी तरह भर चुका था और किसी भी नए कारखाने और उससे जुड़े आवासीय परिसर बनाने के लिए वहां जगह नहीं बची थी। इसलिए, जब दूसरा बड़ा कारखाना लगाने की बात आई तो गूजरमल ने तय किया कि अब मोदीनगर से बाहर निकलना होगा लेकिन बहुत दूर नहीं।

नए, बड़े कारखानों और मज़दूरों की बढ़ती आबादी के लिए घर बनाने की जगह खत्म होने के अलावा मोदीनगर से बाहर जाने की एक और वजह भी थी।

उत्तर प्रदेश सरकार ने मोदी परिवार से पूछा था कि क्या वो राज्य में टायर प्लांट लगाना चाहते थे। सरकार इच्छुक उद्यमियों के लिए ज़मीन आवंटित करने को तैयार थी। मोदी परिवार पहले ही टायर और ट्यूब बनाने के लिए केंद्र सरकार के पास आशय पत्र के साथ आवेदन कर चुका था। परिवार की टायर बाज़ार में रुचि थी क्योंकि उन्होंने बाज़ार का एक अध्ययन कराया था जिसमें पता चला था कि गाड़ियों के टायर की कीमतों पर 150 परसेंट तक प्रीमियम मिल सकता था। यह बात गौरतलब है कि भारतीय अर्थव्यवस्था अभी भी सरकारी नियंत्रण में ही थी और सरकार के दिए जाने वाले लाइसेंसों की वजह से आपूर्ति सीमित होती थी। उत्तर प्रदेश सरकार की इच्छा थी कि राज्य में एक टायर प्लांट लगाया जाए और उसने एक फैक्ट्री लगाने के लिए बिड़ला ग्रुप को अनुमति भी दे दी थी। लेकिन उन्होंने इलाहाबाद में साइकिल के टायरों की एक इकाई लगाई। ऑटोमोबाइल टायर प्रोजेक्ट अभी भी उपलब्ध था।

गूजरमल कई कारणों से राज्य सरकार के प्रस्ताव में दिलचस्पी ले रहे थे। कीमतों पर मिलने वाला प्रीमियम निश्चित तौर पर एक कारण था। दूसरी वजह थी कि वो मोदीनगर के बाहर ज़मीन मांग सकते थे और एक नया शहर बसा सकते थे। आखिरी वजह थी कि उनका दूसरा बेटा विनय मोदी 25 साल का हो चुका था और गूजरमल ने सोचा कि मोदी स्टील में काम कर रहे उनके बेटे के लिए यह प्रोजेक्ट अच्छा होगा। गूजरमल ने अब मोदी स्टील की जिम्मेदारी अपने सबसे छोटे बेटे उमेश को सौंप दी और विनय से टायर फैक्ट्री लगाने पर ध्यान देने को कहा।

यह बात साफ थी कि मोदी परिवार को टायर कारखाना लगाने का तकनीकी ज्ञान नहीं था। उन्हें एक विदेशी तकनीकी साझेदार की ज़रूरत थी। विनय ने कुछ सबसे बड़े टायर निर्माताओं को चिट्ठी लिखी और पश्चिमी जर्मनी की एक कंपनी कॉन्टिनेंटल गुम्मी-वेर्क (Continental Gummi-Werke) के साथ बातचीत आगे बढ़ाने का फैसला किया। तकनीकी सहयोग की प्रक्रिया पूरी होने में दो साल लगे। आखिरकार, 1971 में कंपनी की स्थापना हुई और कारखाने में काम शुरू किया गया। कंपनी का नाम मोदी रबर रखा गया।

मोदी परिवार को मेरठ के पास एक ज़मीन दी गई थी और उन्होंने इसका नाम मोदीपुरम रखा। विनय मोदी को टायर कारोबार को शुरू करने की पूरी जिम्मेदारी दी गई थी। कारखाने से तैयार टायर निकलने में चार साल का समय लगा। टायरों पर प्रीमियम के बाद भी बाज़ार में घुसना मुश्किल काम था। भारतीय टायर बाज़ार पर विदेशी कंपनियों का दबदबा था, जो पिछले कुछ समय से इस

धंधे में थीं। इसलिए, उनकी उत्पादन लागत किसी नई भारतीय कंपनी से कम थी जो उस समय उपलब्ध सबसे अच्छी तकनीक के साथ अपना उत्पादन शुरू कर रही थी। मोदी परिवार की योजना ट्रक टायरों पर ध्यान केंद्रित करने की थी क्योंकि उनमें बेहतर कीमत और ज़्यादा मुनाफा मिलता था। जैसा कि ज़्यादातर नए कारखानों के साथ होता है, मोदी रबर प्लांट की लागत बढ़ गई थी जिसका असर पूरे बिज़नेस के कुल मुनाफे पर पड़ा। लागत बढ़ने के साथ-साथ नई कंपनी को 1973 में तेल संकट की मार भी झेलनी पड़ी। सभी उद्योगों, खासतौर से जो पेट्रोलियम आधारित थे, उन पर सबसे ज़्यादा मार पड़ी। कच्चे माल की कीमतों में अचानक और तेज़ उछाल से मोदी रबर पर भी असर पड़ा। पहले से ही बढ़ी हुई लागत से जूझ रहे मोदी परिवार को कच्चे माल की ऊंची कीमतों से कड़ा झटका लगा।

गूजरमल नए व्यवसायों में आने वाली मुसीबतों से अपरिचित नहीं थे। उन्होंने विनय और बाकी टीम को डटे रहने और उम्मीद न खोने को कहा। उन्होंने उन लोगों को उन समस्याओं का उदाहरण दिया जिनका सामना उन्हें चीनी मिल और फिर कपड़ा मिल शुरू करते वक्त करना पड़ा था। जब गूजरमल उन सभी चुनौतियों के बारे में बता रहे थे, जिनका उन्होंने सामना किया था, तब ऐसा लग रहा था कि मोदी परिवार के लगाए गए सभी व्यवसायों को अग्नि परीक्षा से गुज़रना पड़ा था।

भारतीय टायर बाज़ार कार्टेल (उत्पादकों के गठजोड़) पर चलता था। टायर निर्माता चाहते थे कि मोदी परिवार भी इस कार्टेल में शामिल हो जाए। विनय और उनके भाई भूपेंद्र मोदी, जो मोदी रबर के प्रबंध संचालक थे, कार्टेल से नहीं जुड़ना चाहते थे। कार्टेल का सबसे नया और छोटा सदस्य होने के चलते उनका कद समूह के अंदर हमेशा छोटा रहता। इसके अलावा, कार्टेल बाज़ार में मांग के उतार-चढ़ाव को भी नहीं रोक पाता था। गूजरमल और उनके बेटों के बीच चर्चा के बाद तय किया गया कि वे लोग कार्टेल का हिस्सा नहीं बनेंगे। समस्या यह थी कि उत्पादन तो शुरू हो गया था लेकिन कार्टेल मोदी रबर को बाज़ार में पैर जमाने नहीं दे रहा था। गूजरमल ने पहले भी कई मुसीबतों से निकलने के लिए अनोखे तरीकों का इस्तेमाल किया था। उन्होंने मोदी रबर के लिए भी रास्ता निकाल ही लिया।

कारखाने में टायरों का उत्पादन शुरू हो गया था। बाज़ार में माल नहीं बिकने के चलते कारखाने के अंदर और यहां तक कि बाहर भी टायरों का ढेर लग गया था। गूजरमल और उनके बेटों ने करो या मरो की रणनीति अपनाने का फैसला किया। उन्होंने भारी छूट के साथ टायरों को बेचने का फैसला किया। उनके हिसाब

से इसके कई फायदे होते। सबसे बड़ा फायदा यह था कि ऐसा करने से पैसे आते जिसका इस्तेमाल कर्मचारियों का मनोबल बढ़ाने के लिए हो सकता था जो बहुत ज़्यादा गिर चुका था। दूसरा फायदा था कि ट्रक बाज़ार की उनके टायरों में दिलचस्पी बढ़ेगी। ट्रक बाज़ार बहुत बड़ा था लेकिन दूसरी ज़्यादा बड़ी कंपनियों की वजह से वह मोदी टायर्स से दूर था। गूजरमल और उनके बेटों ने राज्य सरकार से भी कुछ बड़े ऑर्डर निकाल लिए। रणनीति काम कर गई। बाज़ार में जैसे ही सस्ते दामों पर टायर पहुंचे, कारखाने के अंदर-बाहर टायरों का ढेर धीरे-धीरे कम होने लगा। मोदी रबर ने हर बातचीत में इस बात को खासतौर पर उजागर किया कि उनके टायर जर्मन तकनीक से बने थे और उस समय के सबसे अच्छे टायर थे।

मोदी रबर के पास 3000 से ज़्यादा कर्मचारी और उनके परिवार थे। गूजरमल ने निश्चित किया था कि मोदीपुरम का विकास भी मोदीनगर की तरह ही हो। मोदीपुरम का क्षेत्रफल करीब 120 एकड़ था और कारखाने, अपार्टमेंट और कर्मचारियों की अन्य सुविधाओं के लिए इसका इस्तेमाल बेहद सोच-समझकर किया गया था। बगीचों, एक अस्पताल, शिक्षण संस्थानों और एक स्थानीय बाज़ार के लिए स्थान तय कर दिए गए थे। वहां एक डाकघर और बैंक की एक शाखा पहले से चल रही थी, जिससे मज़दूरों और उनके परिवारों को मदद मिलती थी। राज्य सरकार खुश थी क्योंकि मोदी रबर फैक्ट्री ने आस-पास के गांव के लोगों को नई नौकरियां दी थीं।

मोदी रबर गूजरमल के जीवनकाल में शुरू किए गए आखिरी कारोबारों में से एक था। 1970 के दशक के मध्य तक जब मोदी रबर शुरू हुई, मोदीनगर भारत के औद्योगिक नक्शे पर एक बड़ी जगह बना चुका था। इस समय तक मोदी ग्रुप देश का सातवां सबसे बड़ा बिज़नेस ग्रुप था जिसके पास 900 करोड़ रुपए से ज़्यादा की संपत्ति और 1600 करोड़ रुपए की आय थी। मोदीनगर ऊर्जा से भरपूर एक व्यस्त शहर बन चुका था। मोदीनगर में पैंतीस कारखाने थे और कई शिक्षण संस्थान और स्वास्थ्य सेवाएं थीं जो न सिर्फ वहां के कर्मचारियों और उनके परिवारों को बल्कि देश भर से आने वाले लोगों को सेवाएं देती थीं। लोग अपने बेटों को मुल्तानीमल मोदी कॉलेज में पढ़ने भेजते थे क्योंकि इसके शिक्षकों की गिनती देश के सबसे अच्छे शिक्षकों में होती थी।

***

जब तक मोदी रबर चालू हुई, केदारनाथ व्यवसाय में पूरी तरह लगे हुए थे। भले ही वो गूजरमल के सौतेले भाई थे लेकिन दोनों भाई बेहद करीब थे। केदारनाथ

गूजरमल से करीब बीस साल छोटे थे और उन्हें लगभग एक पिता की तरह ही देखते थे। गूजरमल ने केदारनाथ को व्यवसाय में बहुत जल्दी उतार दिया था और दोनों के बीच एक अच्छा कामकाजी संबंध बन गया था। केदारनाथ 'बैकरूम बॉय' बनकर, गूजरमल के सपनों और रणनीतियों को आकार देने में खुश थे।

दोनों भाई जब से विश्व भ्रमण से लौटकर आए थे तब से केदारनाथ ने धीरे-धीरे ज़्यादा जिम्मेदारियां लेनी शुरू कर दी थीं। दो महीने लंबी यात्रा का गूजरमल की सेहत पर बुरा असर पड़ा था, इसके बावजूद उन्होंने खुद को सक्रिय रखा। अब उन्होंने धीरे-धीरे परोपकार, सामाजिक और धार्मिक कामों में ज़्यादा समय बिताना शुरू कर दिया था। 1975 में जब गूजरमल को पीलिया हुआ तब उनकी स्वास्थ्य समस्याएं बढ़ गईं। गूजरमल ने शुरुआत में लक्षणों को नज़रअंदाज़ किया क्योंकि वो नहीं चाहते थे कि उनके और उनकी दिनचर्या के बीच कुछ भी आए। कुछ समय बाद वो अपनी बीमारी को और अधिक अनदेखा नहीं कर सके। परिवार चिंतित था और उन्होंने ज़ोर दिया कि देश-विदेश के अच्छे से अच्छे डॉक्टरों को परिवार के मुखिया की जांच करने के लिए मोदीनगर बुलाया जाए। जांच के बाद जो सामने आया, वो गंभीर मामला था। गूजरमल को पीलिया नहीं था बल्कि वो पेट के अंतिम चरण के कैंसर से पीड़ित थे। कैंसर शरीर के दूसरे हिस्सों में फैल चुका था और डॉक्टरों ने तुरंत सर्जरी कराने की सलाह दी।

यह परिवार के लिए कठिन समय था, खास तौर पर इसलिए क्योंकि गूजरमल किसी भी इलाज के लिए विदेश नहीं जाना चाहते थे। गूजरमल के बड़े बेटे कृष्ण कुमार ने ब्रिटेन के मशहूर चिकित्सक डॉ. जोन्स के लिए, अपने पिता को मोदीनगर आकर देखने की व्यवस्था की। डॉक्टर जोन्स ने अपने मरीज़ को ब्रिटेन चलने के लिए मनाने की कोशिश की क्योंकि उन्हें भरोसा था कि सही इलाज मिलने पर गूजरमल का जीवन बढ़ जाएगा, लेकिन गूजरमल नहीं राज़ी हुए।

गूजरमल ने अपने परिवार को कहा कि यह ईश्वर की इच्छा थी और ईश्वर ने उनके लिए जो तय किया था उसमें वो दखल नहीं देना चाहते। उन्होंने अपने परिवार और डॉ. जोन्स से कहा कि वो अपने जीवन के आखिरी दिन भारत में ही बिताना चाहते थे और समय आने पर पूरे हिंदू संस्कारों से अपना दाह-संस्कार चाहते थे। उन्होंने यह भी घोषणा कर दी कि वो अब किसी भी कारोबारी मसले में शामिल नहीं होंगे।

परिवार इससे जूझ ही रहा था कि गूजरमल ने आगे कहा कि अब वो खुद को सांसारिक मामलों और माया-मोह से अलग करना चाहते थे। उन्होंने दयावती

से दूसरे कमरे में चले जाने को कहा। वो अपना बाकी जीवन धार्मिक भजनों और प्रवचनों को सुनकर बिताना चाहते थे। वो अपने पूरे परिवार को भी धार्मिक और आध्यात्मिक मुद्दों पर चर्चा के लिए बुलाया करते थे। हालांकि उनकी शर्त यह थी कि उनके कमरे में व्यवसाय से जुड़ी कोई भी बात नहीं की जाएगी।

सभी डॉक्टर चाहते थे कि गूजरमल को विमान से बंबई ले जाकर जसलोक हॉस्पिटल में उनका इलाज कराया जाए, जहां देश के सबसे अच्छे सर्जन उपलब्ध थे। गूजरमल मोदीनगर नहीं छोड़ना चाहते थे। उन्हें पता था कि उनकी तबियत ज़्यादा खराब थी और बचा हुआ सारा समय वो अपने बसाए गए शहर में ही बिताना चाहते थे। परिवार चिंतित था क्योंकि वे लोग जानते थे कि जो सर्जरी करानी थी वह सिर्फ जसलोक हॉस्पिटल में ही हो सकती थी। दयावती और उनके बेटों, केदारनाथ और भतीजों ने मिलकर गूजरमल से बंबई जाने की गुहार लगाई। आखिरकार, अपने परिवार की इच्छा के आगे झुककर गूजरमल मान गए।

परिवार ने गूजरमल को जसलोक हॉस्पिटल में भर्ती कराया और सर्जरी के दिन का इंतज़ार करने लगे। यह एक नाजुक और गंभीर ऑपरेशन होने वाला था और परिवार बहुत डरा हुआ था। वहीं दूसरी ओर गूजरमल खुश रहते थे। उनके परिवार के सदस्यों का कहना था कि ऐसा लगता था जैसे उन्हें पता हो कि अब समय कम बचा था। सर्जरी के पहले दो दिनों तक गूजरमल ने सिर्फ गंगाजल पिया। सर्जरी सफल नहीं रही और गूजरमल ने 22 जनवरी 1976 को अपनी आखिरी सांस ली।

उनकी मौत की खबर फैलते ही मोदीनगर में मातम छा गया। ऐसा लग रहा था जैसे शहर के हर परिवार ने अपने एक बुजुर्ग को खो दिया हो। गूजरमल के शव को विमान से दिल्ली लाया गया, जहां से उन्हें एक शव-वाहन में मोदीनगर ले जाना था। विमान दिल्ली पहुंचने पर परिवार को अहसास हुआ कि शव को निजी तौर पर मोदीनगर ले जाने की योजना बदलनी पड़ेगी। वजह यह थी कि दिल्ली का हवाई अड्डा मृत उद्योगपति को श्रद्धांजलि देने के लिए पहुंचे हर वर्ग के लोगों से भरा हुआ था। यह तय किया गया कि मोदीनगर तक गूजरमल की अंतिम यात्रा एक खुले ट्रक में होगी।

ट्रक फूलों से लदा था और पुजारी शव के बगल में बैठकर मंत्रोच्चार कर रहे थे। ट्रक को बहुत धीमी गति से मोदीनगर तक ले जाना पड़ा क्योंकि सड़क के दोनों ओर गूजरमल मोदी के अंतिम दर्शन के लिए लोगों की कतार लगी हुई थी। लोगों के हाथ में फूल थे और जब ट्रक उनके पास से गुजर रहा था तो वे उस पर फूलों

की बारिश कर रहे थे। मोदीनगर के रास्ते में ट्रक को कई जगहों पर रुकना पड़ा क्योंकि सड़क पर इकट्ठे लोग अंतिम दर्शन किए बिना इसे आगे ही नहीं बढ़ने दे रहे थे। रास्ते में 50 लाख से ज़्यादा लोग इकट्ठे हो गए थे।

अंततः ट्रक मोदीनगर पहुंचा, जहां उसे लक्ष्मी नारायण मंदिर के सामने एक ऊंचे चबूतरे पर रखा गया। पूरा मोदीनगर अपने शहर के संस्थापक के अंतिम दर्शन करने के लिए उमड़ पड़ा। हिंदू संस्कारों के अनुसार जब शवदाह किया गया तो वहां एक भी व्यक्ति ऐसा नहीं था जिसकी आंखों में आंसू न हों। सम्मान प्रकट करने के लिए पूरा मोदीनगर शहर स्वेच्छा से एक दिन के लिए बंद था। सभी शिक्षण संस्थान और दफ्तर तीन दिनों के लिए बंद थे। दाह संस्कार के तीन दिन बाद एक सार्वजनिक प्रार्थना का आयोजन किया गया जहां दिवंगत उद्योगपति को लोगों की ओर से श्रद्धांजलि दी गई।

एक युग का अंत हो चुका था।

18

गूजरमल मोदी की विरासत के उत्तराधिकारी

गूजरमल एक बुद्धिमान व्यवसायी थे जिन्होंने हमेशा अपने कारोबारों के लिए लंबी अवधि की योजनाएं बनाई थीं। यह मालूम होने के बाद भी कि उनके पास ज़्यादा वक्त नहीं बचा था, वो वसीयत लिखे बिना ही दुनिया से चले गए। एक वजह यह थी कि कैंसर के नाम से वो और पूरा परिवार सदमे में था। रोग का पता चलने और नाकाम सर्जरी के बीच के दो महीनों के दौरान कारोबार, और उत्तराधिकारी योजना किसी के भी दिमाग में आने वाली सबसे आखिरी चीज़ थी। इसके अलावा, भले ही किसी के दिमाग में उत्तराधिकार की बात आई भी हो लेकिन कोई इस पर चर्चा नहीं करना चाहता था क्योंकि इसे असभ्य और अवसरवादिता माना जाता। दूसरी वजह यह थी कि गूजरमल खुद एक भाग्यवादी थे। उनका मानना था कि नियति अपना काम खुद कर लेगी।

इसलिए, कोई वसीयत नहीं होने से, गूजरमल की मौत के बाद विशाल औद्योगिक साम्राज्य की पूरी जिम्मेदारी केदारनाथ के ऊपर आ गई। वो करीब चालीस सालों से व्यवसाय का हिस्सा थे क्योंकि उन्होंने किशोरावस्था में ही काम करना शुरू कर दिया था। गूजरमल के विपरीत, जिन्होंने औपचारिक पढ़ाई बीच में छोड़ दी थी, केदारनाथ ने पटियाला से पढ़ाई की थी। वो अपने सौतेले बड़े भाई के गुणों को निखारकर पेश करते थे और दोनों ने साथ मिलकर अच्छी तरह से

काम किया था। केदारनाथ भी गूजरमल की तरह ही महत्वाकांक्षी और चतुर थे लेकिन उनकी तरह गुस्सैल नहीं थे। उन्हें इस बात का भी अहसास था कि उनके बड़े भाई ही कारोबार का चेहरा थे और उन्होंने खुद को लोगों की नज़रों से दूर रखा। लेकिन वो एक तेज़ी से सीखने वाले और मेहनती कर्मचारी थे। गूजरमल को उन पर पूरा भरोसा था।

समय आने पर केदारनाथ ने आगे बढ़कर ना सिर्फ व्यवसाय बल्कि परिवार की भी जिम्मेदारी संभाली। परिवार की बेटियों की शादी प्रतिष्ठित व्यवसायी परिवारों में होने के बाद, परिवार में दयावती, केदारनाथ की पत्नी, गूजरमल के पांच बेटे और केदारनाथ के तीन बेटे और उन सबकी पत्नियां थीं। चचेरे भाई साथ में बड़े हुए थे और एक साथ काम करते थे, गूजरमल के बेटे अपने पिता की तरह ही आगे रहकर काम करते थे।

1976 से 1980 के दशक की शुरुआत तक, मोदी ग्रुप बहुत ताक़तवर हो चुका था। गूजरमल ने ट्रेडिंग बिज़नेस से शुरू करके मोदी परिवार को मैन्युफैक्चरिंग बिज़नेस तक पहुंचाया था, और इस तरह देश का सातवां सबसे बड़ा औद्योगिक घराना बना दिया था। उनके बाद, केदारनाथ ने पूरी सक्रियता के साथ मोदी ग्रुप को एक उत्तर भारतीय औद्योगिक समूह से आगे बढ़ाकर एक राष्ट्रीय समूह में बदल दिया।

गूजरमल के निधन के बाद शुरुआती कुछ साल अपेक्षाकृत आसानी से निकल गए। गूजरमल ने अपने परिवार और कारोबार को सख्त नियमों के साथ चलाया था। उनके बनाए नियमों को बिना कोई सवाल पूछे सबको मानना पड़ता था। वहीं दूसरी ओर केदारनाथ ने सबको थोड़ी आज़ादी दी। सबसे पहले उन्होंने बेटों को मोदीनगर से बाहर जाने और शहर के बाहर घर बसाने की अनुमति दी। गूजरमल ने परिवार के किसी भी सदस्य को मोदीनगर के बाहर घर बसाने के लिए खास तौर पर मना किया था। असल में, पूरा परिवार एक ही घर में रहता था। उनका प्रमुख नियम था कि किसी भी परिवार में सिर्फ एक मुखिया हो सकता था और घर में चाहे जितने भी लोग रहें, सबके लिए रसोई सिर्फ एक ही होगी। दूसरा नियम यह था कि परिवार के सभी सदस्यों को रोज़ रात में घर आना और अगली सुबह प्लांट जाना ज़रूरी था। यहां तक कि अगर परिवार के किसी सदस्य को सामाजिक कार्यक्रम के लिए बाहर जाना भी पड़ता था तो भी उन्हें रात में घर लौटकर आना ही था। केदारनाथ के मुखिया बनते ही यह नियम सबसे पहले खत्म हो गया। नई पीढ़ी को शुरुआत में ढिलाई अच्छी लग रही थी और वे दिल्ली, बंबई और यहां तक कि लंदन और अमेरिका में भी घर बना रहे थे।

अगली पीढ़ी अब तक कहीं और घर नहीं बना पाई थी या कोई विशिष्ट संपत्ति नहीं खरीद पाई थी, इसका एक कारण यह था कि गूजरमल ट्रस्टीशिप के सिद्धांत का पालन करते थे। ट्रस्टीशिप के सिद्धांत में सभी संपत्तियां या तो ट्रस्ट की होती थीं और/या कंपनी की। बेटों और भतीजों को अपने नाम से भी कोई संपत्ति खरीदने की छूट नहीं थी। गूजरमल मानते थे कि संयुक्त स्वामित्व होने, या किसी का मालिकाना हक नहीं होने, से विवाद नहीं होंगे। परिवार में किसी के पास भी ना तो घर था और ना ही कार। सारी संपत्ति कंपनी की थी। अपने भाई के निधन के बाद, केदारनाथ ने ट्रस्टीशिप के नियमों को बदल दिया और अगली पीढ़ी को संपत्ति खरीदने की अनुमति दे दी। अगली पीढ़ी में सभी ने सबसे पहले दिल्ली और बंबई में घर खरीदे।

कंपनियां और कारोबार अत्यंत जटिल क्रॉस-होल्डिंग स्ट्रक्चर के ज़रिए संचालित होते रहे। इस स्ट्रक्चर में मोदी परिवार का हर पुरुष सदस्य एक शेयरधारक था, लेकिन शेयरों की तादाद सबकी अलग-अलग थी। इस तरह, हर पुरुष सदस्य हर कंपनी में एक शेयरधारक था और हर कंपनी के पास दूसरी ग्रुप कंपनियों के शेयर थे।

कंपनियों की संख्या भी बढ़ती जा रही थी। अपने पिता से व्यवसाय में आक्रामकता के गुर सीखने वाले गूजरमल के बेटों ने सिगरेट से लेकर चमड़ा, कीटनाशकों से दूरसंचार, हवाई यातायात से लेकर फार्मास्युटिकल्स, जेरॉक्स से स्पंज आयरन तक, अलग-अलग क्षेत्र में नए मौके तलाशने शुरू कर दिए।

अगले कुछ सालों तक, अगली पीढ़ी परिवार में चल रही उदारीकरण की बयार से खुश रही। उन्हें मोदीनगर के बाहर रहने में मज़ा आ रहा था। शहर और उसके निवासियों का गूजरमल के साथ गहरा संबंध था, जो लगभग सभी के साथ व्यक्तिगत रूप से जुड़े थे। संस्थापक की मृत्यु के बाद, वहां के लोगों ने गूजरमल के नाम पर मोदी परिवार से फायदा उठाना शुरू कर दिया। इसके अलावा, पुराने लोगों ने मोदी परिवार के लड़कों को अपने सामने ही बड़े होते देखा था। वहां के लोगों के लिए गूजरमल के बेटों के प्रति वही सम्मान दिखा पाना मुश्किल था। केदारनाथ की ओर से घर खरीदने की छूट मिलते ही हर बेटे ने जल्द ही मोदीनगर के बाहर घर बसा लिया।

विभिन्न शहरों में बने मोदी आवास सामाजिक केंद्र बन गए। मोदी परिवार की अगली पीढ़ी भी उदार और शानदार मेज़बान थी और सामाजिक समारोहों पर दिल खोलकर खर्च करती थी। अचानक धन के इस प्रदर्शन और गैर-गांधीवादी जीवनशैली से आम लोगों का ध्यान उनकी ओर तेजी से खिंचा। 1980 के दशक

की शुरुआत तक मोदी ग्रुप ने टायर, कॉपी मशीन, सिगरेट, फार्मा और कालीन समेत कई व्यवसायों में उतरकर अपनी एक मज़बूत पहचान बना ली थी।

आक्रामकता गूजरमल की स्वाभाविक प्रवृत्ति थी — उन्हें कभी भी मृदुभाषी नहीं कहा जा सकता था — और यही बात उनके व्यापारिक लेन-देन में भी दिखाई देती थी। अपनी आक्रामकता और हिसाब लगाकर जोखिम उठाने की क्षमता की वजह से ही वो अपने कई समकालीनों की तुलना में विभिन्न कारोबारों में बेहतर ढंग से तरक्की करने में कामयाब हुए थे। व्यवसाय में हो रही लगातार तरक्की ने दूसरे, ज़्यादा पुराने व्यावसायिक समूहों को डरा दिया था। उन्हें आशंका थी कि अगर मोदी ग्रुप बिना चुनौतियों के इसी तरह आगे बढ़ता रहा तो बाज़ार में उनकी खुद की हिस्सेदारी पर बुरा असर पड़ेगा। और मोदी सच में बढ़ रहे थे। मोदीपॉन और रॉम एंड हास के बीच हुई संयुक्त विदेशी साझेदारी की शुरुआती सफलता से उन्हें सही विदेशी साझेदार खोजने का भरोसा आ गया था। वे लोग कारोबार लगाते रहे और ग्रुप आगे बढ़ता रहा।

जल्द ही विरोध की कुछ अंदरूनी बातें सामने आने लगी थीं। गूजरमल की मौत के बाद पिछले कुछ सालों से तनाव चल रहा था और यह दोनों परिवारों की व्यक्तिगत महत्वाकांक्षाओं का सीधा सबूत था। वास्तव में, यह केदारनाथ के परिवार की महत्वाकांक्षा थी जो अपना सिर उठाने लगी थी। उनके बेटे अपने चचेरे भाइयों के अधीन रहकर खुश नहीं थे। उन्होंने अपने पिता को अपने ताऊ के बराबर मेहनत से काम करते देखा था और अपने ताऊ को सारी तारीफ अकेले बटोरते देखा था। अब वे लोग भी सुर्खियों में रहना चाहते थे। वहीं दूसरी ओर गूजरमल के बेटे यथास्थिति से खुश थे क्योंकि व्यवसाय का पूरा नियंत्रण उनके हाथों में था। वैसे तो 1976 से केदारनाथ ग्रुप के चेयरमैन थे लेकिन सभी बड़ी कंपनियों का नियंत्रण गूजरमल के पांचों बेटों के ही पास था। केदारनाथ के बेटे कंपनियों में छोटे हिस्सेदार थे।

ट्रस्टीशिप के सिद्धांत से दूर होने की वजह से मोदी परिवार की अगली पीढ़ी का ध्यान व्यक्तिवाद पर केंद्रित हो गया था। जब तक सारी संपत्तियां ट्रस्ट और/या कंपनी के पास थीं तब तक सारे बेटे-भतीजे एक साथ थे। किसी का घर दूसरे से बड़ा नहीं था क्योंकि सभी मोदीनगर में एक साथ रहते थे। उसी तरह किसी के पास बड़ी या फैन्सी कार नहीं थी क्योंकि सारी कारें एक जैसी थीं। साथ ही, गूजरमल किसी भी तरह के दिखावे वाली चीज़ों से चिढ़ते थे और इसलिए बच्चों को भी उसी हिसाब से जीवन जीना पड़ता था। जब गूजरमल की मौत हो गई तो केदारनाथ ने ये सारे प्रतिबंध हटा दिए, बच्चे अब अपनी पसंद की चीज़ें कर सकते थे। घर और

दूसरी संपत्तियां खरीदने के बाद उनकी खुद की और बड़ी संपत्ति खरीदने की इच्छा पैदा हुई।

केदारनाथ के बेटों को अलग होने की बड़ी इच्छा थी क्योंकि गूजरमल ने अपने पांचों बेटों को कई कंपनियों का प्रमुख बना दिया था। गूजरमल और केदारनाथ के बीच काम-काज का बहुत अच्छा रिश्ता बन गया था — रणनीति और विज़न गूजरमल का होता था और रणनीति पर अमल करने की जिम्मेदारी केदारनाथ की थी। गूजरमल को लगता था कि अगली पीढ़ी भी इस संबंध को आगे ले जाएगी। मगर ऐसा होने वाला नहीं था।

गूजरमल के निधन के दस साल बाद, 1980 के दशक के मध्य तक, केदारनाथ को भी अपने तीनों बेटों के भविष्य की चिंता होने लगी थी। जब से उन्हें पता चला था कि उन्हें कैंसर हो गया था तब से उन्हें अपने खुद के परिवार की चिंता और ज़्यादा सताने लगी थी। वो जानते थे कि जब वो नहीं रहेंगे तब ना ही उनके बेटों को व्यवसाय में बड़ा हिस्सा मिल पाएगा और न ही वो इसे हासिल कर पाएंगे। एक पिता के तौर पर वो चाहते थे कि उनके बेटे अपनी अलग पहचान बनाएं और अपने चचेरे भाइयों की छाया से दूर रहें। वो उनके लिए कारोबार में अलग से हिस्सा चाहते थे।

गूजरमल के बेटों ने बिज़नेस के बंटवारे के प्रस्ताव का ज़ोरदार विरोध किया। उनके हिसाब से, यह उनके पिता का व्यवसाय था और उन्होंने इसे अकेले दम पर बनाया था। उनके हिसाब से केदारनाथ कारोबार के असली हकदार होने का दावा नहीं कर सकते थे। 'शेयरहोल्डिंग को मालिकाना हक के तौर पर नहीं देखा जाना चाहिए,' केदारनाथ को यह संदेश दिया गया था।

लेकिन केदारनाथ और उनके बेटे अड़े रहे। वे बिज़नेस में अपनी उचित हिस्सेदारी चाहते थे। या फिर उसके बराबर धन ताकि वे उस पूंजी के इस्तेमाल से अपना खुद का कारोबार शुरू कर सकें और अपनी अलग विरासत बना पाएं। मोदी समूह देश के दस सबसे बड़े समूहों में से एक था, लेकिन पूरा पैसा अलग-अलग कारोबारों में फंसा हुआ था। इसलिए अगर केदारनाथ और उनके बेटों को उनका हिस्सा देना होता तो बिज़नेस को अगली पीढ़ी के आठ लोगों में बांटने के अलावा कोई और विकल्प नहीं था।

कारोबारों को अलग करना और उनका बंटवारा एक जटिल मामला था। गूजरमल की मौत के समय, मोदी ग्रुप के पास सत्रह कंपनियां थीं; अगले 10 सालों में पंद्रह कंपनियां और जुड़ चुकी थीं। उन सभी बत्तीस कंपनियों में मालिकाना हक

की कोई साफ़ तस्वीर नहीं थी और अलग-अलग कंपनियों की क्रॉस-होल्डिंग को सुलझाना मुश्किल था। उद्योगों पर 1970 के दशक से लग रहे भारी टैक्स की वजह से क्रॉस-होल्डिंग ज़रूरी हो गई थी। इसकी वजह से ग्रुप शेयरहोल्डिंग दरअसल होल्डिंग कंपनियों का एक जटिल जाल बन गया था जिसमें हर भाई का हिस्सा था। इसके चलते कारोबार का साफ़-साफ़ बंटवारा कर पाना नामुमकिन हो गया था। यहां तक कि अगर आठों भाई आपसी सहमति से अपने व्यक्तिगत व्यवसाय करने को तैयार हो जाते तो भी यह काम लगभग असंभव था।

सबसे पहले, हर कारोबार के मूल्यांकन को लेकर, खासकर जो लिस्टेड नहीं थे, आपसी सहमति होनी ज़रूरी थी। और तब क्रॉस-होल्डिंग को सुलाझाया जाता। उदाहरण के तौर पर, मोदी रबर की तेरह दूसरी कंपनियों में 250 करोड़ रुपए की होल्डिंग थी। हर भाई मोदी रबर में एक शेयरधारक था और सबके पास अलग-अलग संख्या में शेयर थे। यानी, मोदी रबर के शेयरधारक के तौर पर, हर भाई का उन तेरह कंपनियों में भी अलग-अलग हिस्सा था। जटिलता यहीं खत्म नहीं होती, सभी भाइयों का सभी तेरह कंपनियों में अलग से हिस्सा भी था। ऐसी ही स्थिति सभी कारोबारों के साथ थी। और सबसे अच्छे वित्तीय और लेखा-जोखा करने वाले पेशेवरों ने भी जब बंटवारे की समस्या सुनी तो वे अपना सिर खुजाने लगे।

केदारनाथ और उनके बेटों की अपना बिज़नेस अलग करने की ज़िद और गूजरमल के पांच बेटों की ऐसा करने से इनकार ने इस पारिवारिक विवाद को ऐसा रूप दे दिया कि यह सार्वजनिक रूप से भी लड़ा जाने लगा। दोनों पक्षों ने सार्वजनिक रूप से एक-दूसरे पर आरोप-प्रत्यारोप लगाए और राजनेता भी इसमें शामिल हो गए। चूंकि 1980 के दशक के मध्य में वित्तीय संस्थान आम तौर पर सरकारी स्वामित्व या सरकारी नियंत्रण वाले होते थे, वे भी इस विवाद में शामिल हो गए। मामला प्रधानमंत्री राजीव गांधी तक पहुंच गया क्योंकि दयावती ने उनसे मिलकर इसे सुलझाने की गुहार लगाई थी। अपने दिवंगत पति के हाथ से खड़े किए गए इस भव्य व्यापारिक साम्राज्य के टुकड़े होते देखना उनके लिए हृदय विदारक था।

पारिवारिक लड़ाई में मोदीनगर को बड़ा नुकसान हुआ। चूंकि काम-धंधे की अनदेखी हो रही थी, तो मज़दूरों में अशांति फैल रही थी और ज़िम्मेदारी लेने वाला कोई नहीं था। कर्मचारियों को वेतन नहीं मिल रहा था क्योंकि परिवार तो झगड़ा सुलझाने में लगा हुआ था। मिलें एक-एक करके बंद होने लगीं। जिन मज़दूरों को दूसरी जगह काम मिल सकता था वे शहर छोड़कर जाने लगे। एक शहर जो

कभी ऊर्जा से भरा था, उसकी चमक बिल्कुल फीकी पड़ गई थी। एक परिवार की व्यक्तिगत त्रासदी ने कई दूसरी ज़िंदगियों को भी चपेट में ले लिया और एक औद्योगिक त्रासदी बन गई।

अंत में, वित्तीय संस्थानों को दखल देना पड़ा। कंपनियों में उनकी बड़ी हिस्सेदारी थी और उन्होंने अलग-अलग ग्रुप कंपनियों को जो कर्ज़ दिए थे उनका भुगतान नहीं हो रहा था। मोदी परिवार ने कर्ज़ चुकाने से इनकार कर दिया था क्योंकि उनका कहना था कि दोनों गुटों की क्रॉस-होल्डिंग की वजह से यह तय कर पाना मुश्किल था कि किस भाई की कितनी देनदारी बनती थी। वित्तीय संस्थानों ने पूरे मोदी ग्रुप को ब्लैकलिस्ट कर दिया लेकिन इससे भी मामला नहीं सुलझा। तब, वित्तीय संस्थानों को दखल देकर संपत्तियों के बंटवारे का फॉर्मूला निकालना पड़ा। मोदी ग्रुप को गूजरमल और केदारनाथ गुटों के बीच 60:40 के अनुपात में बांट दिया गया। लेकिन इस समझौते को भी अदालत में चुनौती दी गई और मामला छह साल तक खिंचता रहा।

झगड़ा वैसे तो गूजरमल के पांच बेटों और उनके चचेरे भाइयों के बीच के दो गुटों में शुरू हुआ था लेकिन इसका नुकसान पांचों सगे भाइयों को भी भुगतना पड़ा। दयावती ने मां होने के नाते इस बात का खास ख्याल रखा कि उनके बेटों का आपसी झगड़ा सार्वजनिक न हो। समझौते के बाद पांचों भाइयों को उनके अलग-अलग कारोबार मिले। केके मोदी को गॉडफ्रे फिलिप्स इंडिया, इंडो यूरो और इंडोफिल इंडस्ट्रीज मिलीं; विनय मोदी को मोदी फ्लोर मिल और मोदी रबर; सतीश मोदी को मोदी स्पिनिंग एंड वीविंग मिल्स की कपड़ा मिल, मोदी कार्पेट्स और उपासना टेक्सटाइल्स; भूपेंद्र मोदी को मोदी बिजनेस मशीन्स, मोदी रबर और मोदी जेरॉक्स मिला; उमेश मोदी को मोदी डिस्टिलरी, मोदी स्टील, मोदी शुगर, मोर्गार्डि शैमर, बिहार आयरन एंड स्पंज और विन मेडिकेयर मिला। केदारनाथ के बेटों के बीच हरियाणा डिस्टिलरी, मॉडर्न स्पिनर्स, मोदी एल्कली, मोदी चैंपियन, मोदी सीमेंट, मोदी गैस, मोदी लैंटर्न एंड टॉर्च, मोदी पेंट्स, मोदी सोप, मोदीपॉन और विशाल सिंटेक्स का बंटवारा हुआ।

अपने चाचा और चचेरे भाइयों के साथ लड़ाई में गूजरमल मोदी के पांचों बेटे हमेशा साथ रहे। सभी बेटे चतुर कारोबारी थे और बंटवारे के बाद सभी ने अपने हिसाब से अपना कामकाज किया। हर भाई ने बंटवारे में मिले कारोबार को चलाया और बाद में इसे बढ़ाया भी। अगले तीन दशकों में हर भाई ने अपना अलग बिज़नेस ग्रुप तैयार कर लिया था। हर भाई के ग्रुप में कई कारोबार थे जिनका

टर्नओवर 3,000 करोड़ रुपए से लेकर 8,000 करोड़ रुपए तक था। इन समूहों के अलग-अलग सालाना टर्नओवर के आंकड़े काफी प्रभावशाली थे। और अगर पांचों भाइयों के कारोबार को मिलाकर देखते तो उनका कुल टर्नओवर और भी प्रभावशाली करीब 16,000 से 18,000 करोड़ रुपए था। वहीं दूसरी तरफ, केदारनाथ के बेटे अपने खुद के कारोबार को मज़बूत बनाने और बढ़ाने में नाकाम हो गए। बंटवारे के वक्त उनके पास मोदी ग्रुप बिज़नेस का 40 प्रतिशत हिस्सा था। लेकिन अगर 30 सालों के बाद मोदी परिवार की अगली पीढ़ी के सारे बिज़नेस को देखा जाए तो केदारनाथ के बेटों का हिस्सा बहुत कम बचा रह गया था। गूजरमल के जिस सिद्धांत पर उनके बेटे चले, कि 'शेयरहोल्डिंग का मतलब मालिकाना हक नहीं होता' केदारनाथ के बेटों के मामले में यह सही साबित हुआ। उनके पास हिस्सेदारी थी लेकिन वे अपने कारोबारों के असल मालिक नहीं बन पाए। गूजरमल के निधन के करीब साढ़े तीन दशक बाद उनके बेटे और बेटियां अब अपने-अपने परिवारों के साथ अलग रहते हैं और आपस में एक-दूसरे के साथ उनके अच्छे संबंध हैं। वे आज भी एक-दूसरे के शुभचिंतक हैं और किसी भी भाई को आर्थिक या कोई दूसरी ज़रूरत होने पर मदद के लिए तैयार रहते हैं। वैसे तो हर भाई का व्यवसाय और परिवार मोदीनगर के बाहर जमा हुआ है, लेकिन अपने पिता के बनाए गए शहर मोदीनगर को बिखरते देखकर उन्हें तकलीफ होती है। आज सभी भाई अपने-अपने तरीके से मोदीनगर को दोबारा बसाने में योगदान दे रहे हैं। मोदीनगर फिर से एक संपन्न, जीता-जागता, ऊर्जा से भरा शहर बन जाए तो इससे ज़्यादा खुशी उन्हें कोई बात नहीं दे सकती।

एक शहर को फिर से बसाने का काम निश्चित रूप से मुश्किल है लेकिन वे अपने पिता के बेटे हैं। गूजरमल ने एक पूरा शहर लगभग अकेले दम पर खड़ा कर दिया था, उनके बेटे साथ मिलकर इसे दोबारा बसा भी सकते हैं।

परिशिष्ट

गूजरमल मोदी की मृत्यु के समय मोदी समूह के व्यवसायों की सूची:

- मोदी स्पिनंग एंड वीविंग मिल्स की कपड़ा और अभोर मिलें
- हरियाणा डिस्टिलरी
- मोदी कार्पेट्स
- मोदी डिस्टिलरी
- मोदी इलेक्ट्रोड
- मोदी फ्लोर मिल्स
- मोदी गैस
- मोदी लैंटर्न एंड टॉर्च
- मोदी पेंट्स
- मोदी रबड़
- मोदी सोप
- मोदी स्टील
- मोदी शुगर
- मोदी वनस्पति
- मोदी स्पिनिंग एंड वीविंग मिल्स
- मोदीपॉन
- उपासना टेक्सटाइल्स

ग्रुप में 30,000 से ज़्यादा कर्मचारी थे और 1975–76 में इसका टर्नओवर 18,700 करोड़ रुपए था।

गूजरमल मोदी की मृत्यु के बाद और व्यापार के बंटवारे के पहले स्थापित मोदी समूह के व्यवसाय:

- जीपीआई (गॉडफ्रे फिलिप्स इंडिया) का मैनेजमेंट हासिल किया
- बॉम्बे टायर्स (फायरस्टोन) का मैनेजमेंट हासिल किया
- बिहार आयरन एंड स्पंज (बीआईएसएल)
- बीटीआई लिमिटेड
- इंडो यूरो
- इंडोफिल इंडस्ट्रीज़
- मॉडर्न स्पिनर्स
- मोदी एल्कली
- मोदी बिज़नेस मशीन्स
- मोदी सीमेंट
- मोदी चैंपियन
- मोदी ऑलिवेटी
- मोदी ज़ेरॉक्स
- मॉर्गार्ड शैमर
- विशाल सिंटेक्स
- विन मेडिकेयर
- मोदी अल्काटेल

पारिवारिक बंटवारे के बाद गूजरमल मोदी के बेटों के व्यवसाय:

यूके मोदी

- मोदी डिस्टिलरी
- मोदी स्टील
- मोदी शुगर
- मॉर्गार्ड शैमर

- बिहार आयरन एंड स्पंज (बीआईएसएल)
- विन मेडिकेयर

बीके मोदी

- मोदी बिज़नेस मशीन्स
- मोदी रबड़ / बॉम्बे टायर्स
- मोदी ज़ेरॉक्स
- मोदी अल्काटेल
- मोदी ऑलिवेटी

केके मोदी

- गॉडफ्रे फिलिप्स इंडिया
- इंडो यूरो
- इंडोफिल इंडस्ट्रीज़

एसके मोदी

- मोदी स्पिनंग एंड वीविंग मिल्स की कपड़ा और अभोर मिलें
- मोदी कार्पेट्स
- उपासना टेक्सटाइल्स
- मोदी थ्रेड्स

वीके मोदी

- मोदी रबड़ / बॉम्बे टायर्स
- मोदीस्टोन

पारिवारिक बंटवारे के बाद केदारनाथ मोदी के बेटों के व्यवसायः

- हरियाणा डिस्टिलरी
- मॉडर्न स्पिनर्स
- मोदी एल्कली
- मोदी चैंपियन
- मोदी सीमेंट

- मोदी फ्लोरमिल्स
- मोदी गैस
- मोदी लैंटर्न एंड टॉर्च
- मोदी पेंट्स
- मोदी सोप
- मोदीपॉन
- विशाल सिंटेक्स

गूजरमल मोदी के बेटों के मौजूदा व्यवसाय

यूके मोदी

- विन मेडिकेयर
- मोदी मुंडीफार्मा
- विन हेल्थकेयर
- सिग्नुत्रा इन्कॉर्पोरेशन
- मोदी रेवलॉन
- मोदी इलवा
- बिहार आयरन एंड स्पंज (बीआईएसएल)
- मोदी शुगर
- एबीईसी शुगर
- एसबीईसी बायोएनर्जी
- मोदी सीनेटर
- विन नैचुरल्स
- जीएस फार्मब्युटर
- टीसी हेल्थकेयर
- मोदी हाईटेक
- एचएम ट्यूब्स
- जयेश ट्रेडेक्स
- एमएम प्रिंटर्स

- मॉडरेट लीज़िंग एंड कैपिटल सर्विसेज़
- मोदी केसिंग
- मोदीलाइन ट्रैवल सर्विस
- मोदी आर्क इलेक्ट्रोड
- मुंडीफार्मा बांग्लादेश प्राइवेट लिमिटेड
- ब्यूटी प्रोडक्ट्स लंका प्राइवेट लिमिटेड

बीके मोदी

- डिजिस्पाइस टेक्नोलॉजीज़
- साकेत सिटी हॉस्पिटल
- सेवक लिमिटेड
- स्पाइस कम्युनिकेशंस
- स्पाइस डिस्ट्रीब्यूशन
- स्पाइस मनी
- वॉल स्ट्रीट फाइनेंस

केके मोदी

- बीकन ट्रैवल्स
- ब्यूटी पेरिस कॉस्मेटिक्स
- बीना फैशन एंड फूड
- कलरबार कॉस्मेटिक्स
- इगो 33
- इगो थाई
- फैशन टेलीविज़न (इंडिया)
- गॉडफ्रे फिलिप्स
- इंडो बैजिन केमिकल्स
- इंडोफिल इंडस्ट्रीज़
- केके मोदी इंटरनेशनल इंस्टीट्यूट
- मोदी ब्यूटी

- मोदी होम केयर प्रोडक्ट्स
- मोदीकेयर
- 24सेवन रिटेल स्टोर्स

एसके मोदी

- राजपूताना फर्टिलाइज़र्स लिमिटेड
- अगाचे एसोसिएट्स लिमिटेड
- मोदी फाइबर्स लिमिटेड
- लेन्ज़िंग मोदी फाइबर्स इंडिया प्राइवेट लिमिटेड
- एमजीई इन्वेस्टमेंट प्राइवेट लिमिटेड
- मोदी स्पिनिंग एंड वीविंग मिल्स कंपनी लिमिटेड
- एपेंडिक्स 242
- मोदी लाइफ
- मोदी एक्सपोर्ट प्रोसेसर्स लिमिटेड
- मोदी होम प्रोडक्ट्स लिमिटेड
- मोदी आईटीवी लिमिटेड
- मोदीलुफ्त लिमिटेड
- मोदी ओवरसीज़ इन्वेस्टमेंट्स लिमिटेड
- रिजेंट रियल्टी
- एपलॉन्चर सर्विसेज़ प्राइवेट लिमिटेड
- इंटरैक्टिव मोबाइल एडवाइज़र्स प्राइवेट लिमिटेड
- सभा होम एप्लायंस प्राइवेट लिमिटेड
- केशा सेल्स प्राइवेट लिमिटेड
- जीएम मोदी साइंस फाउंडेशन
- दयावती मोदी फाउंडेशन फॉर आर्ट, कल्चर एंड एजुकेशन
- समाज कल्याण परिषद
- इंटरनेशनल इंस्टीट्यूट ऑफ फाइन आर्ट्स
- दयावती मोदी पब्लिक स्कूल

- श्री दुर्गा चैरिटेबल सोसाइटी
- इनर हैप्पीनेस फाउंडेशन
- चिक ट्रैवल्स प्राइवेट लिमिटेड

वीके मोदी

- असाही मोदी मैटेरियल्स
- क्रिएटिव आईक्यू
- गुजरात गार्जियन
- मैपल बेयर साउथ एशिया
- मोदी मार्को एल्डैनी
- मोदी रबड़ / बॉम्बे टायर्स
- सुपीरियर इन्वेस्टमेंट्स इंडिया
- यूनिग्लोब मॉड ट्रैवल

गूजरमल मोदी की परोपकारी गतिविधियां

- चंडीदेवी मोदी जूनियर हाई स्कूल, मोदीपुरम
- चंडीदेवी मोदी नर्सरी स्कूल, मोदीपुरम
- चंडीदेवी मोदी प्राइमरी स्कूल, मोदीपुरम
- छेदा लाल शिशु निकेतन, कासगंज, एटा
- प्रौढ़ महिलाओं के लिए शिक्षा का संक्षिप्त पाठ्यक्रम, मोदीनगर
- दयावती मोदी हाई स्कूल, जीएम मोदीग्राम, कठवाड़ा, रायबरेली
- दयावती मोदी जूनियर हाई स्कूल, अबूपुर
- दयावती मोदी जूनियर हाई स्कूल, भोजपुर
- दयावती मोदी जूनियर हाई स्कूल, देवेंद्रपुरी, मोदीनगर
- दयावती मोदी जूनियर हाई स्कूल, सैदपुर
- दयावती मोदी जूनियर हाई स्कूल, शाहजहांपुर
- दयावती मोदी जूनियर हाई स्कूल, सीकरीकलां
- दयावती मोदी महिला शिल्प कला केंद्र, अबूपुर
- दयावती मोदी महिला शिल्प कला केंद्र, जीएम मोदीग्राम, कठवाड़ा, रायबरेली

- दयावती मोदी महिला शिल्प कला केंद्र, केदारपुरा, मोदीनगर
- दयावती मोदी महिला शिल्प कला केंद्र, मोदीनगर
- दयावती मोदी महिला शिल्प कला केंद्र, मोदीपुरम
- दयावती मोदी महिला शिल्प कला केंद्र, सीकरीकलां
- दयावती मोदी पब्लिक स्कूल, मोदीनगर
- गायत्री देवी मोदी जूनियर हाई स्कूल, केदारपुरा, मोदीनगर
- मोदी साइंस एंड कॉमर्स कॉलेज, मोदीनगर
- मुल्तानीमल मोदी डिग्री कॉलेज, पटियाला
- मुल्तानीमल मोदी पोस्ट-ग्रेजुएट कॉलेज, मोदीनगर
- प्रमिला देवी मोदी जूनियर हाई स्कूल, हरमुखपुरी, मोदीनगर
- रुक्मिणी देवी महिला महाविद्यालय, मोदीनगर

आभार

हमेशा की तरह, मैं अपने परिवार — अपने पति जग्गी भसीन और अपने बेटे करन भसीन का आभार व्यक्त करते हुए शुरुआत करूंगी। मैं यह पहले कह चुकी हूं और एक बार फिर कहूंगी: मेरी ज़िंदगी में ये दोनों पुरुष ज़िंदगी के उथल-पुथल भरे समंदर में ठहराव लातें हैं।

मैं पारिवारिक व्यापारों के बारे में लिखती हूं और उसी भावना के साथ, मुझे यह ज़रूर कहना चाहिए कि मैं हार्पर कॉलिंस परिवार का हिस्सा होकर खुश हूं! हार्पर कॉलिंस पब्लिशर्स के कार्यकारी संपादक सचिन शर्मा के साथ काम करना सुखद रहा है। जब हम नए आइडियाज़ पर सोच रहे थे, तब ऐसी ही एक बातचीत के दौरान उन्होंने उन उद्यमियों पर एक सीरीज़ के बारे में चर्चा की जिन्होंने भारत का निर्माण करने में अपना योगदान दिया। जब हमने इस बारे में और ज़्यादा बातचीत की और आइडिया पर विस्तार से काम किया, मैंने महसूस किया की मेरा रोमांच बढ़ता जा रहा है। इस सीरीज़ की पहली किताब का काम खत्म करने और अगली पर काम शुरू करने के बाद जब मैं पीछे मुड़कर देखती हूं, तब मुझे लगता है कि ये कहानियां पाठकों को पसंद आएंगी। इस किताब पर काम के दौरान सचिन के साथ मेरी बातचीत हमेशा फायदेमंद रही है, और वो अपने शांत स्वभाव के साथ कई अच्छी जानकारी देते रहे। धन्यवाद, सचिन।

कंकना ने अपनी कॉपी एडिटिंग से पांडुलिपि को और बेहतर बनाने में मेरी मदद की। उनकी टिप्पणियों और बदलावों के बाद मुझे तुरंत समझ में आया कि मैं इतनी खुशकिस्मत हूं कि वो मेरी किताब की एडिटिंग कर रही थीं। आपके इनपुट के लिए धन्यवाद, कंकना।

हार्पर कॉलिंस की बाकी टीम ने पर्दे के पीछे से काम किया हो सकता है लेकिन इस किताब को पेश करने में उनका योगदान साफ़ देखा जा सकता है। सौरव दास, जिन्होंने इस किताब और पूरी सीरीज़ के लिए कवर डिज़ाइन किए हैं, उनका काम मुश्किल था लेकिन अंतिम कवर उनकी प्रतिभा का प्रमाण है। धन्यवाद सौरव। अंत में, एडिटर एंटनी थॉमस की इस किताब को सामने लाने में महत्वपूर्ण भूमिका थी। शुक्रिया एंटनी।

यह किताब गूजरमल मोदी के बारे में है, और मुझे उनके दो बेटों — सतीश मोदी और उमेश मोदी के साथ समय बिताने का सौभाग्य मिला। उनके साथ बातचीत करके, उनके पिता के बारे में उनकी कहानियां सुनकर और उनके अपने काम के बारे में उनसे सुनकर, यह समझना आसान था कि गूजरमल मोदी की विरासत को इन भाइयों के माध्यम से वाकई में अच्छी तरह से आगे बढ़ाया जा रहा है — भले ही व्यक्तिगत रूप से। इस किताब के प्रति आपके समय और समर्पण के लिए धन्यवाद सतीश जी और उमेश जी।

गूजरमल मोदी के परिवार के अलावा और भी लोग थे जिन्होंने इस किताब को सामने लाने में मेरी मदद की। उमेश खेतान ऐसे ही एक शख्स हैं जिनके बिना इस किताब की शुरुआत भी नहीं हो सकती थी! आपकी कीमती सलाह और इस काम के दौरान मेरी मदद के लिए कई बार हस्तक्षेप करने के लिए शुक्रिया उमेश जी। मनमोहन चुग और नंदिनी मल्होत्रा ने अपने बेजोड़ तरीके से मोदी परिवार से ज़रूरी कागज़ात और दूसरी सामग्रियां जुटाने में मेरी मदद की। मनमोहन और नंदिनी, आपका धन्यवाद और मैं आपकी मदद के लिए आपकी वाकई में सराहना करती हूं।

मेरे एक और परिवार — मेरे पाठकों के परिवार — को धन्यवाद दिए बिना मेरा आभार पूरा नहीं हो सकता। प्रिय पाठकों, आपकी टिप्पणियों, प्रतिक्रिया, सुझावों और दूसरी टिप्पणियों के लिए धन्यवाद। आप ऐसे ही लिखते रहें क्योंकि आपके साथ कोई भी बातचीत सच में मुझे और प्रोत्साहित करती है।

लेखिका का परिचय

सोनू भसीन कॉर्पोरेट जगत की शुरुआती महिला पेशेवरों में से एक हैं। वे अपने करियर के दौरान कई व्यापारों में सीनियर लीडरशिप पदों पर रही हैं। इन व्यापारों में टीएएस (टाटा एडमिनिस्ट्रेटिव सर्विस), आईएनजी बैरिंग्स, एक्सिस बैंक, यस बैंक और टाटा कैपिटल लिमिटेड शामिल रही हैं।

भसीन नामी-गिरामी और प्रतिष्ठित घरेलू और बहुराष्ट्रीय कंपनियों के बोर्ड में एक इंडिपेंडेंट डायरेक्टर हैं। अब अपने काम के हिस्से के रूप में, वो पारिवारिक व्यापारों पर फोकस करती हैं, और वो FAB-फैमिलीज़ एंड बिज़नेस की फाउंडर हैं।

वो एक फैमिली बिजनेस इतिहासकार, फैमिली बिजनेस लेखिका और *फैमिलीज़ एंड बिज़नेस* पत्रिका की मुख्य संपादक हैं।

उन्हें 2020 में फैमिली एंटरप्राइजेज़ के लिए दुनिया के 100 सबसे ज़्यादा प्रभावशाली व्यक्तियों में एक चुना गया था। भसीन के पास दिल्ली विश्वविद्यालय के सेंट स्टीफंस कॉलेज से मैथमैटिक्स में बीएससी (ऑनर्स) डिग्री है, और उन्होंने दिल्ली विश्वविद्यालय के फैकल्टी ऑफ मैनेजमेंट स्टडीज़ से एमबीए किया है।

अनुवादक का परिचय

धीरज कुमार अग्रवाल मीडिया प्रोफेशनल हैं और मुंबई में रहते हैं। पत्रकारिता और संचार में आपका 16 वर्षों से अधिक का अनुभव है। साथ ही साहित्य सृजन से सक्रिय रूप से जुड़े हैं। आप एक दर्जन से अधिक अंग्रेजी किताबों का हिंदी में अनुवाद कर चुके हैं। इनकी लिखी कविताओं का एक संग्रह 'शाम अभी बाकी है' के नाम से ई-बुक के रूप में प्रकाशित हो चुका है। इसके अतिरिक्त पर्सनल फाइनेंस से जुड़े मुद्दों में गहरी पकड़ है और कई वेबसाइटों के लिए नियमित लेखन करते रहे हैं।

30 Years *of*

HarperCollins *Publishers* India

At HarperCollins, we believe in telling the best stories and finding the widest possible readership for our books in every format possible. We started publishing 30 years ago; a great deal has changed since then, but what has remained constant is the passion with which our authors write their books, the love with which readers receive them, and the sheer joy and excitement that we as publishers feel in being a part of the publishing process.

Over the years, we've had the pleasure of publishing some of the finest writing from the subcontinent and around the world, and some of the biggest bestsellers in India's publishing history. Our books and authors have won a phenomenal range of awards, and we ourselves have been named Publisher of the Year the greatest number of times. But nothing has meant more to us than the fact that millions of people have read the books we published, and somewhere, a book of ours might have made a difference.

As we step into our fourth decade, we go back to that one word – a word which has been a driving force for us all these years.

Read.

Harper Collins · 4th · HARPER PERENNIAL · HARPER BUSINESS · HARPER BLACK · हार्पर हिन्दी

HarperCollins *Children's Books* · HARPER DESIGN · HARPER VANTAGE · Harper Sport